オプション倶楽部の投資法

増田丞美

Secrets to Option Club

$x_{i+1} = x_i - \dfrac{y_i - p}{v_i}$

where p = the option's price
x_i = the volatility
y_i = the option's theoretical value at volatility x_i
v_i = the option's vega at volatility x_i

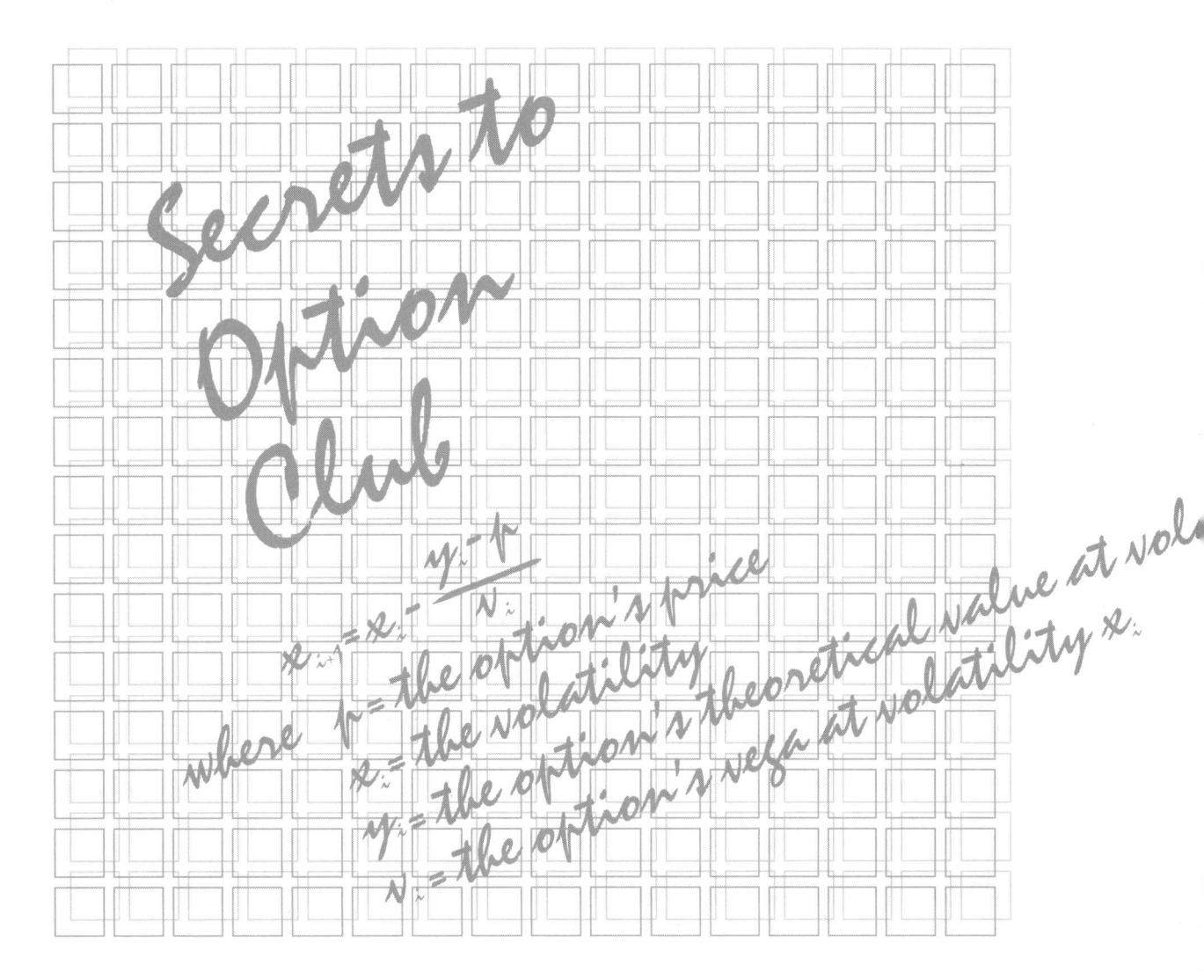

Pan Rolling

免責事項
　この本で紹介している方法や技術、指標が利益を生む、あるいは損失につながることはない、と仮定してはなりません。過去の結果は必ずしも将来の結果を示したものではありません。
　この本の実例は、教育的な目的でのみ用いられるものであり、売買の注文を勧めるものではありません。
　以下の声明はNFA（NATIONAL FUTURES ASSOCIATION＝米国先物協会）の勧告によるものです。
　「仮定に基づいた、あるいは実験によって得られた成績は、固有の限界があります。実際の成績記録とは異なり、模擬的なものは実際の取引を示しているものではありません。また取引は実際行われたわけではないので、流動性の不足にみられるようなある種の市場要因により、利益が上下に変動する可能性があります。実験売買プログラムは、一般に、過去の事実に基づく利益を元に設計されがちです。本書の記述によって引き起こされたと考えられるあらゆる不利益に関する抗議は、一切行われるべきではありません」

●Microsoft、Windows、Excel、Visual Basicは、米国Microsoft Corporationの米国およびその他の国における登録商標です。

はじめに
──必ず読んでほしい最初のメッセージ──

倶楽部発足

　オプション倶楽部（以下、「倶楽部」）は2005年9月に、パンローリング社運営の下に誕生した"投資クラブ"です。投資クラブといっても、一般的な"投資クラブ"とは異なります。法的な届け出が義務付けられている"投資クラブ"は、実際に個人投資家から運用資金を募って合同運用を行っていますが、当倶楽部では会費等の費用を除く金銭の授受は一切行いません。

　当倶楽部の目的は、個人投資家に実践的なオプション取引の知識やノウハウを提供し、自らの力で資産運用を行えるだけの技能を身につけてもらうことにあります。

　その目的を達成するために、倶楽部は毎週1回会員向けの「ニュースレター」を発行しています。また定期的にセミナーや勉強会を開催して、より実践的な生のやりとりを行い、資産運用の技能をさらに高めていただくための活動を行っています。

発足1年足らず、会員数のべ109人、すでに成果が・・・

　倶楽部発足以来10カ月で、のべ109人の方が会員として倶楽部に参加され、すでに十分な利益をあげた方、成長の芽が出てきた方など、倶楽部としての成果がかなり顕著にあらわれてきています。
倶楽部では、株式市場、債券市場、コモディティ市場といった運用対象市場の動向を予測することには、一切の重きを置いていません。なぜなら倶楽部が実践するオプション取引において、"市場動向を予測する"という行為は、それほど重要なことではないからです。

　大事なことは、オプション取引という名の「ゲーム」のルールを徹底的に理解すること、勝つための「ゲーム」のやり方を徹底的に覚えることで、倶楽部はこの2点に最大限の重心を置いているのです。原市場の価格変動やボラティリティ

の変化といった「市場の条件」に一喜一憂する必要はなく、その条件下において『「利益」を上げるためには、あるいは「損失」を免れるためにはどのような取引を実行すべきか』を判断し、実行する技術を習得していただくことが、倶楽部の趣旨であり本意とするところです。

「オプション倶楽部の投資法」＝ "市場の優位性" の活用

　「オプション倶楽部の投資法」は誰でも実行可能です。そして、利益を得る確率が非常に高いものです。この投資法は、市場の中で見出した「優位性」に基づいており、それを十分に理解しかつそれに基づいて取引する投資家なら誰でも、成果を得やすいのです。
　ところで、「市場の優位性」とは何でしょうか。それは、例えて言うなら、このようなことです。

　ある競争相手と「100メートル走」の競技を行います。その競争相手は本来のスタートラインに立って、ゴールまで規定通り100メール走ります。一方私はといえば、スタートラインがゴールの手前20メートルの位置にあって、そこに立っています。「よーい、ドン」で私と競争相手はこの競技のために設定された「ゴール」に向かって一斉に走り出します。「ゴール」まで私が走らなければならない距離はたったの20メートル。一方、相手は100メートル。勝負は初めからついているも同然です、私が途中でひっくりかえるような事故さえなければ・・・。
　何が申し上げたいかと言えば、オプション市場には、私が立った20メートル手前のように、誰でも勝てるようなスタート地点が多く存在するということです。それを知ることができれば、楽々勝つことができるわけです。
この簡単なゴールの方法が、当倶楽部で行っている投資法なのです。

　もうひとつの例え話をあげましょう。あるスーパーマーケットで豆腐が一丁あたり100円で売られていたとします。その翌日、昨日の豆腐と同じく新鮮でサイズも味も同じものが一丁３００円で売られていたとしたら、「この価格は明らかにおかしい、異常だ、値段を間違えているにちがいない」と誰もが思うでしょう。

実はこのように異常な事態が、オプション市場では頻繁に発生するのです。そのとき、あなたが本来のあるべき価格（＝適正価格）を知っていたなら、いとも簡単にそして瞬時に利益を上げることができるでしょう。つまり豆腐一丁300円の値段は明らかに間違いか高すぎるので「空売り」します。そして本来あるべき価格の100円に戻ったところで買い戻せば、200円の利益が得られるわけです。でも豆腐の場合なら、300円と間違えて表示されていたものを、何の疑問ももたずに消費者が買ってしまったとしても、後で間違いに気付いて値段が訂正されれば、「すみませんね。さっきの値段は表示が間違っていました。本当は豆腐一丁100円です。200円はお返しします」で済んでしまいます。

しかし、オプション取引ではこうはいきません。取引した価格は"間違い"であろうと"適正"であろうと、相撲と同じで、あとで"待った"をかけることはできないのです。

取引されたものは取引されたものです。

これが「ゲームのルール」の重要な部分なのです。

　オプション倶楽部では、このような「ゲームのルール」「ゲームのやり方」に精通し、常に「優位な側」で楽な方法で勝利を収めたいと考えています。

わざわざ難しい道を選んだりはしません。

別な言い方をすると、「負ける方が難しい」ゲームのやり方を実行していきたいのです。

　本書をお読みになれば、「ああ、なるほど！」とおわかりになることでしょう。

本書をよりよく理解するために

　本書はオプションの仕組みなど初歩的な内容の一切を省いています。したがって、オプションの知識が十分でない読者の方には『最新版オプション売買入門』及び『最新版オプション売買の実践』（いずれもパンローリング刊）の一読をお勧めします。

　末筆ながら、本書を製作するにあたってさまざまな面で力を注いでいただいた

方々に感謝と労いの言葉を贈りたいと思います。はじめに、オプション倶楽部の事務・企画担当の長沢正樹さん。オプション倶楽部の企画、運営、ニュースレターの発行と多岐にわたり日々業務に携わっていただき、ご苦労様です。今後ともよろしくお願いいたします。次に、パンローリング社営業主任の大蔵貴雄さん。セミナー、勉強会には毎回必ず出向いていただき、雑多な業務をこなしていただき、感謝に耐えません。貴殿はオプション取引の実践家でもあり、成果を上げているトレーダーとしてアマチュアのすばらしい見本です。トレードの方も頑張ってください。そして、後藤章徳さん。本の製作には実にいろいろな人たちが携わっており、それぞれが大変な労力をかけているという事実を、貴殿を通じて初めて知りました。貴殿なくして本書が世に出たとは思えません。本書の製作のプロセス全てに関わっていただきました。一言で済ませたくはありませんが、感謝いたします。さらに、井坂和剛さん。組版ご苦労様でした。次々とゲラの修正が入り大変だったと思います。最後まで尽力していただきありがとうございました。デザイナーの竹内吾郎さん。感謝の一言を忘れては失礼ですね。すばらしい、表紙です。気に入りました。ありがとうございます。編集者兼ライターの中村千砂子さん。本書の編集は実に見事でした。稚拙な原文をここまで素晴らしく仕上げていただき、これ以上の感謝の言葉もありません。ありがとうございました。最後に、気力が萎えかかったときに、新たな力を注いでくれるわが家族、最愛の妻由美子と、愛娘理沙へ。ありがとう！

　拙著『オプション売買入門』を世に出して以来、早6年以上の付き合いになるパンローリング社代表取締役の後藤康徳さん。貴殿のおかげで、今回もこんなに立派な本が出来上がりました。
本書を貴殿に捧げます。6年以上も続いている友情の証に・・・・。

　最後に本書を手にされた読者の皆さまに感謝するとともに、ご幸運を祈りたいと思います。グッドラック!!

2006年6月吉日

増田 丞美

CONTENTS

はじめに ——— 1
第1章 倶楽部の趣旨 ——— 9

はじめに

1. 倶楽部の投資方針
    ◆運用姿勢　◆利益率について　◆投資対象　◆ニュースレターについて◆当倶楽部が日経２２５オプションを勧めない理由　◆英語は問題ではない　◆口座を２つ作って効率性を高める　◆リスク管理　◆マネーマネージメント(資金管理)の重要性

2. なぜ、オプションか？　◆オプションとは何か

3. 実践するにあたって
    ◆資金量について　◆なぜそのようなポジションをとるのか　◆投資とトレードについて

4. 実践の流れ

5. オプション戦略　◆目的をもつ

6. オプション取引戦略
    ◆買い戦略　◆売り戦略　◆ワンポイントレッスン　◆ストラテジー　◆デルタ　◆デルタ、再び　◆Theta(セータ)　◆ミスプライス　◆Skew(スキュー)　◆キャッシュフロー・マネジメント　◆シンセティックポジション　◆ゼロコスト・オプション　◆リスク・リウォード　◆チャートについて

第2章　NOPSの技法 ——— 57

NOPS-1　IBM	NOPS-3　調整③　IBM	NOPS-4　調整③　IBM
NOPS-2　IBM	NOPS-3　調整④　IBM	NOPS-5　IBM
NOPS-3　IBM	NOPS-4　IBM	NOPS-6　ナスダック100(Q's)
NOPS-3　調整①　IBM	NOPS-4　調整①　IBM	NOPS-6　調整①　ナスダック100(Q's)
NOPS-3　調整②　IBM	NOPS-4　調整②　IBM	NOPS-7　ナスダック100(Q's)

CONTENTS

NOPS-8	ナスダック100(Q's)	NOPS-16	SPY	NOPS-24	Tボンド
NOPS-9	ナスダック100(Q's)	NOPS-17	SPY	NOPS-25	IBM
NOPS-10	ナスダック100(Q's)	NOPS-18	MSFT(マイクロソフト)	NOPS-26	IBM
NOPS-11	ナスダック100(Q's)	NOPS-19	MSFT	NOPS-27	IBM
NOPS-12	ナスダック100(Q's)	NOPS-20	MSFT	NOPS-28	IBM
NOPS-13	SPY	NOPS-21	MSFT	NOPS-29	KO(コカコーラ)
NOPS-14	SPY	NOPS-22	Tボンド	NOPS-30	ナスダック100(Q's)
NOPS-15	SPY	NOPS-23	Tボンド	NOPS-31	ナスダック100(Q's)
				NOPS-32	調整① ナスダック100(Q's)
				NOPS-33	ナスダック100(Q's)

第3章　LEAPS 成功のコツ ── 141

LEAPS-1　YHOO!
（インターネット関連銘柄の代表）

LEAPS-2　SBUX(スターバックス)
（コーヒー店チェーン）

LEAPS-3　AMZN(アマゾンドットコム)
（インターネット書籍販売）

LEAPS-4　AMZN(アマゾンドットコム)
（インターネット書籍販売）

LEAPS-5　FDP(フレッシュデルモンテ)
（食品会社）

LEAPS-6
VRX(Valeant Pharmaceutcals International)
（薬品会社）

LEAPS-7　EBA
（インターネットショップ企業）

LEAPS-8　NVDA(ノヴィディアコープ)
（通信関連機器開発・製造・販売会社）

LEAPS-9　PALM,INC (PALM)
（携帯PCの開発・販売会社）

LEAPS-10　GILEAD　SCIENCES
（バイオ関連会社）

LEAPS-11　PFE
（ファイザー製薬会社）

LEAPS-12　VTRX(Vertex Pharmaceutical)
（ナスダック上場の薬品会社）

LEAPS-13　HMY(Harmony Gold Mining Ltd.)
（金の鉱山発掘会社）

LEAPS-14　VRX(Valeant Pharmaceticals)
（薬品会社）

LEAPS-15　LEA(Lear Corporation)
（米国ミシガン州に本社のある自動車のインテリアデザイン関係の会社）

LEAPS-16　SIL(APEX SILVER MINE)
（シルバー(銀)の鉱山発掘会社）

LEAPS-17　MYTAG CORP (MYG)
（NY証券取引所上場の家庭用品の製造販売会社）

LEAPS-18　GFI(GOLD　FIELDS　LTD)
（金鉱山採掘会社）

LEAPS-19　ENZO Biochem Inc. (ENZ)
（NYSE上場のバイオ化学会社）

LEAPS-20　GFI (GOLD FIELDS LTD)
（金鉱山採掘会社）

LEAPS-21　APEX SILVER MINES (SIL)
（銀採掘会社）

LEAPS-22　HPQ(ヒューレッドパッカード)
（PCや計算機で知られる米国名門企業）

LEAPS-23　ナスダック100(Q's)

CONTENTS

第4章 OPS ── 181

ETFオプションを用いたスプレッド取引
OPS−1　SPY(S&P500)とQQQQ
　　　　（ナスダック100）(1:3)
OPS−2　SPY−QQQQ(1:3)
OPS−3　SPY−QQQQ(1:3)
OPS−4　SPY−QQQQ(1:3)
OPS−5　SPY−QQQQ(1:3)
OPS−6　SPY−QQQQ(1:3)

コモディティオプションを用いたスプレッド取引
OPS−14　CBOT小麦―コーン
OPS−15　CBOT小麦-コーンの1週間後
OPS−16　CBOT小麦―コーン
OPS−17　CBOT小麦―コーン
OPS−18　CBOT小麦―コーン
OPS−19　CBOT小麦―コーン
OPS−20　CBOT小麦―コーン

金利先物オプションを用いたスプレッド取引
OPS−24　ユーロドル(2006年9月限−2006年6月限)
OPS−25　ユーロドル(短期金利先物)
OPS−26　ユーロドル(2006年12月限−2006年9月限)

債券先物オプションを用いたスプレッド取引
OPS−7　Tボンド―Tノート
OPS−8　Tボンド―Tノート
OPS−9　Tボンド―Tノート
OPS−10　Tボンド―Tノート
OPS−11　Tボンド―Tノート
OPS−12　Tボンド―Tノート
OPS−13　Tボンド―Tノート

株式オプションを用いたスプレッド取引
OPS−21　DELL(デル)-MSFT(マイクロソフト)
OPS−22　DELL―MSFT
OPS−23　AMZN―YHOO

通貨先物オプションを用いたスプレッド取引
OPS−27　ユーロ・円(通貨)

第5章　その他の取引戦略 ── 216

コモディティオプション
コモディティOP−1　NYMEX原油
コモディティOP−2　NYMEX原油
コモディティOP−3　NYMEX原油
コモディティOP−4　NYMEX原油
コモディティOP−5　NYMEX原油
コモディティOP−6　NYMEX原油
コモディティOP−7　NYBOTコーヒー
コモディティOP−8　NYBOTコーヒー
コモディティOP−9　CBOT大豆
コモディティOP−10　COMEXシルバー(銀)
コモディティOP−11　COMEXゴールド(金)
コモディティOP−12　COMEXゴールド(金)
コモディティOP−13　COMEXゴールド(金)

債券先物オプション
債券先物OP−1　Tボンド
債券先物OP−2　Tボンド
債券先物OP−3　Tボンド
債券先物OP−4　Tボンド
債券先物OP−5　Tボンド
債券先物OP−6　Tボンド
債券先物OP−7　Tボンド
債券先物OP−8　Tボンド
債券先物OP−9　Tボンド

CONTENTS

通貨オプション取引について
　通貨OP-1　ユーロ

短期取引
　売り戦略　AMZN（アマゾン・ドットコム）
　買い戦略　SRZ（Sunrise Assisted Living）
　買い/売り戦略　AMZN（アマゾン・ドットコム）
　買い/売り戦略　ナスダック100（Q's）
　カレンダースプレッド　ユーロドル（短期金利）

第6章　Q&Aの重要性 ──── 251

◆手続き・その他 E*TRADE関連　◆LEAPS　◆NOPS　◆日経２２５・先物市場・その他　225
オプション　◆OPS　◆ニューヨーク　金

おわりに ──── 274

付録A　オプション倶楽部ニュースレター
　　　　メッセージ
NOPS
ナスダック100（Q's）
IBM
LEAPS
ALCOA, INC (AA)
OPS
SPY-Q's（1:3）
Tボンド-Tノート
CBOTウィート（小麦）-コーン
ユーロドル（短期金利）
債券先物オプション
Tボンド
コモディティオプション
NYBOTコーヒー
CBOTコーン
通貨オプション
CMEユーロ通貨先物
付録B　オプション関連用語集

第1章 倶楽部の趣旨
A purpose of the club

オプション倶楽部にようこそ！！
オプション倶楽部（以下、「倶楽部」）は、オプション取引に興味のある投資家の方々と、共に世界のオプション市場を研究しながら取引を実践し、成果を上げていくことを目的としております。
会員の方々には、倶楽部が提供する情報やコンサルティングを積極的に利用していただいて、ご自分に適したオプション取引の投資（トレード）手法を身につけていただきます。

　オプション取引は、技法を習得しさえすればどなたでも利益を上げることが可能です。
　そのためには、まず実践を重ねることです。そして小さな額でもよいですから、何度も利益を確定させてください。それらを繰り返すことによって、"オプショ

ン取引"というゲームの流れや雰囲気が徐々に身についてきます。
その過程において、倶楽部では最大限の助言を行ってまいります。
　倶楽部の大きな特長は、個々の取引について直接相談ができることです。積極的に質問し努力されている方々には、喜んで親身な対応をさせていただいております。

　今私たちをとりまく環境には、厳しいものがあります。財政難から、今後確実に予想される消費税引き上げ、デフレ脱却後のインフレ懸念、年金問題等々、何もしないでいては取り残されるだけです。郵便局に預けておけば、満期時に資産が倍になる時代ではないのです。
自分の資産は自分で守り増やしていく時代なのです。

　将来の大きな安心を手に入れるために、倶楽部を存分に利用してください。
そして最終的に、ご自分の判断と実行力によって、大きな資産形成ができることを願っております。

　オプションは取引を実行し、自ら積極的に指導を求める姿勢がなければ上達しません。積極的に質問してきてください。また海外口座の開設法などの細かな手続き等の質問にも、マニュアル通りの説明ではなく、実態に沿って分かりやすく個々にご案内しております。

1．倶楽部の投資方針

◆運用姿勢

　倶楽部の投資法は、非常に臆病とも言える"慎重な"やり方を基本としています。倶楽部が目指しているものは、リスクを可能な限り抑えた長期にわたる安定した資産運用です。平均年率15〜20％（→決して低くはない）を目指す運用で、状況によっては（株式市場のＩＶが全般的に高い等）20〜30％を目指します。

慎重に慎重を重ねた投資法

　投資の世界では"慎重すぎる"方がよいのです。もっとも大事なことは投資の世界で生き残ることです。そこに居続けることです。"大胆"であるということは、うまくすれば突然、大きな富を築くこともできますが、それはほんの一握りにも満たず、破滅を招く可能性の方がはるかに高いのです。
一度大胆な方法でうまく儲けたりすると、次はさらに大胆になります。そして次はもっとさらに・・・。そうなると破滅は目前です。そんなリスクをとらなくても、安定的に確実に資産を増やしていける方法があるのに、なぜそのようなギャンブル的な取引に走るのでしょうか。
　なぜ、わざわざリスクの高い困難な道を選ぶ必要があるのでしょうか。
しかし"大胆＝リスクの高いやり方"か、と言うと、見方によってさまざまです。それぞれの資金量によっても異なってきますし、つまりは主観的なものでもありますから、最終的にはそれぞれ各人の責任において、自分がとれるリスクの限度をわきまえて実行するということになります。

> **投資でお金を増やすということは"時間をかけること"**

　「オプション倶楽部」がめざす投資は、長期にわたる資産の成長です。
　誰もが100万ドル（１億円）を目指してほしいと思います。すでに100万ドル（１億円）ある方は1000万ドル（10億円）を目指してほしいと思います。これは

決して夢のような話ではありません。現実的で可能なことなのです。

現在１万ドル（100万円）しかない方は非常に遠い道のりであるように感じられるでしょう。でもそんなことはありません。１万ドルしかない方は、まず10万ドル（1000万円）を目指しましょう。それからは資産の増えるスピードが一段と増していきます。30万ドル（3000万円）が見えてきます。すると、すぐ50万ドル（5000万円）が見えてきます。あとは残高など見る必要はありません。毎年10万ドル以上増えていきます。

そして、**気がつくといつの間にか100万ドル達成**です。

ご自分に時間を与えてあげてください

トレードでお金を増やすということは「時間をかけること」なのです。失敗する人の多くは、トレードというものの本質が分かっていないので、ハイリスクハイリターンの一攫千金狙い的な間違った投資やトレードに走りがちです。今流行っている株式のデイトレードで成功していると言われている人たちの話は、９０％以上がウソだと思って間違いありません。投資の世界は、そんなに甘いものではありません。

資産運用は、継続することが大変重要です。しかし大きな損失を出してしまっては、金銭的にも精神的にも続けること自体が困難になってきます。リスクを抑えながら、じっくりと時間をかけて"ゲームの攻略法"をマスターしていってください。

時間の経過と共に間違いなくスキルはアップします。

「継続は力なり！」

これは資産運用にこそあてはまる重要な格言だと言えるでしょう。

余談になりますが、馬の世界では"無事是名馬なり"とよく言われます。"それほど強くなくとも、故障をして休むことなく堅実に走り続ける馬は、名馬である"という意味です。

倶楽部の目的も、一度に大きな利益を狙うのではなく、堅実に安定した利益を上げ続けることにあるのです。まだ資金が少ない方も、株式市場でうまく利益を上げられないでいる方々の参入も、大歓迎です。時間をかけて着実に資金を増やしていきましょう。
そのために倶楽部ではできる限りの助言と指導で後押しをさせていただきます。

> "ゲーム" には "遊び" のイメージが強くありますが、ここでは
> **"戦略とルールの下で、ある目的に到達すること"**
> というニュアンスで捉えていただけると分かりやすいと思います。

　オプション取引は株式投資とは全く別に扱ってください。より踏み込んだ言い方をしますと、オプション取引は、一種の"事業"だということです。つまり参加者各人が「オプション取引」という名の"事業"を営んでいるわけです。オプションという事業に資金をつぎ込んで、その収益を回収することで事業を拡大していくビジネスなのです。

　このように、事業を営む姿勢でオプション取引に取り組んでいただきたいと思います。事業資金は１万ドル程度の小額でスタートすることができます。
オプション取引は、相場感覚より事業感覚のある方のほうが向いているかも知れません。そういう意味では、会社経営者や自営業の方はもちろんですが、サラリーマンの方などには、ご自分の事業センスを発見し実現することが可能なわけで、**魅力ある世界**と言えるのではないでしょうか。

◆利益率について

　利益率について、非常に甘い夢を見ている方が多いので言及しておきたいと思います。

　投資の世界で、日本の金利以上の利益を得ようとすれば、すべてリスクがあります。そして利益が高ければ高いほど、リスクも大きくなります。銀行預金や郵便貯金は、数字的には元本保証で一見リスクはないように見えますが、インフレ懸念を考えた時には、それはあてはまらなくなります。それどころか大きなリスクとも言えるのですが、ここでは省略しましょう。

"オプションのリスクが高い"という誤った認識

　リスクの大きさについて一般的に言われているのは、低い順にあげると
短期債券投資⇒長期債券投資⇒不動産投資⇒株式投資と続き、
さらに通貨取引⇒先物取引⇒オプション取引と続きます。

　しかしオプション取引のリスクが最後に来る（つまり最も高いリスク）ことについては異論があります。リスクが高いかどうかは、その取引戦略によるからです。取引の仕方によっては、前述の短期債券投資と長期債券投資の中間程度のリスクしかないものもありますし、先物取引よりリスクが高いものもあります。

　当倶楽部で実行する戦略のリスクは、長期債券投資と株式投資の中間程度のリスクです。しかし利益率としては、それらの利回りより高く、平均して年率15～20％程度、株式相場の状況によっては２０～３０％の利益を目指しています。そうして長い期間にわたる（＝一生）資産形成を目的としているのです。

天才は存在する

　もしこれ以上の、例えば５０～１００％の「夢」をイメージして倶楽部の投資法を実践しようとするなら、ご期待に沿うことはできません。

世の中には、とんでもない天才がいることは確かです。でも、それは天才だから語られるのであって、その辺に転がるほどいるのなら、誰も天才などとは言いません。とても稀であるから天才と騒ぎ立てられるのです。それを忘れてはいけません。

　先物の世界メジャー級米国のジョン・ヘンリーやビル・ダンでも、過去20年間の年平均リターンは20％をちょっと超える程度です。「ヘッジファンド」の世界でも同じです。10年以上にわたって年平均20％のリターンを出せる人はプロ級なのです。

　「いくら儲けた」という数字ではなく、投下資本に対するリターンの割合を計算してみてください。年８％のリターンを10年続けると、元の投下資本は２倍になります。

　これを目安にして、これをどれだけ上回ることができるか挑戦するのもひとつの考えです。

◆投資対象

　倶楽部では、株式オプション（米国株式オプション、米国株価指数オプション、ETFオプション、LEAPS）、債券先物オプション及び短期金利先物オプションに重点をおいて取引の指導等を行っていきます。その理由は、小資本の個人投資家でも仕掛けやすく、**利益を生む確率が最も高い市場**であると判断しているからです。また流動性に富み、多くのオプション取引戦略が仕掛けやすいことや、リスク管理の面からもお勧めできるからです。他にもコモディティオプションや通貨オプションも取り上げますが、上級者向けとしており、リスク管理等もより複雑な手法や技術が必要となってきます。

倶楽部が目指しているのは、
「できるだけリスクを抑えながら、できるだけ多くのリターンを得る」ことです。
そのためには、ご自分の得意市場・得意戦略を見つけて、そのトレード技術のレベルアップが必要です。

しかし一方で、どんなに技術が高くなっても、どうにもならないものがあります。それは市場の変動の大きさ、いわゆる"ボラティリティ"です。

最近の米国株式市場は、全般的にIVが非常に低くなっています。ここ2年間では最低の水準です。「売り戦略」を多用するトレーダーにとっては、致命的とも言える状況です。収益源であるプレミアムが小さいからです。当然ながらリターンは下がり、2年前と比べると半分です。

倶楽部がニュースレターの中で取り上げている戦略において、現在最もリターン率が高いのが、LEAPS（プット売りのみ）です。

会員の中には、30％のリターンをあげているオプション取引初心者がいます。LEAPS専門です。でも、だからといって、「LEAPSだけをやりなさい」などと言っているわけではありません。それぞれの投資スタイルによって異なってくるのは当然です。

しかし後にも述べますが、LEAPSは倶楽部の根幹とも言える戦略です。口座を2つもつことによって、ぜひ一部はLEAPSでの長期運用をお勧めしたいと思います。

◆ニュースレターについて

　ニュースレターは倶楽部のコア（核心）部分にあたります。
　ニュースレターには、実践に役立つオプションのしくみ、市場構造、取引技法、取引の推奨等々が、経験に基づいて詳細に述べられています。
　この中での取引推奨は、単にトレードの実行を推奨するものではありません。その時点での状況下において実行可能なトレードの例として、参考そして検討課題にしていただくために提示しているのです。なぜ、そのようなポジションをとるのか、リスクと利益の可能性は等々を、ご自分で考え検証し学んでいただきたいのです。

　もし興味がない市場が取り上げられていても、**必ず全体に目を通してください。**さまざまな意味で参考になるはずです。これらを読むことで、オプション取引という名の「ゲーム」のやり方を学んでほしいのです。このゲームは株式投資や先物取引とは大きく異なります。
「ゲーム」のルールと戦略をマスターしてください。

　ご紹介する取引戦略や手法は、利益を得る確率が高いものですが、それによって実際に利益を得られるかどうかは、各会員の実行力しだいです。中には、このレターだけに頼って、実際に取引を行っている方がいるようですが、それではいつまで経っても上達もなければ成功もありませんし、当倶楽部の趣旨とは異なります。
　大事なお金です。取引にあたってはご自分で考え検証し、慎重に行ってくださることをお願いいたします。そしてご自分の得意分野を見つけ、戦略等の技術を磨いていってほしいと思います。

ニュースレターで取り上げる市場はオプション全体にわたりますが、それぞれの"力量と資金量"に応じて、以下の目安を参考になさってください。それぞれのレベルは、取引技能＋資金量が考慮されなければなりません。しかし上級レベル＝利益率が高い、ということでは決してありません。ＬＥＡＰＳと短期の株式およびＥＴＦのプット売りしか実行されない初級レベルの方が、現在、年率３０％のペースで資金を運用している成功例がありますので、まだ資金量が少ない方も堅実に増やしていっていただきたいと思います。

初級レベル《資金量５万ドル以下》
　＊＊対象戦略⇒LEAPS・株式＆ETFプット売り・オプション買い
　★★不可戦略⇒金融およびコモディティオプション売り・通貨オプション売り

中級レベル《資金量５万～１０万ドル》
　＊＊対象戦略⇒LEAPS・株式＆ETFプット売り・オプション買い・OPS・スプレッド・カバードコール
　★★不可戦略⇒コモディティオプション売り・通貨オプション売り

上級レベル《資金量１０万ドル超》
　＊＊対象戦略⇒すべての戦略
LEAPS・株式＆ETFプット売り・オプション買い・OPS・スプレッド・カバードコール・NOPS・デルタヘッジ・短期トレード・ポジション調整（自由自在）

主に取り上げる市場、戦略等は以下のとおりです。

●米国株価指数オプションは、ＱＱＱＱ（ナスダック100連動型ＥＴＦ）とＳＰＹ（Ｓ＆Ｐ500連動型ＥＴＦ）の２つを取り上げていきます。

●株価指数先物オプションは取り上げませんが、現物株価指数オプションと同じ戦略であるとご理解ください。例えば、S&P５００先物オプション（CME上場）を取引している方は、ニュースレターのSPY（S&P500連動型ETF）オプション、あるいはSPX（現物S&P５００）を参考にしてください。同じ戦力を用いることができます。

●コモディティオプションはＯＰＳ（Option Purchase Spread）で取り上げます。先物オプションをメインにされる方で「売り戦略」やＮＯＰＳを手がける方はＴボンド先物オプションをお勧めします。

●エネルギー市場を含むコモディティオプションは変動が激しく、利益率が高い一方で、大きな損失を被るリスクが高いために、倶楽部ではOPS以外の戦略では、投資対象としていませんでした。が、恒常的に高いIVやアノマリー（季節性による相場変動性向）を考えたときに、高いリターンを上げるには、とても魅力的な市場であることも確かです。また現物オプションに比べると、少ない資金（高いレバレッジ＝高い潜在リスク）でトレードできるという点も魅力です。しかし、これらの魅力は、同時にリスクの高さも意味しています。ですから、これらは「上級レベル」者用として紹介していきます。この意味でも会員の皆さんには、上級者を目指していただきたいと思います。

●当初、通貨先物オプション（シカゴＩＭＭ上場）を取り上げていましたが、一般の会員の方には、状況がかなり不利であると判断し中止していました。原市場が２４時間（上場ものでもＧＬＯＢＥＸでは２４時間対応しています）取引で、オプション市場だけが事実上（ＧＬＯＢＥＸではほとんど取引がない）シカゴ時間の限られた時間帯だけに取引可能、ということでは、通貨市場の突発的な大き

な変動に対応ができず、リスクが大きすぎるからです。通貨オプションをなさるならばＯＴＣ取引をお勧めしています。が、最近取り上げ希望が増えたことから、上級者用として制限を設けるかたちで取り上げを再開します。しかし、あくまで上級者向けですので、まだ技量、資金量とも足りない方は取引を控えてください。

◆当倶楽部が日経225オプションを勧めない理由

> 日経２２５オプションはむずかしい！
> 外国のオプション取引では"損する"方が難しい！

　倶楽部では、日経２２５オプションではなく外国市場のオプションをメインにしています。
　なぜ、日経２２５オプションをメインにしないのかということに関しては、賛否両論があると思います。それぞれごもっともな理由があり、否定するものでもありません。理由を簡単に申し上げれば、監修者である私の経験によるものとお答えするしかありません。
これまでの実績から、会員の皆様を成功に導くには日経２２５オプションよりも外国市場のオプション取引の方が、最短距離を行けると判断したからです。もちろんだからと言って、日経２２５オプションにまったく触れないわけではありません。時々取り上げはしますが、あくまでも参考程度でしかありません。

　私も仕事がら日経２２５オプション取引を行った経験がありますが、正直な感想を申せば「むずかしい！」のひと言です。海外市場のオプション取引の方が１００倍（決して大げさではなく）もやさしい＝優しいと感じています。「優しい」の「優」は「優位性」の「優」でもあります。二重に"やさしい"！！これが実感です。（冗談のように聞こえますが、外国のオプション取引では"損する"方が難しい、と感じる状況が頻発しています。）

　さらに補足しますと、倶楽部監修者である増田の過去の経験、実績に基づいて

います。具体的に言いますと、過去の取引であげた利益の90％以上が、欧米のオプション市場での取引です。日経225オプションの利益が全体に占める割合は3％程度で、残り7％は、ＯＴＣ通貨オプション取引によるものです。

　この実績と経験に基づいて、倶楽部会員を指導しています。

> ポーカーやブラックジャックのようなカードゲームで楽に勝つには、できるだけ自分より下手なプレーヤーが多くいるテーブルにつくことが得策である。同様に、オプショントレードで楽に利益を上げるには、自分より下手なアマチュアプレーヤーが大勢いる市場に参加することが得策である。
> 日経225オプション市場という巨大なテーブルには、大量の資金をもったプロのプレーヤーがゴロゴロしているのに対して、海外の株式オプション市場には、自分と同じ、あるいはそれ以下のレベルの小資本のプレーヤーが大勢いて、楽に勝てるチャンスがたくさんある。
> **何もわざわざ好んで、難しいテーブルについて苦戦する必要はない。**

　これが、アマチュアである会員を多く抱える倶楽部が、日経225オプション市場ではなく、海外オプション市場を主として取り上げる最大の理由です。

> 以上の理由からニュースレターでは基本的に日経２２５オプションを取り上げていません。しかしながら、そう何度も申し上げてもなお、日経２２５オプションの取り上げ要望が多くあります。
> 倶楽部の趣旨とは異なるために、ニュースレターでは取り上げませんが、別途「プレミアム会員」として、「希望者だけ」にサービスを提供したいと思います。

◆英語は問題ではない

> 英語へのアレルギーをなくして億万長者になろう。

　日本市場に固執する投資家やトレーダーの最大の壁は、"英語"だと思われます。この際、良い機会ですから、中学で習った程度の英語を"おさらい"（英語でbrush upブラッシュ・アップといいます）するのもいいかも知れません。英語ができないことがいかに不利か、日本社会においては英語ができないと、結局は日本のシステムに騙されることにお気づきになるでしょう。英語ができない層は結局より多くのコストを支払わされることになるのです。

日本株式市場に投資をするのは、米国市場からでもできます。しかしそれはさておいて、外国市場で取引するのに外国語（英語）は、第一義的な要素ではありません。

　トレード（相場）の世界における**世界共通語は"数字"**ですから。最初の口座開設さえ通過すればあとは何も問題はありません。

英語での口座開設に関するご質問は、お気軽に倶楽部までお問い合わせください。当方でも、スタッフが新たに自分の取引口座を開設するなど、皆様と同じ経緯を踏んでおりますので、現実的な助言をさせていただきます。お申し出いただければ、できるだけの援助をさせていただくことも倶楽部の自慢とするところです。別の言い方をしますと、何のお申し出もなければこちらからアプローチすることは、ニュースレターやお知らせを除いてはないということになります。
ぜひどんな疑問でも積極的に質問してきてください。

前回行ったセミナーのタイトルを、"アメリカ式オプションセミナー"としたところ、今ひとつ不人気で参加に二の足を踏む方が多かったようです。今思えば"必ず成功者を生むオプション倶楽部の投資法"とでもすれば良か

ったと思っています。こんなところにも日本人の英語への拒絶反応が現れているのには驚かされます。

しかし私は問いたいです。

英語が苦手だという理由だけで、

あなたは、目の前にある"億万長者への夢"を、逃がしてしまうのですか？

◆口座を2つ作って効率性を高める

　何度も申し上げているように、オプション倶楽部が目標としているのは、会員の皆様が長期的に安定的に資産を増やすことです。したがって、リスクの高い"投機的"トレードは勧めません。もしどうしてもご自分の相場観に基づいて、通常より高いリスクをとった投資をしたい場合には、資金を限定して行ってください。

　運用は、「100万円を1000万円に増やす」よりも「1000万円を1億円に増やす」方が、そして、「1000万円を1億円に増やす」より「1億円を10億円に増やす」方が容易です。資金が増えるにしたがって、結局は"長期的に安定的に運用する"ことの大切さがわかるでしょう。

　そのために、2つの性格の異なる口座をもつことをお勧めします。株式オプション取引のための口座を証券会社に2つ開設するのです。

　一つは事業として短期回収するための運用口座で、もう一つは、第1の口座であげた収益を長期投資（LEAPS）に回すためのものです。

LEAPSは"必須科目"

　オプション倶楽部にとってLEAPSは"必須科目"であり根幹をなす取引です。LEAPSをメインにトレードしない方もぜひ修得していただいて、収益部分を"長期定期預金"に入れるつもりでLEAPSを実行してほしいと思います。

　長期債に投資するよりもずっと高い収益を上げることになるでしょう。しかも、

小資本から実行可能です。当然ですが、定期預金とは異なり元本保証ではありませんので、必ず"分散投資"が必要です。(あくまで稀ですが銘柄によっては倒産リスクがありますので)

この第2の口座があることで、資金は"複利"でぐんと大きく増えていきます。年間20％の投資収益（利回り）があると、10年間で資金はどのくらい増えるか考えたことがありますか。6倍強です。では20年ではどうでしょう。38倍強です。(以上、所得税の支払いを除きます。)

１０年、２０年という年月を"長すぎる"とお考えになるかもしれません。が、過ぎてみれば速いものです。その間何もしないで銀行の定期預金にしていた人と、複利で堅実に増やしてきた人とでは、**気の遠くなるような差**が生まれるはずです。

長い時間をかけて安定した収益を上げることが、いかに大事であるかがお分かりになるでしょう。そうやって資金がある程度増えていくと、ハイリスクハイリターンの投機的な方法によって、短期で資金を2倍にも3倍にも一気に増やそうなどという無茶な考えはしなくなると思います。2倍、3倍にもなるということは、あっと言う間に資産を失うこともあるわけですから。

口座を２つ作る具体的方法

①E＊TRADE（証券）に開設する⇒長期運用用
　●株式オプション、ETFオプション、LEAPSをトレード
②XPRESSTRDAE（=ADM Investor Services）に開設する⇒短期運用用
　●金融先物オプション及びコモディティオプションをトレード
　●資金配分は５０：５０を基本としながらも、
　●E＊TRADEは最少額５０００ドル（多ければ多いほどよい）
　●XPRESSTRADEは最少額１万ドル（多ければ多いほどよい）
これが資産運用の両輪です。

これら２つの取引会社は、米国法人であるにもかかわらず、非居住者（非米国

人）の口座が多く「国際的」で信頼できる会社です。倶楽部が自信をもってお勧めできます。

　口座開設手順は当倶楽部HPに掲載してありますし、ご不安な点などは遠慮なさらずご連絡下さい。

■E＊TRADE（証券）

　倶楽部では、米国株式オプション取引の実践にあたって、数ある米国証券会社の中から、特にE＊TRADE（米国）をお勧めしております。

　理由は第一に信用です。米国のブローカー（証券会社、先物取引会社）は、顧客資金の分離保管口座に入れ、ブローカーの資産と完全に分離させることが米国の法律で義務づけられています。これは制度的にも完全に分離されており、ブローカーが勝手に顧客資産に手をつけることが出来ないようになっています。

　顧客が、ブローカーに資金を送金する時、ブローカー名義の口座を指定した後に、"for further credit to：顧客名義、顧客の口座番号"と書き添えます。この意味するところは、資金の最終受取人は送金者である顧客本人ということです。つまりブローカーの銀行口座の中に顧客口座が、分離されて設けられているのです。

　これによって、仮にブローカーが倒産しても、顧客資産は保護されることになります。素晴らしい制度です。しかし、保護されていたにもかかわらず、最近レフコグループ（Refco、米国先物取引会社、証券会社）が破綻し、意図的に顧客資産が分離されずに、別口座に移動されていた詐欺ケースが発覚したのです。

　やはり信用できる取引会社であることが、とても大切です。
　E＊TRADEはニューヨーク証券取引所に上場されている信用のある会社です。以下は最近１年間のE＊TRADEの株価の動きを示したものです

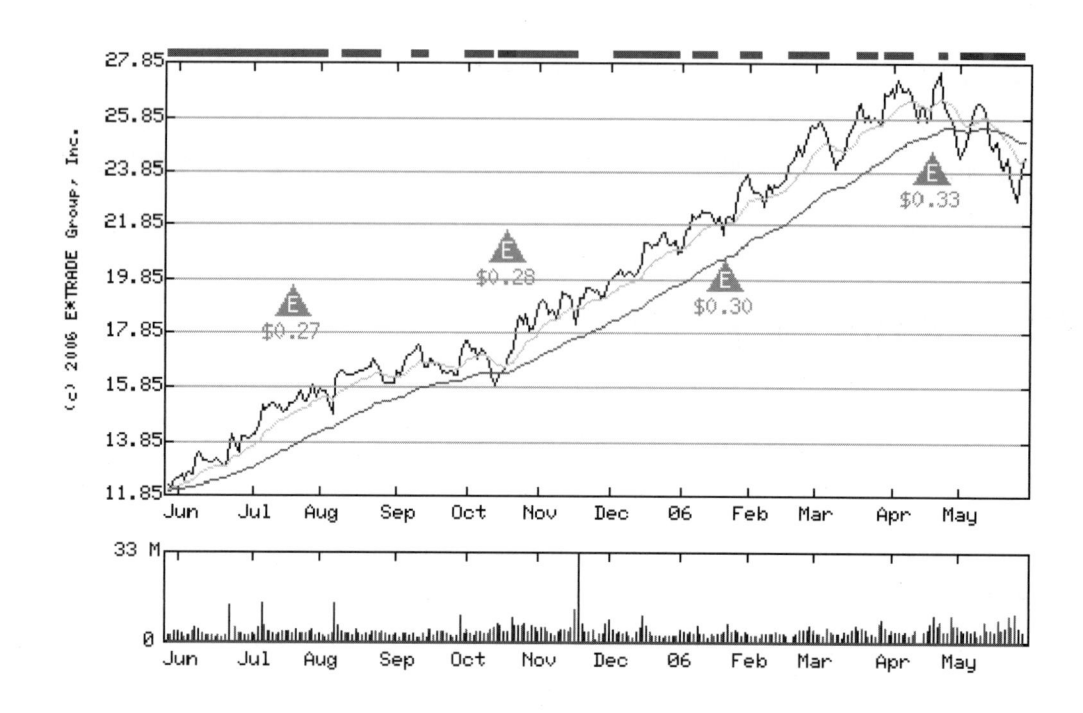

第2に、英語圏なので多少の不自由はあるかも知れませんが、個人投資家には便利です。

　口座開設手続きをとると、オンラインですぐにIDとパスワードが送られてきます。資金を振り込む前からLOGONができて、中を見ることができます。
第3に、倶楽部関係者にとって、相性のよい会社なのです。倶楽部のスタッフ（パンローリング社スタッフ他）は過去、株式オプション取引においてはほとんど負けなしで、資産は相当に増えました。

　私が『オプション売買の実践』を著したのが２００１年です。同書には株式オプションの取引手法、実例、LEAPS等が詳細に書かれていますし、AMZN（アマゾン・ドットコム）等の推奨銘柄も載っています。そのAMZNは同書が世に出た時、株価は８ドル台でした。そして取引はE＊TRADEで行われていました。素晴らしい相棒です。

　このように信頼性と相性の良さでお勧めしておりますが、倶楽部とE＊TRADEの間には何の利害関係もありません。

　取引会社だけでなく、相性の良い市場、相性の良い戦略、そして相性の良い銘柄というのは必ずありますし、皆さんにも心当たりがあると思います。

そういう相棒をたくさん見つけることも大事なことですね。

◆XPRESSTRADE（=ADM Investor Services）

　XPRESSTRADEは米国シカゴを拠点とするコモディティ及びコモディティオプションのインターネット専門取引会社です。XPRESSTRADEは「通称」で、ADM Investor Services, Inc.が本来の社名です。親会社はArcher-Daniels-Midland Co.（ADM）でニューヨーク証券取引所に上場している農産物の加工等を専門にしている名門企業です。同社の顧客は世界約110カ国に及び全体の顧客の30％以上が外国人投資家（トレーダー）といわれ、海外の個人投資家（トレーダー）に比較的人気があると言われています。その理由には、1）100％オンライン取引であること、2）システムに信頼性があること、3）システムの作りが海外の個人投資家（トレーダー）にとって「易しい＆優しい」作り（＝ユーザー・フレンドリー）になっていること等があげられます。取引手数料も他の多くのコモディティ取引会社と比較して安価なようです。

　このような理由から、倶楽部ではコモディティオプション取引用口座としてXPRESSTRADEを勧めています。

＜ADMの株価の推移＞

倶楽部スタッフ（パンローリング社）スタッフの幾人かがXPREESSTRADEを用いてコモディティオプションを取引しており、「相性」がいいようです。

◆リスク管理

　倶楽部の目的は、**"可能な限りのリスクを抑えた長期的な安定運用"**です。そのためには、やりすぎるくらいのリスク管理が必要となります。ニュースレターで紹介する推奨取引戦略では、きめ細かな「損切り」規定まではお伝えしていません。それはリスク許容度が個々によって違ってくるからです。

　倶楽部が指導している投資のやり方に賛同していただいて取引を行っていても、リスク管理をどの程度にするかは、資金量によっても異なりますし、申し上げたように個々の考え方、あるいは個々の耐性によっても違ってきます。ですから「いくらになったら買い戻すように」といった具体的な数字はあげません。
「損切り」は各自が**自分のルール**を決めて行ってください。一定のルールはありません。

　また買い戦略では「損切り」を行いません。買い玉の"損（支払いプレミアム）"は、損失と見なさず"コスト"と見なします。このコストを売り玉による"受け取りプレミアム"によって補うのです。売り玉は、理論的には"無限大のリスク"を負いますので、リスク管理を厳格に行う必要があります。
売り玉の損切りには２つの方法があります。

* 金額による目安で、例えば"１枚あたり５万円の損が出たら買い戻す"という方法
* "原市場が権利行使価格にどの程度接近したら買い戻す"という方法

　どちらにするかは、投資家自身が決めなければなりません。
重ねて強調しますが、

損切りルールは必ず作ってください

そうしないといつの間にか、精神的に自分自身を追い詰めてしまうことにもなりかねません。ご自分がとれる許容リスクを知ることがまず大事です。そして、それを知るには実践することしかありません。

◆マネーマネージメント（資金管理）の重要性

資産を形成していく上で大事なことは、"時間をかけること、継続していくこと、そして生き残ること"と申し上げてきましたが、"継続する"ということは、つまり資金を失わないということです。
そのためには資金管理がもっとも重要になります。

"トレーダーが失敗する原因は、そのほとんどが彼らのずさんな資金管理によるものである"

「魔術師リンダ・ラリーの短期売買入門」より

その他多くの著名な評論家たちも、マネーマネージメントの重要性を指摘しています。
私も声を大にして申し上げたいと思います。

マネーマネージメントをきちんと行うことが、成功への必要最低条件である。

以下にマネーマネージメントのガイドラインを挙げましたので、それぞれのリスク許容度に沿って作ってください。

ガイドライン

- ■売買対象の市場の場帳とチャートは自分で作る
- ■売買記録帳を必ず作る
- ■売買の前に必ず原市場の推移をチェックする
- ■売買の前に必ずボラティリティをチェックする
- ■流動性のない市場での売買は避ける
- ■売買の前に必ず計画を立てる
    - ●使える資金量
    - ●建て玉は最高何枚か
    - ●利食いはどの水準で行うか（原市場、ボラティリティ、プレミアム、時間の経過）
    - ●損切りはどの水準で行うか（原市場、ボラティリティ、プレミアム、時間の経過）
    - ●どのような状況でポジションを変更（調整）するか
- ■証拠金による新規売りは、最高２分の１までとする
- ■オプション買いでは、一回の取引に使う資金は全資金の２パーセントを限度とする
- ■必ず分割で建て玉する
- ■ナンピンをしない

2．なぜ、オプションか？

　皆さんは、なぜオプション取引をするのでしょうか？　株式投資（長期の株式保有ではなく"トレード"）や先物取引もされていますか？　もし株式投資や先物取引でうまく資産を運用できているなら、オプション取引はする必要はないと思われます。特にオプション取引は、株式や先物とは"ゲームのルール"が大きく異なります。従って、取引手法やその基礎になる相場に対する考え方も違い、まずそれを学ばねばなりません。新しい概念を自分のものにするのは大変なことです。にも関わらず、

なぜ、オプションなのでしょう？

　答えは簡単です。
　オプションはそのゲームのルールを理解し、それに応じた適切な取引手法を修得すれば、**株式売買や先物取引より利益を得やすい**、ということにあると思います。そして、いったんその利益を出す手法（数多くありますがその一つだけでもよい）を修得すれば、多くの方がもはや株式売買も先物取引もやりたいとは思わなくなると言います。

　オプションは、組合せ次第で株式投資や先物とほとんど同じポジションを作ることが可能ですし、それらよりずっとリスクの小さいポジションを作ることも可能です。しかも株式投資や先物などよりも、ずっと少ない資本で始められるのです。
　このようにさまざまなニーズに柔軟に対応できる金融商品は、他に見当たりません。

　そう、オプションは多才なのです！
　これがオプション取引の真髄であり、皆さんにお勧めする最大の理由です。流動性について、ご不安をおもちの方がいらっしゃるかと思いますが、市場の選択さえ間違わなければ、それについてもまったく問題はありません。倶楽部が、株

式や先物よりもオプションだけに特化することをご提案しているのも、そこにあります。
それどころか、極論ですが、オプション取引だけで個人の資産運用は十分だとさえ考えているのです。

『オニールの成長株発掘法』（原題はHOW TO MAKE MONEY IN STOCKS: A Winning Systems in Good Times or Bad、パンローリング社刊）という倶楽部監修者の株式投資に関する愛読書がありますが、1箇所だけ気に入らない部分があります。

第12章「オプション、店頭銘柄、新規公開株などについて」においてオプションに関して述べられた部分です。その章の冒頭の部分を引用します。「投資家のほとんどはオプション売買（株式の買い受け・売りつけ選択権）に手を出すべきではないと私は考えている。オプションは極めて投機的であり、普通株に比べてリスクもボラティリティも高いからである。投資で成功するためにまず学ぶべきことは、投資リスクをいかに最小限に抑えるかということであり、リスクを増やすことではない。」（同書225頁）

「投資で成功するためにまず学ぶべきことは……」と述べている箇所は、まさにその通りです。しかし**"だから、オプションなのだ"**と言いたいのです。
当倶楽部で実行するオプション取引は、会員の皆さんの多くはすでにお分かりだと思いますが、リスクを抑えた勝つ確率の高い戦略で、株式投資やトレードよりむしろ簡単に利益を得られるのです。
株式投資は、多くの投資家が考えているよりずっと"投機的"で、反対にオプションは、多くの投資家が考えているよりずっと"保守的"なのです。

◆オプションとは何か

ではオプションとは何か。会員の方々はすでに『最新版　オプション売買入門』（パンローリング刊）等のオプションの基本書を読まれていて、「今さら"オプションとは何か"について知る必要はない」と思われるでしょう。しかしあえて、会員の皆さんにお訊きします。

オプションとは何でしょう

明快に説明できる方はいらっしゃいますか。
「オプションとは、あらかじめ決められた一定数量の原市場（銘柄）を、あらかじめ決められた期日（限月）までに、あらかじめ決められた価格（権利行使価格）で買う（コール）または売る（プット）権利である」と答えることでしょう。

正解!!　と申し上げたいところですが、
私がわざわざそのような答えを期待して、この質問を提起したと思われますか。これだけではオプションを本当に知っていることにはならないのです。
これは単なるオプションの定義、約束事にすぎません。オプションの本質ではないのです。

オプションの根幹をなしているのは確率統計論です。オプションは、相場が将来どのように変動するか全く予知できない、ということから出発しています。
つまり**将来どう変動するかを確率統計論に求めている**のです。
例えば今、5、6、7、11、13、15、16、21、24、28、31、34、35、38、41、42、43、44、45、48、50、52、58、61、63、64、67、68、69、70、71、73、74、75、78、81、82、83、85、90
という40個の数字があります。

この数字の羅列を整理するために、どのような技法を用いるでしょうか。

これらの４０個の数字を株価変動の範囲と考えても、あるいは、あるクラス40人の数学の点数と考えてもよいでしょう。

　これらの数字の意味するところを探るために、まず平均値を算出します。平均値はこれらの数字を全て足し合わせて40（個数）で割ります。49.025が平均値です。次にそれぞれの数字と平均値がどれだけ離れているかを調べます。それぞれの数字から平均値を引き算して求めることができますが、計算上不便なことが起きます。それは、マイナスとプラスの数字が出るということです。マイナスの数字を打ち消すために、ここでは便宜上、それぞれの数字から平均値を引いた値を２乗（平方）します。
　なぜなら、マイナスの数字の２乗はプラスになるからです。

　例えば、44－49.025＝－5.025になります。この２乗は＋25.25になります。それでは、平均値との差の２乗をそれぞれの数字について求め、さらにそれらを足し合わせて、その平均を求めてみましょう。答えは626.7744です。これは２乗した数字の平均ですから、その平方根を求めます。
　平方根とは２乗してその数字になる数字ですね。
　例えば、４の平方根は２です。同じように求めると、626.7744の平方根は25.04（少数点第３位以下四捨五入）です。

　実は、これが**標準偏差**なのです。
　余談ですが、日本の受験教育の中で「偏差値」と教えられてきたものは、このように算出されていたのです。
　これは数字の羅列の度合いを測るモノサシです。
25.04は１標準偏差（これを１シグマといいます）です。平均値が49.025ですから、１シグマの数値を足し引きすると、23.99～74.07の中に全体の68％が収まるということを意味しています。

　逆に言えば、この範囲の外になるものは、全体の32％ということになります。上記４０の数字を株価に置き換えるなら、株価が74.07ドルを越える確率は16％

です。2シグマでは全体の約95％をカバーします。つまり、上記の例では全部を2シグマ（＝25.04×2＝50.08）でカバーしてしまうわけです。
何となく分かってきましたか。

　さて、このシグマ（標準偏差）とオプションがどのように関係するのでしょうか。
　実はこの「標準偏差」とは、オプションにおけるボラティリティなのです。標準偏差が大きいとボラティリティが高く、反対に標準偏差が小さいとボラティリティは低いのです。これはリスクを測るモノサシにも使われます。

　オプション取引の実践家は、このような理論を知る必要はないかもしれませんが、ボラティリティの概念を理解する上ではとても大切なのです。
　参考までに下記グラフは正規分布（Normal Distribution）を表わしています。これは3を平均値として1シグマが2の左右対照のグラフです。

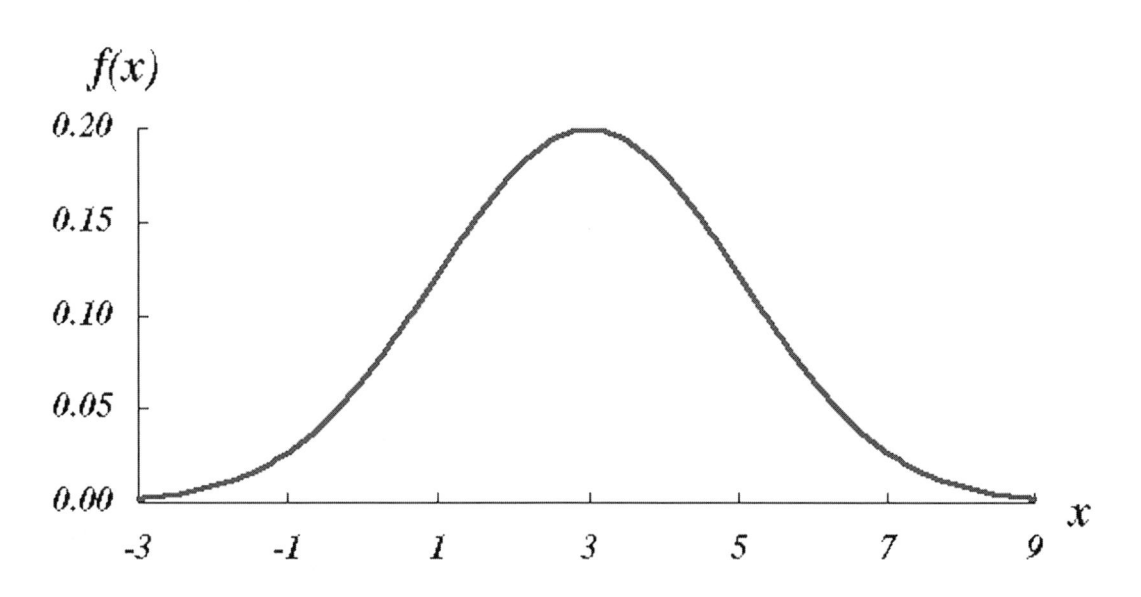

　このグラフの3を上記例の49.025、1シグマを25.04として考えてください。上記グラフでは1と

3の間の面積が全体の約68％を占めます。実際のオプションの世界では、この

ようなきれいな正規分布にはならないのですが、これが基本中の基本です。

　オプション取引において、そのゲームのルールもやり方も株式投資や先物取引のそれとは大きく異なります。一言でいうなら「確率・統計」をベースにした取引なのです。

3. 実践するにあたって

　相場（トレード）において、オプションは何ら特殊なものではありません。株式や先物のトレードと大きな違いはないのです。安いプレミアムを買って高く売ったり、高いプレミアムを売って安く買い戻したりすることによって利益を上げるわけです。これは株式でも先物でも同じです。
したがってオプションにおいても、原市場の動きを的確に検証することが大切になります。

調整のコツを掴む

　倶楽部で取り上げている取引戦略は、「売り戦略」にせよ、「買い戦略」にせよ、共通しているのは市場の**将来変動を予測しない**ということです。会員の方々が、相場変動を予測して利益を上げようとする取引手法をとられるなら、オプションではなく株式や先物など原市場そのものを取引されるとよいと思います。

　オプションでは、売り戦略や買い戦略、あるいはスプレッド取引において、それらのポジションがうまくいかない時（評価損が発生した時）に、ポジションを調整する必要があるわけですが、この「調整」が重要なのです。
別の表現をすれば**"調整によって利益が出るポジションにもっていける"**ということです。
　原市場ではできないことですね。
　この調整こそが、株式や先物取引と大きく異なる点であり、オプション取引の醍醐味とも言える点です。ですから**調整のコツを掴むことがゲームに勝つための強力な武器**となるわけです。

オプション市場には、原市場にはない"調整"という名の武器があります。
その武器を使いこなして勝ちにもっていくのは、あなたなのです。

原市場では、一度ポジションを決めたら（そのポジションに対しては）、あとは相場の流れに身を任せるしかありませんが、オプション市場では武器をもって戦えるわけです。

この調整のコツを掴んでいただくことが成果をあげる上で重要なポイントになります。

そのためには、ポジションは分割で建てます。

そして、資金はあればあるほど有利になると言えます。

◆資金量について

> 兵士は多ければ多いほど、さまざまな戦略が可能となり、戦に勝てる可能性が高くなる。
> 資金は多ければ多いほど、勝つためのバランスがとりやすくなり、より安定して多くのゲームに勝つことができる。

オプション取引に限らず、株式や先物のトレードでもっとも大切なことは、初めに用意する「資金」です。

資金はこのゲームの中では"自軍の兵士"と考えてください。

トレードの技術の良し悪しを論ずる前に、「資金量つまり兵士の数」がゲームのやり方に大きく影響します。至極当然な事ですが、「資金量」の少ない方は多くの取引ができないだけでなく、取引の戦略がかなり制限されます。

兵士が少なければ、城を守るしかない

しかしそれでは攻撃ができません。それでは攻撃に出ましょう。すると、今度は城を守れなくなります。つまり勝つためのバランスをとることができないのです。

株式などとの大きな違いは"調整"（利益が出るようにポジションのバランスをとる）にあると申し上げましたが、それが大きく制限されてしまうのです。と言うことは、負けてしまう可能性が高くなる、ということです。

兵士が少ないために、実は勝てるゲームを落としてしまう（利益を逃す）どころか負けてしまう（損失が発生する）かも知れないのです。

ですから資金量については、真剣に考えてほしいのです。
十分な兵士（＝資金）をもっている人とそうでない人との違いが、後々さらに拡大していきます。資金が少ないことによって評価損が発生した時、それに対応する戦略がとれず、さらに損失を拡大させてしまいかねないのです。この段階で、スタート地点は同じだったはずなのに大きな差ができてしまうわけです。しかし、では資金量が少ないから取引ができないかと言うと、決してそういう意味ではありません。
少しずつ資金を増やしていくことによって、より安定した作戦がとりやすくなるということです。**より安定的に大きな資産形成が可能になる**ということです。

後に述べますが、売り戦略では資金を多めに必要とします。そして倶楽部の投資戦略に沿って取引を行っていく上では売りも買いも必要となります。
できるだけ早く資金を５万ドルの水準にあげましょう。そしてさらに１０万ドルにしていきましょう。１０万ドル以上の資金量の方も安心せず、リスク管理に十分注意し、投機的な（＝ギャンブル的な）トレードは控えてください。

◆なぜそのようなポジションをとるのか

得意市場、得意手法を習得することが成功への最短ルート

毎週のニュースレターでは、その前週までの各市場の状況にとり得るオプション・ポジションの例をあげています。そのまま実行するのではなく、"なぜそのようなポジションをとるのか"ということを自分で考え理解して、取引に臨んでください。

得意分野をもつことが成功への近道ですが、そのために必要なことは、実際に基礎的な売買を繰り返すことです。そして自分の頭と身体で覚えることです。実

行がなければ利益は得られませんし、得意手法を習得することもできません。そういう意味では、トレードはスポーツに似たところがあって、実際の練習を積めば積むほど上達します。

　たとえば水泳を例にとってみましょう。水に入らず、畳や絨毯の上で毎日練習をしたからといって、果たして泳げるようになるでしょうか。なりませんね。なぜでしょう。それは実際にプールに入って泳いでみた時の、畳の上では感じられなかった、水が口や耳に入る不快感、水中で目を開けたときの感覚、そして浮力感などを全く体験できないからです。

　同じように、このニュースレターをいくら読んでも、そして増田丞美著『最新版　オプション売買入門』や『最新版　オプション売買の実践』をいくら繰り返し読んでも得られないもの、本やセミナーでは絶対に伝えられないものがあります。
それは個々の市場に対する感覚（センス）であり、トレードのセンス（感覚）です。

恐怖感、不安感は本からは学びとれない

　例えば、増田がQQQQ45－コールを1000枚売っていたとします。株価が44ドルを超えて、権利行使価格45ドルに接近したとします。あるいは、同じQQQQ38－プットを1000枚売っていたとします。株価が急落して40ドルを割ったとします。経験の浅い人は、まず恐怖感が先に立つでしょう。しかし増田は、平然としてデルタを再計算してバランスを整えるべくポジション調整を行い、最終的には利益にもっていきます。
　これが平然とできるかどうかは、経験の差でしかないのです。含み損が発生した状況の中で、自分の資金量とポジションの数量との関係、利益にもっていくにはどう調整したらよいか、資金が無になってしまうのではないかという不安感、恐怖感にどれだけ耐えられか等々。
　それらは実践してみて初めて身体で分かるものです。

模擬トレードは有害？

そういう意味で模擬トレードは、はっきり有害であると言えるでしょう。模擬トレードだけで技術を習得したと思い込み、実際に取引を行ったら、ケガをすること間違いなしです。

模擬トレードによってトレードが巧くなった人と、畳の上の練習だけで泳げるようになった人を、増田は一人も知りません。

もう一度念を押しますが、**知識だけの模擬トレードでは上達しません。**

"トレード"は投資とは異なります。自分のスタイルで、価格変動の値ザヤを利用して利益を上げていくものなので、単純な売買を繰り返してトレードに慣れることです。初めは買い戦略や売り戦略だけを行い、その繰り返しの中で自分の得意なトレードスタイルを身につけることが大切です。

◆投資とトレードについて

投資という言葉は、"リスクのある世界での運用"という意味合いで、日常的に多用されています。本書でも"オプション倶楽部の投資法"といった使い方をしておりますが、厳密な意味としては

＊投資とは、将来その価値が上がるだろうことを期待されている対象物を購入、所有して、期待どおりに価値が上がった時に売却して差益を得る行為、あるいは、将来利益を生み出すために行う資金拠出、資金提供のことです。

＊トレードとは、対象物の価格や価値の変動を利用して、その差を利益とする行為のことで、対象物の将来性を期待した取引ではありません。

4. 実践の流れ

では実際にオプション取引の実践の流れを追っていきましょう。

①まずは『最新版 オプション売買入門』『私はこうして投資を学んだ』(いずれもパンローリング刊)を読み基礎的な知識を得ることが肝要
↓
口座開設
↓
②自分が専門として取引する市場を選択し、場帖やグラフなどの売買に必要な資料を準備
③毎日、原市場とオプション市場のデータを観察する。
④ニュースレターを参考にしてオプション取引戦略について研究し実行する。
↓
⑤ポジション調整を行いながら、リスク管理に努める
⑥成功・失敗の原因について分析する

大まかに言うと上記のような流れになります
②の市場ですが、始めたばかりですとなかなか得意市場が分からないと思います。先に述べたように単純な売買の繰り返しを行う中で見つかってきます。

一応ご提案できる市場は以下のとおりです。

① 自分が最も経験や知識がある市場
② ①がない場合は、米国または欧州株式または株価指数(現物)オプションが入りやすい。
③ ②以外では米国ETF(上場投信)オプション、株価指数先物オプション、債券先物オプション、通貨先物オプションの順がよい。
④ 穀物(大豆等)先物オプション、貴金属(金等)先物オプション、エネルギー(原油等)先物オプションは、コモディティ市場の経験と知識が十分でな

い場合は選択すべきではない。

> 得意の市場をもつこと、得意の戦略をもつこと、そしてゲームのやり方を習得すること
> この３つが成功への最短ルート

5. オプション戦略

　オプションにはさまざまな手法、戦略がありますが、それらはまず目的があって初めて生まれるものです。目的や標的がなければ戦略も生まれません。オプション取引の特長は、この多彩な戦略にあるのです。別の言い方をすると

"戦略を知らずしてオプション取引を行うなかれ"

と言ってもよいくらい、戦略が結果を左右するのです。

　ただやみくもに"お金を増やしたい"というだけなら、原市場の取引のほうが有効かも知れません。つまり単に安く買って高く売る、あるいは高く売って安く買い戻す、ということが主ですから。オプションを始めるからには、この目的に応じた戦略をマスターすることが肝要です。ただ全ての戦略に精通する必要はなく、ご自分に適した市場、戦略、手法を習得していただきたいのです。

　まずそれぞれが、オプション取引を行う目的をはっきりさせることです。
ある人は一生の財産形成であり、ある人は生活費の一部ということであれば、とる戦略が自ずと異なってくるのは明らかですね。
実際に取引を始められる前に、ご自分の**目的が何であるか**ということをハッキリさせてください。

　倶楽部では、長期にわたる資産形成という目的において、戦略を指南し、手法等をお伝えしています。しかし個々によって目的は違ってきますので、そういう個人的な取引に対しては、個別に相談を受け付けており、助言等をさせていただいております。

◆目的をもつ

では目的にはどんなものがあるでしょう。
　①余裕資金で"ゲーム（娯楽）"として相場を楽しむ
　②毎月の小遣いを稼ぐ
　③生活費の一部（副業）にあてる
　④将来の消費（住宅資金の一部、マイカー等）に充てる
　⑤私的年金（老後の蓄え）

といったところでしょうか。

ではそれらに対してどのような戦略が可能でしょう。

　①保守的な取引戦略より、少ない資金でレバレッジを効かせた「OTM買い戦略」などが、大きな利益を上げたときの満足度が高いでしょう。
　②や③は着実に、短期でしかも保守的な取引戦略がお勧めです。(オプション売り戦略とスプレッド戦略中心)
　④短期、中期、長期などさまざまな戦略が考えられます。(買い戦略、売り戦略、スプレッド戦略、それらの組合せ)
　⑤保守的で長期的、しかし債券運用よりも利回りが高く、かつ株式投資よりはずっとリスクが低い戦略（LEAPSプット売り、合成ポジション、NOPS、長期オプション買い等）が考えられます。

以上のように、目的によってとる戦略はかなり違ってきます。
　資金は多ければ多いほど、そして期間は長ければ長いほど、安定した収益をあげることが可能です。つまり、まだ資金が少ない、できるだけ短期に収益をあげたい、という方は、特に戦略に長けることが重要になります。小さい額で何度も実践を繰り返し、早くご自分の得意分野を見つけてください。そしてその分野の戦略を学んでください。

何もオプション戦略をすべて覚える必要はないのです。
得意分野、得意戦略を見つければよいのです。

6. オプション取引戦略

"どのオプション取引戦略を用いるべきか"については、多くの誤解があるようなので強調しておきます。
「売り戦略」が必ずしも有利であるわけではありません。
「買い戦略」、「売り戦略」、「スプレッド」の全てを把握することが大事で、それらを状況に応じて使い分けられることが大切なのです。
個々のくわしい戦略は後述しますので、ここではポイントだけを申し上げておきます。

◆買い戦略

上昇相場においてはコールの買い、下降相場においてはプットの買いを行います。ニュースレターにおいて掲げる"参考"の戦略は、1日～1カ月前後の短期取引が中心ですので、「オプション買い戦略」においては、仕掛けるタイミングが重要になります。
したがって、オプション市場やボラティリティの変動の分析も大切ですが、それと同程度に原市場の動きを捉えることが肝要です。

◆売り戦略

資金的に余裕をもって行うことが大切で、十分な余裕資金をもっていない投資家にはお勧めできません。確率重視の戦略ですので、基本的には相場の方向性をとりません。
但し、なるべくトレンドに逆らったポジションをとらないように、トレンド分析を怠ってはいけません。またボラティリティの変化、オプションの割高・割安をしっかりと捉えてください。

売り戦略を甘くみてはいけない

　オプション取引をちょっとかじると、オプションにおける「売り戦略」の優位性と魅力に惹かれる方が多いようです。ここでよく理解し認識していただきたいのですが、「売り戦略」は、必ず儲かる戦略ではけっしてありません。それどころかリスクは最も高い戦略です。

　この戦略だけで、最終的に利益を上げられる人がいたら、"リスク管理の達人"と言ってよいでしょう。このゲームを甘くみてはいけません。

　"利益限定、損失無限大"であることをくれぐれも忘れないでください。特に資金量が100,000ドル以下の方がこの戦略を実行するときには、最大の注意を払って、LEAPS以外は１つの銘柄や市場に集中してください。

LEAPSの複利パワーを侮ってはいけない

　LEAPSは、個人投資家にとっては非常に優れた投資戦略です。ただ短期で収益を上げるものではないので、トレードを楽しみ、毎月利益をあげていきたいという投資家向きではありません。

　さらに放っておくだけとも言えますので、非常に退屈な手法です。ですからこれをメインにする必要はありませんが、戦略の一部に取り入れておけば、日々心を煩わすことなくいつのまにか年率２０～３０％の利益が積み上がっていきます。

　倶楽部が目指しているものは、このLEAPSを中心とした長期にわたる安定した資産形成です。

　わずか100万円のスタート資金でも、年率20％の運用成績を20年も続ければ、年金に頼らなくてよいほどの資産が築けます。長期運用は複利で増えるからです。「複利」のパワーをバカにしないことです。

１００万円からスタートして億にゴールする

　100万円からスタートしても「億」の資産形成ができることは、決して夢ではないのです。しかも、誰でもできることなのです。そこでお勧めしているのが、

前述したLEAPS用口座と短期トレード用の口座を二つもつことです。そうすれば短期トレードを楽しみながらLEAPSで確実に資産を増やしていけるわけです。

◆ワンポイントレッスン

オプション取引に必要な専門用語の解説

◆買い戦略

この戦略は、相場の方向性またはボラティリティの上昇に賭ける戦略です。相場の方向性に関しては、上昇相場の場合はコールを買い、下落相場の場合はプットを買います。

一方ボラティリティの上昇に賭ける場合は、相場の方向性とは無関係に、コールまたはプット、あるいはその両方を買います。

この戦略は見た目ほど単純ではなく、実際のトレードにあたっては、以下の2点を決めなければなりません。

　①限月
　②権利行使価格

この①、②の選択によっては、相場の方向性の予想があたっても、損失を出す可能性があります。選択の検討が肝要です。しかし予想（価格変動の予想とボラティリティの予想）があたったときは抜群の効力を発揮します。

◆ストラテジー

オプション取引においては、実際にとるポジションのことを「ストラテジー」と言います。

ストラテジーとは英語のstrategyのことで「戦略」という意味があります。オプションのポジションのとり方は無数にあり、株式や先物の取引のように、相場の上昇・下落の方向性を当てるだけでなく、ボラティリティの変化、タイムディケイ（時間価値の減少）、ミスプライス（理論価格からの乖離）、オプション価値

の割高・割安を利用した裁定、権利行使価格の差を利用したスプレッド、残存日数の差を利用した限月間のスプレッド等、「戦略性」に富んでいます。

このような多彩なポジションがとれることを考えると、単にポジションと呼ばず、ストラテジーと呼ぶ理由が納得できます。

例：「買い戦略」、「売り戦略」、「スプレッド」(カレンダースプレッド、リバースカレンダースプレッド、クレジットスプレッド、レシオスプレッド)

◆デルタ

オプション価格に影響を与える要因は、第一に原市場の動きです。

デルタとは、原市場の動きに対するオプション価格の変化度を表したものです。

例えば、デルタ0.50とは50％のことで、原市場の価格が1ドル動いたときに、オプション価格はその半分（50％）の0.50ドル動くことを意味しています。これを"デルタ・リスク"といいます。

原市場の動きはプレミアムに対して大きな影響力があり、それはデルタの大きさと関係があるのです。ここで言う"リスク"とは「損失の可能性」だけではなく「利益の可能性」をも意味します。つまりデルタが大きければ"損失の可能性も利益の可能性も高い"ということになります。ひと言で表現するなら、**デルタはリスク（損益）の度合いを示している**のです。

デルタの表記法ですが、
　　＊コールは0.50または50（＝50％）、
　　＊プットは−0.50または−50（＝−50％）

プットはコールと相場の向きが逆であることを示すため「−（マイナス）」を数字前に置きます。

◆デルタ、再び

デルタとは、オプションのリスクを先物や株式に換算したリスクになります。例えば、プットオプションを2枚売り建てていたとします。

＊このときのプットのデルタを10％とすると、2枚で20％です。
100％で先物1枚分（株式100株分）のリスクですから、
20％は先物を0.2枚（株式は20株）買い建てていることに等しいということ
です。
＊このプットをコールに置き換えると、デルタが同じである場合、
「コール売り」は「プット売り」の反対の向きなので、
0.2枚の先物（20株の株式）を売り建てていることと同じになります。

◆Theta（セータ）

　Theta（セータ）とは、タイム・ディケイ（時間価値）の減少を示す数値です。具体的には、他の条件（原市場、ボラティリティ等）が一定のとき、オプション・プレミアムの中で1日に減少する時間価値を指します。例えば現在あるオプションの価格（プレミアム）が3.00であるとします。そして同オプションのセータが0.05であれば、このオプションの価格は、他の条件が変わらなければ翌日2.95（＝3.00－0.05）になるというわけです。
　では別の例で見てみましょう。
　以下は日経225コールオプションのプレミアムとセータです。

2006年1月限		2006年2月限		2006年3月限	
16000－コール		16000－コール		1600－コール	
価格	セータ	価格	セータ	価格	セータ
25	－0.90	65	－1.32	105	－1.39

　セータがマイナスの数字で表示されているのは、この数値分だけプレミアムから"減少"するからです。ここで注意していただきたいことは、セータは満期までの期間が短いほど、オプション価格に対する比率が大きいということです。

例えば上記例においては、
　＊2006年1月限のコール価格に占めるセータの割合は0.90÷25×100＝3.6％です。

同様に、
　＊2006年2月限のコール価格に占めるセータの割合は1.32÷65×100＝2.03％、
　＊2006年3月限のコール価格に占めるセータの割合は1.39÷105×100＝1.32％
となります。

このように、**当限月ほど時間価値の減少率が大きくなる**のです。別の言い方をすれば、時間価値はオプションの期日が迫るにつれてより急激に減少するということになります。

◆ミスプライス

オプション価格（プレミアム）の決定要因を思い出してください。これに関する十分な知識のない方は、『最新版　オプション売買入門』を読み直して復習してください。オプション価格を決定する要因は、主として
　①原市場の変動、
　②権利行使価格、
　③残存日数、
　④ボラティリティ（IV）　です。

このうち、④のIVは非常に重要です。IVは「市場参加者の思惑度の反映」と理解するとよいでしょう。原市場が変動して、今後さらにいずれかの方向に大きく変動するだろうと、オプション市場参加者の"思惑度"が高まると、オプション価格が異常に高くなる傾向にあります。

このような場合、多くは"バブル"＝「ミスプライス」(**本来あるべき価格からの大きな乖離**) であることが多いのです。このような"バブル"は破裂するまでにあまり時間を要しません。では、このような場合の取引戦略はもうおわかりですね。

「売り！」です。

異常に高いと感じるプレミアムは、売り戦略でポケットに利益を入れましょう。その一例として、S&P500が１日に１０ポイントも下がるような相場が２日も続くと、さらに相場が下がるのではないかという恐怖感で、ATMから１５％も離

れた当限のプットの価格が取引されたりします。

　この時に「ミスプライス」が発生しやすいのです。

　同じことは、AMZN（アマゾン・ドット・コム）等の個別株プットや日経２２５プット（権利行使価格５００円刻みなのでお勧めではありませんが）にも見られます。

　株式市場は、急落したときに、プットのIVが急激に高くなる傾向にあります。下げ局面での人々の恐怖心というものは、それだけ大きいということです。だからこそ、そこにチャンスがあるのですが。

　こういう時は、黙ってありがたくお小遣いをいただくことにしましょう。超短期で利益を得られますので「ミスプライスのトレード」を取引得意戦略の一つに加えましょう。

◆Skew（スキュー）

　この言葉をご存知の方は、すでにオプション取引について十分な知識がある方です。

　この言葉を知っているかどうかで、相手がオプションを知っているかどうかを判断できます。それほど、オプション取引においては重要な概念なのです。ご存知ない方は、『最新版　オプション売買入門』(パンローリング刊)の101、102頁で簡単に説明していますのでお読みになってください。

　オプション価格（"プレミアム"）というものは、必ずしも理論通りに決定されません。**需給（売り手と買い手）の影響を受け、相場（原市場）の状況によっては、ミスプライス（理論から乖離した価格）が生じます。**これを"スキュー"といいます。

　例えば極端な例ですが、現在、S&P500（原市場）の価格が1190とします。この時、1100－プットのプレミアムが1.20、1090－プットのプレミアムが1.50であったとします。これらは同じ限月です。

　おかしいですね。1100－プットのプレミアムが1090－プットのプレミアムより大きいはずですね。ところが、一時的にこのような逆転現象が見られるケースがあります。

これは明らかに"ミスプライス"です。これは極端な例ですが、オプション市場ではこのような現象がしばしば発生します。オプションの短期トレーダーはこのような状況を狙って利益を得るのです。

◆キャッシュフロー・マネジメント

オプションで利益を上げるには、先物や株式のトレードのような相場の方向性を当てることに神経を集中させるよりも、ずっと重要なことがあります。
それがキャッシュフロー・マネジメントです。
「キャッシュフロー・マネジメント」とは「お金の流れ」のことです。

   オプション買い⇒プレミアム支払い⇒アウトフロー（流出）
   オプション売り⇒プレミアム受け取り⇒インフロー（流入）
   ⇒将来の買戻しの可能性
           （まだ利益確定ではない）

あまりにも当然すぎる話ですが、オプションを買えばプレミアム（購入代金）を支払います。つまり、取引口座からお金が出ていくわけです。モノを買うのと同じです。これはお金のアウトフロー（Outflow）＝「流出」を意味します。この流出額を回収しない限り、取引口座のお金の額が元に戻ることはありません。一方、オプションを売ると（新規の売りで、当初買ったオプションの売却に関係ない）、プレミアム（売却代金）が取引口座に入ってきます。これはお金のインフロー（Inflow）＝「流入」を意味します。但し、オプションを売り建てていて取引口座のお金が増えた場合は、将来オプション買い戻しのためにプレミアムを支払うことになった場合、資金が出ていくわけですから、それに備えなければなりません。この段階で利益金が確定したわけではないのです。

このように、オプション取引という"ゲーム"は、キャッシュフローによって、取引口座にあるお金を増やすことが目的なのです。相場の方向性を当てることより、キャッシュフローに注意しながら、お金を増やすことを考えることが重要なのです。

つまり、オプションでは「買い」が有利・不利であるとか、「売り」が有利・不利などという論議はまったく的外れで意味がありません。
キャッシュフローをマネージすることこそが重要なのです。

◆シンセティックポジション

「シンセティックポジション」は、日本語では「合成ポジション」といい、"コール買いとプットの売り"及び"コール売りとプット買い"の組み合わせのことです。

前者は「ブル・シンセティックポジション」、後者は「ベア・シンセティックポジション」と呼ばれています。

　　＊ブル・シンセティックポジション
　　　　先物買いや株式買いと同じく相場の方向性をとるポジション
　　＊ベア・シンセティックポジション
　　　　先物売りや株式（空）売りと同じく相場の方向性をとるポジション

両ポジションとも、権利行使価格の選択によって、先物や株式よりもリスクの小さいポジションを作ることが可能です。

◆ゼロコスト・オプション

「オプション買い戦略」は、オプション取引戦略の中で最も大きな利益を得ることができます。が最大の欠点は、オプション料金（支払いプレミアム）がかかることであり、これを回収できないと、その料金分（プレミアム）が損失となります。

ゼロコスト・オプションとは文字通り、そのコスト（費用）をカバーし、コストをかけないで仕掛ける「買い戦略」のことです。

具体的には、

* オプション買いはコールにせよ、プットにせよＡＴＭを買います。これにかかる代金を、オプション売り戦略によってカバーします。
* 売り戦略はＯＴＭを売ります。１枚あたりのＡＴＭのプレミアムは高く、１枚あたりのＯＴＭのプレミアムは低いので枚数の違いによって調整します。

つまりＯＴＭを多く売り、ＡＴＭを少なく買うのです。

　これは「買い戦略」を多用する投資家やトレーダーにとっては非常に都合のよい戦略です。ゼロコスト・オプションの戦略については、ニュースレターで時々取り上げます。

◆リスク・リウォード

　リスクと収益の関係です。リスクなくして、金利以上の利益を上げることは不可能です。そして一般的には利益率の高い投資ほどリスクは高くなります。そのバランスをリスク・リウォードと言います。

　リウォードは、英語のrewardで「報酬」という意味です。オプション取引において、すべての取引戦略で考えてほしいことは、このリスク・リウォードです。自分のトレードにおいて目指す収益と、そのトレードに対してどれだけのリスクがあるのか、あるいはどれだけのリスクが許容できるのかを考えることが大切です。

◆チャートについて

　チャートについては、各人いろいろな考えをもってらっしゃると思います。倶楽部のニュースレターでもたびたびチャートを取り上げています。しかしチャートを重視しているということではありません。チャートは見なくてもけっこうです。チャートは必須ではないのです。場帳など数字を掲げるより説明がしやすいのでチャートを毎回提示してきたのです。

チャートは、株式、先物、ＥＴＦ、株価指数全て、www.barchart.comで見ることができます。また、株式銘柄のボラティリティはwww.ivolatility.comで確認できます。

　"チャート論"については、会員の方々と意見が大きく異なるかもしれません。私の考え方は、『私はこうして投資を学んだ』(パンローリング刊) の75～81頁、及び261～266頁を参考としてお読みください。相場の世界のチャートは、数学の世界でいう"グラフ"であり、数字の羅列をイメージ化の目的で図にしたものに過ぎません。

　基本的には、Y軸（縦軸：価格）とX軸（横軸、時間）の平面ベクトルの図でしかないのです。折れ線グラフなら、数学的には非常にシンプルで分かりやすいのです。が、現実の価格変動の捉え方として、同じ時間（日足でも週足でも、あるいは５分足等でも同じ）の枠の中に始値・高値・安値・終値の４つがありますので、バーチャートやローソク足のような（数学的には）"特殊なグラフ"が存在します。

　小・中学校の社会（特に地理）や理科の科目で、統計などの表があって、それを折れ線グラフや棒グラフなど「グラフ化」したものが教科書に載っています。株価や先物価格のチャートと同じで、元々は数字の並びに過ぎません。それを一目で分かりやすくするためにイメージ化したものがグラフであり、チャートなのです。

　さてこのチャートは、事実である数字の別の表現方法とも言えます。

　　　"表現法によっては、錯覚や錯誤を誘発しやすい"

ということを、あらかじめ認識しておく必要があります。
『ゲイリー・スミスの短期売買入門』(パンローリング刊) において、スミス氏は「チャートの催眠術」という言葉でこのことを説明しています。
オプション取引では、**数字の変化を正確に捉えること**が、実践していく上で、より重要となるのです。むしろ、チャートは見ない方がいいかもしれません。

第2章 NOPSの技法

*Art of
Neutral Option Positioning Strategy*

　相場の変動から利益を得るのではなく、タイム・ディケイ（時間価値の減少）から利益を得る売買方法です。

■NOPSの生命線はマネー・マネージメントです。
　　具体的には次のリスク管理が求められます。
　　　＊原市場やオプションボラティリティが変動したときの対処方法
　　　＊ポジションの変更調整の仕方

■NOPSでは、相場変動の予測を一切せず、株価の動きに反応してポジションを調整し、ポジションを建てることが大切です。

■NOPSは一般的な「ストラングル」や「ストラドル」の売り（コールとプットの両方同時売り）とは著しく異なります。

■**NOPSに向いている銘柄**
　　＊流動性が十分であること。
　　＊IVの動きが安定していて極端に高くないこと。
　　＊原市場の変動が極端に大きくなく、安定していること。

　株価指数（SPY、QQQQ）、株式（IBM、KO、MSFT）、債券先物（米国Tボンド、米国Tノート）etc。

NOPS-1 IBM

[2005.10.21]

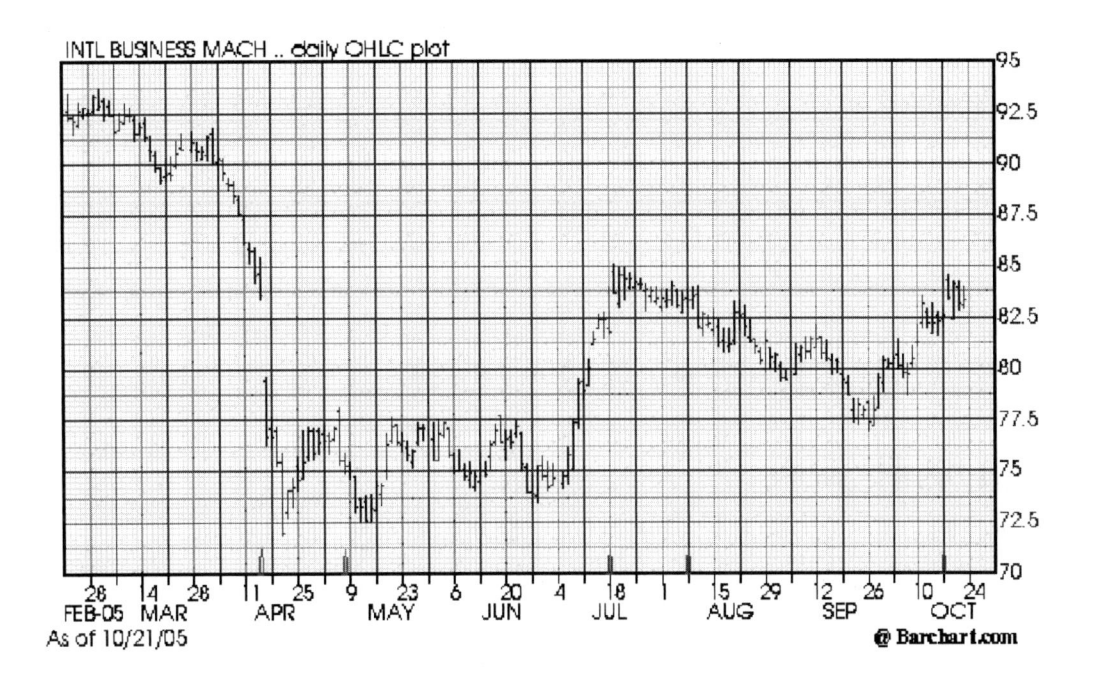

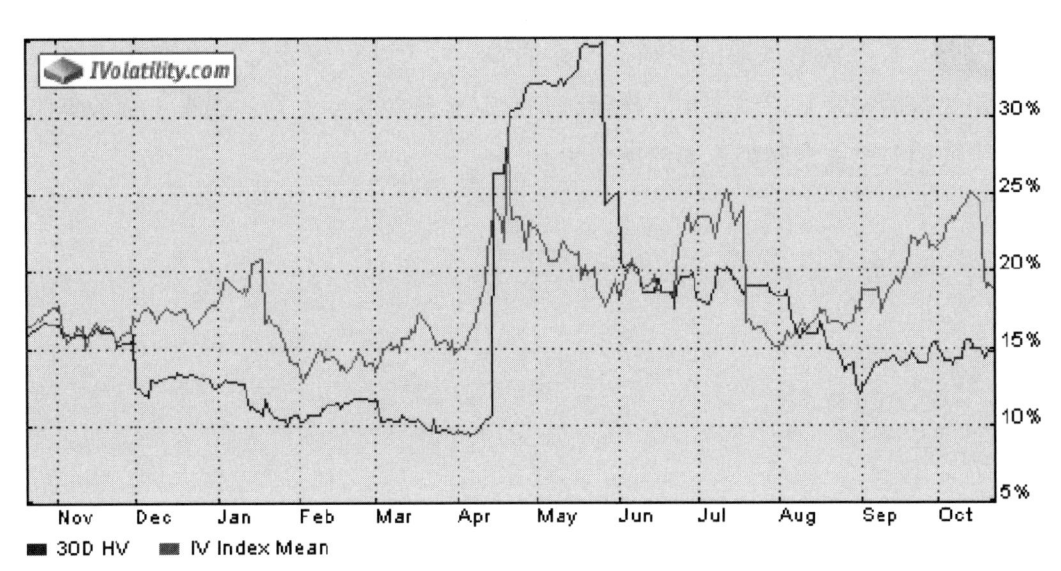

このチャートから、次の戦略が可能です。

現在の株価　８３．５０ドル　想定レンジ　株価　＊７２．５～８５ドル＊
現在のIV　１９％

＊＊現状分析＊＊
　７７．５０ドルを切ったところから上昇に転じ、現在は目先の天井８５ドルに達するかどうかという"地点"にいます。

［戦略］
　この８５ドルをブレークするかどうかがカギです。

［仕掛けの内容］　NOPS
　＊＊当面７５～９０のレンジ内で動くと想定して＊＊
　　１２月限　９０コール　OTM　売り
　　１２月限　７５プット　OTM　売り

コメント　この銘柄は増田が好きな銘柄の一つです。安定した大型株で、IVの動きが比較的安定しています。株価のレンジも分かりやすく、過去１０数年にわたって取引してきた馴染みの銘柄です。

NOPS-2　IBM

[２００５.１０.２８]

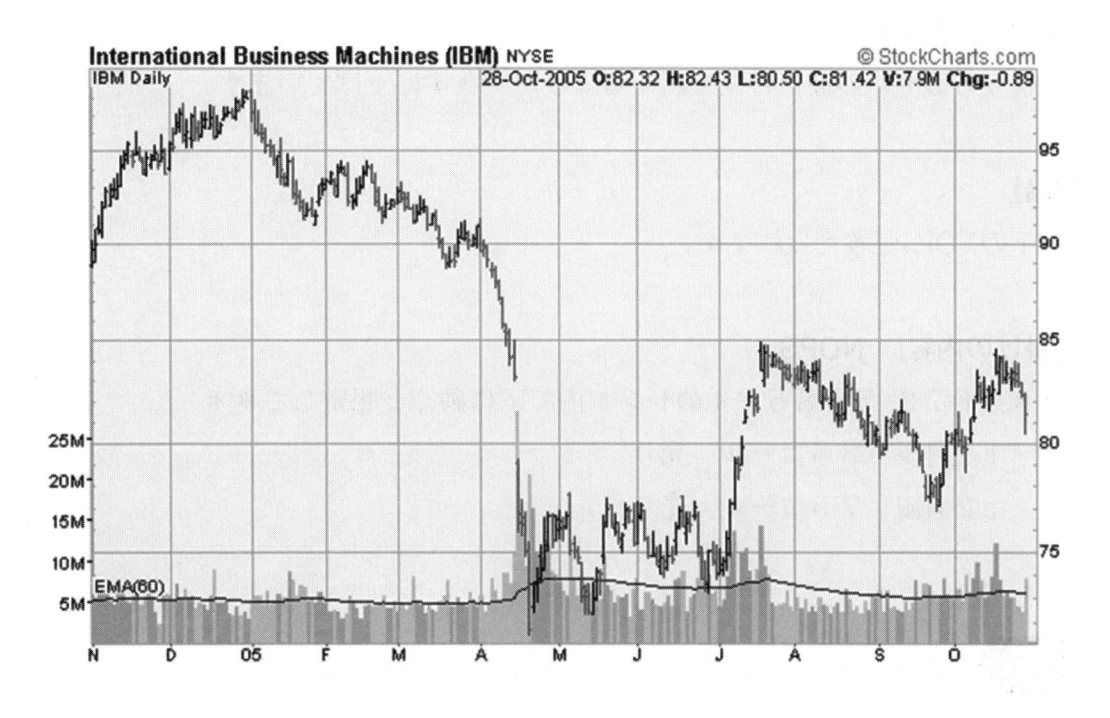

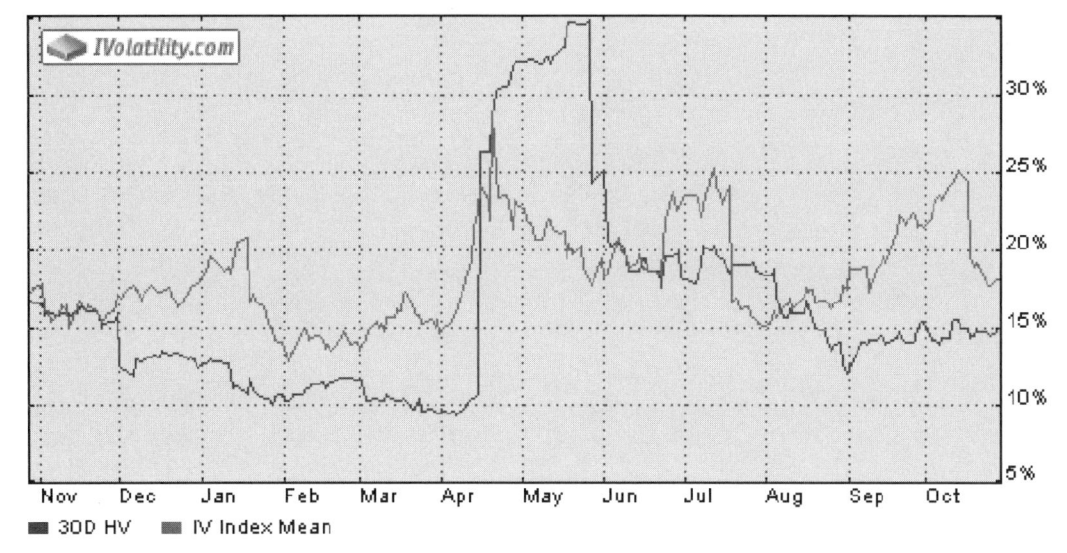

現在の株価　８０.５０ドル
現在のIV　１８％

＊＊現状分析＊＊
やはり８５ドルの高値の壁を超えることができずに下げています。

[戦略]
以下のNOPSが考えられます。

[仕掛けの内容]　NOPS
　＊＊当面７２.５〜８５ドルのレンジ内で下に動くと想定して＊＊
　　１２月限　８５コール　売り
　　１２月限　７５コール　売り

コメント　ＮＯＰＳは一気に建玉せず、分割でていねいに行います。

NOPS-3 IBM

[２００５．１１．０４]

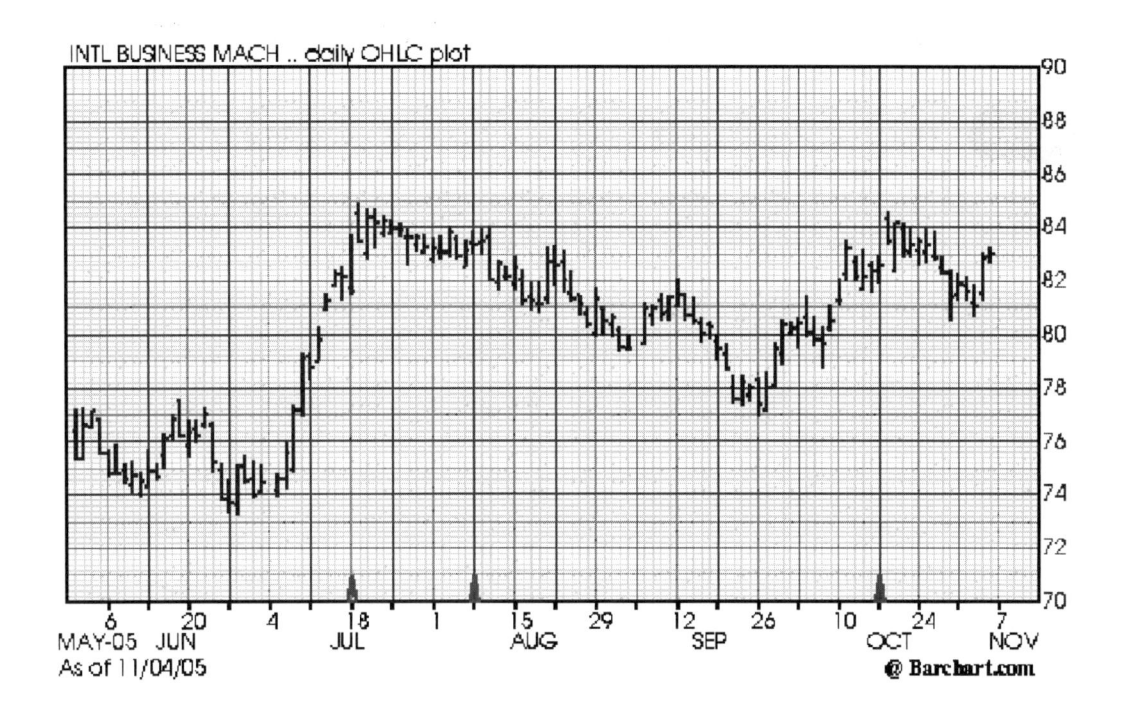

現在の株価　８３．００ドル　想定レンジ・株価　＊７５～９０ドル＊
現在のIV　　大きな変化なし

＊＊現状分析＊＊
　目先の天井85ドルの高値をうかがう展開ですが、急上昇、急落のいずれも考えにくい状況です。

[戦略]
　そこで７５～９０のレンジはまだ続くと想定してNOPSを仕掛けます。

[仕掛けの内容] NOPS

＊＊当面７５～９０のレンジ内で動くと想定して＊＊

　　　　　　　　　　　　　　　　　　　　　　　　　　受取プレミアム
　　１２月限　７５プット　売り（＠０.１５×１０枚）　１５０ドル
　　１２月限　９０コール　売り（＠０.１８×１０枚）　１８０ドル

コメント　株式オプションは現物オプションでマージンが先物オプションより高いので、資金いっぱい使ってもかまいません。但し、リスク管理はしっかりやってください。NOPSの利益率の目標は年率20％～50％です。

NOPS-3　調整①　IBM

[2005.11.11]

　ポジションをどのように**調整するか、あるいは増し玉するか**について考えたいと思います。

　まずは、チャートで最近の動きを確認しましょう。

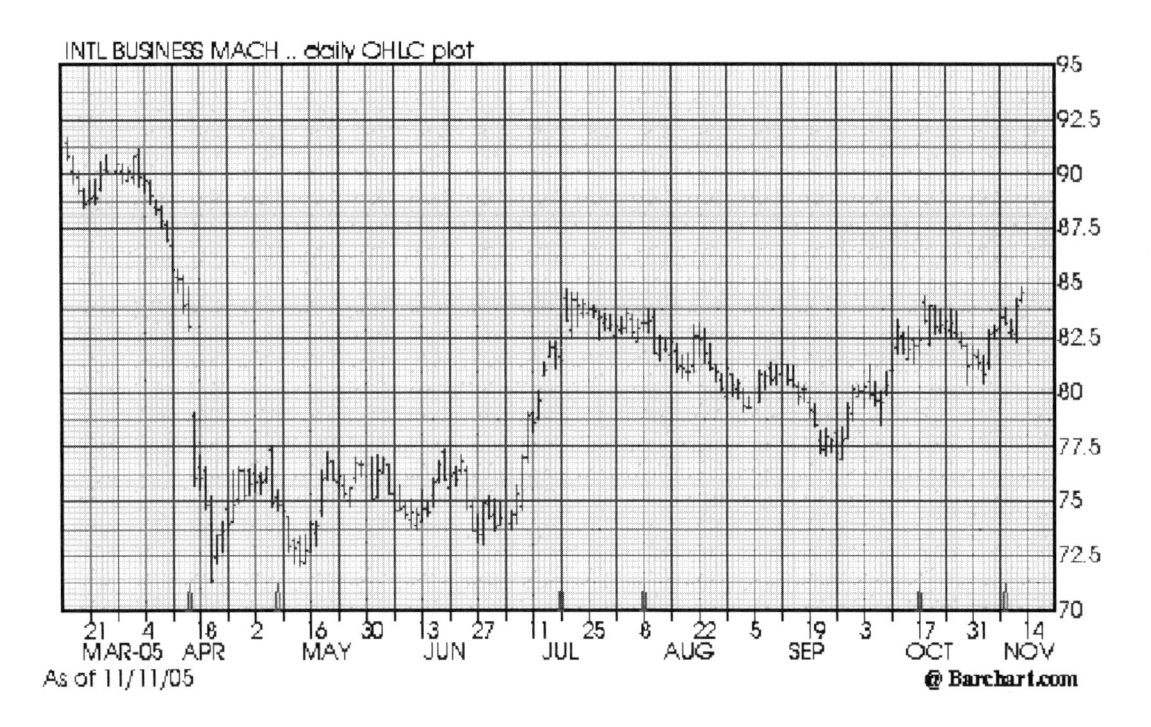

IVチャートも参考までに。

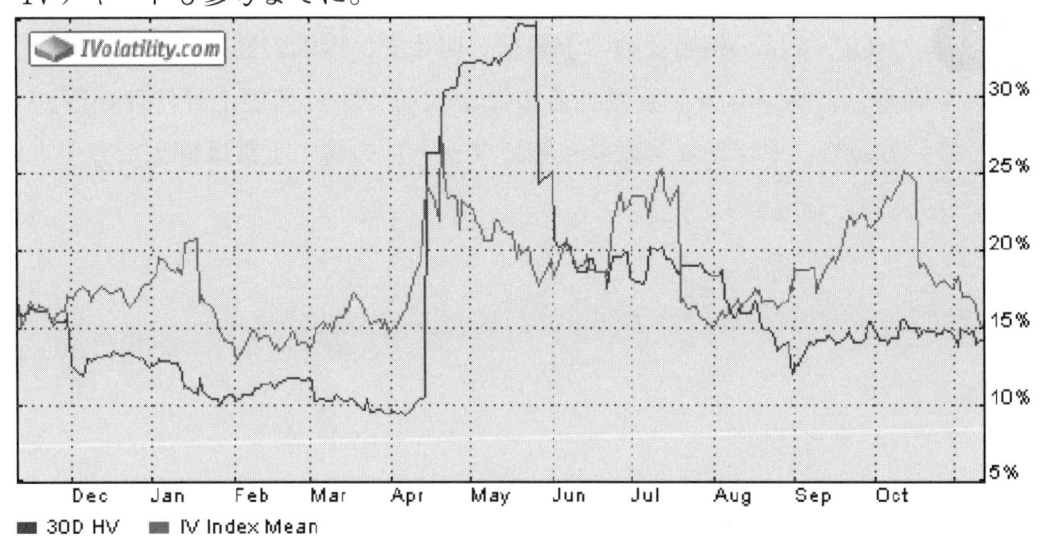

> 現在のポジション
> 　＊７５〜９０のレンジ＊
> 　　１２月限　７５プットの売り（＠０．１５×１０枚）
> 　　１２月限　９０コールの売り（＠０．１８×１０枚）

株価の推移　８３ドル⇒８５ドル　想定レンジ＊７５〜９０＊

＊＊現状分析＊＊
先週から株価はさらに高値を追い、戻り高値をつけてきています。

［調整の内容］NOPS
　＊＊まだ７５〜９０のレンジ内で動くと想定して＊＊
　◎トレンドに沿えば
　　　７５プット売り　増し玉をする
　　　７７．５０プット　新規売り
　◎株価が上伸しないと想定
　　　９０コール売り　増し玉をする
　◎株価が上伸すれば
　　　さらに　７５プット売り　　増し玉をする
　　　　　　７７．５０プット売り　増し玉をする

コメント　NOPSでは、相場変動の予測を一切せず、株価の動きに反応してポジションを調整し、ポジションを建てることが大切です。株価上昇に伴いIVが急降下しているので、オプション売り（特にプット）の建て玉数は抑えた方がよいでしょう。

NOPS-3　調整②　IBM

[２００５.１１.１８]

まずは、チャートで動きを確認しましょう。

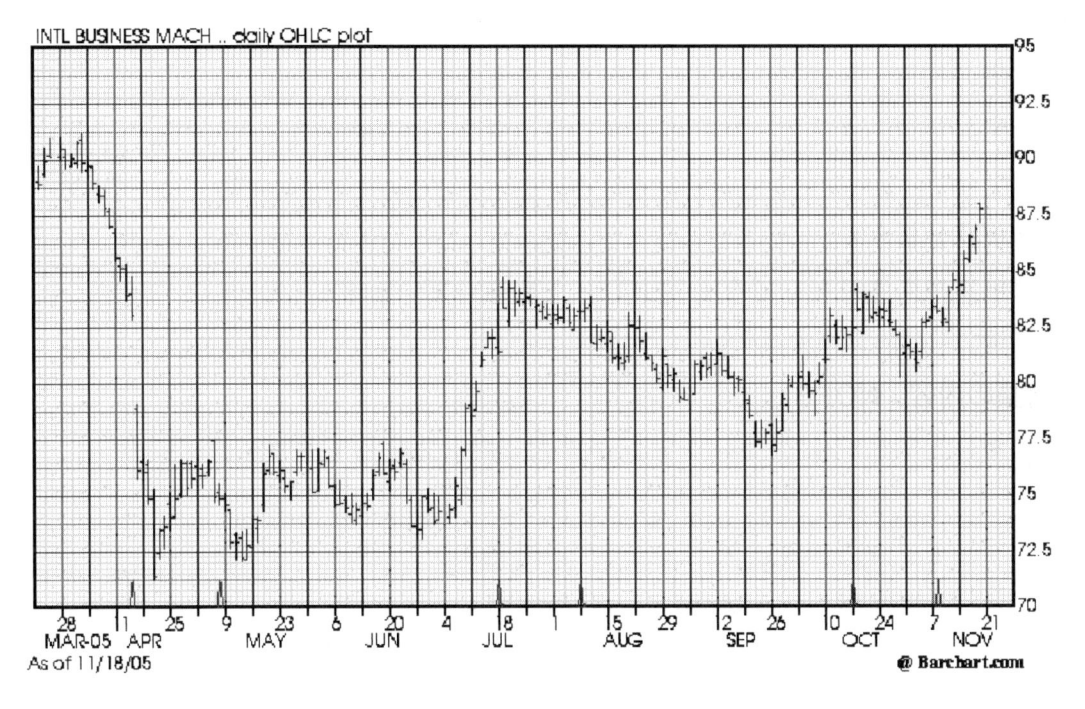

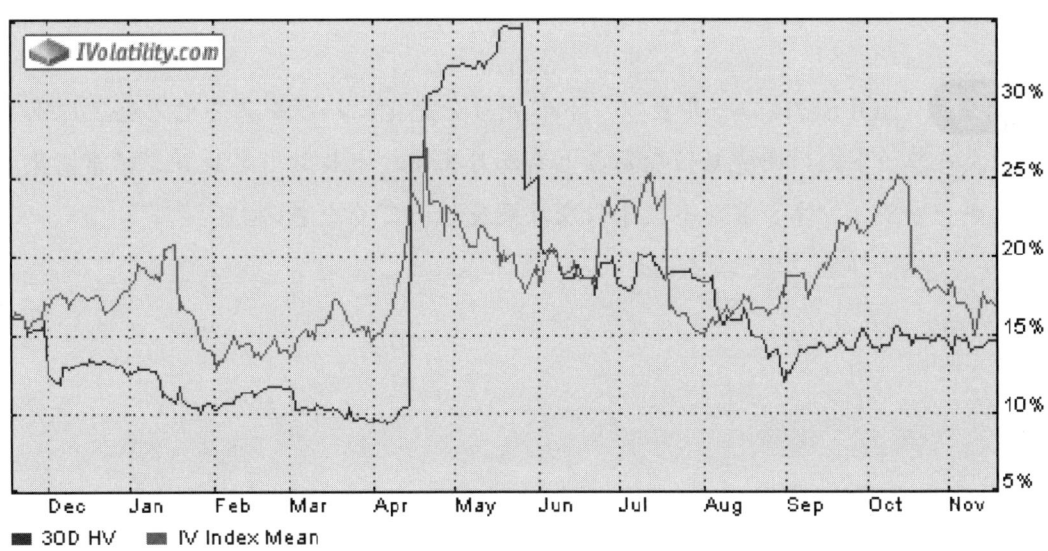

現在のポジション
７５～９０のレンジ
　１２月限　７５プットの売り（＠０.１５×１０枚）＋増し玉
　１２月限　９０コールの売り（＠０.１８×１０枚）＋増し玉
　１２月限　７７.５０プットの売り＋増し玉

株価の推移　　８３ドル⇒８５ドル⇒８８ドル

想定レンジ　　*７５～９０*⇒*７５～９２.５０*

現状分析

株価指数同様にキレイな上昇トレンドを描いています。

[調整の内容] NOPS

　　目先７５～９２.５にレンジが拡大したと想定して

　　　　１２月限　９０コール売り　　買い戻す
　　　　１２月限　８０プット　　　　新規売り
　　　　１２月限　８５プット　　　　新規売り
　　　　１２月限　９５コール　　　　新規売り
　　　　１２月限　１００コール　　　新規売り

コメント　NOPSではコールとプットの売りを完全にバランスさせる必要はありません。プットだけの売りになることもあります。トレンドとレンジに常に集中し、キャッシュマネジメントに十分な注意を払ってください。

NOPS-3　調整③　IBM

[２００５.１１.２５]

以下のチャートをご覧ください。

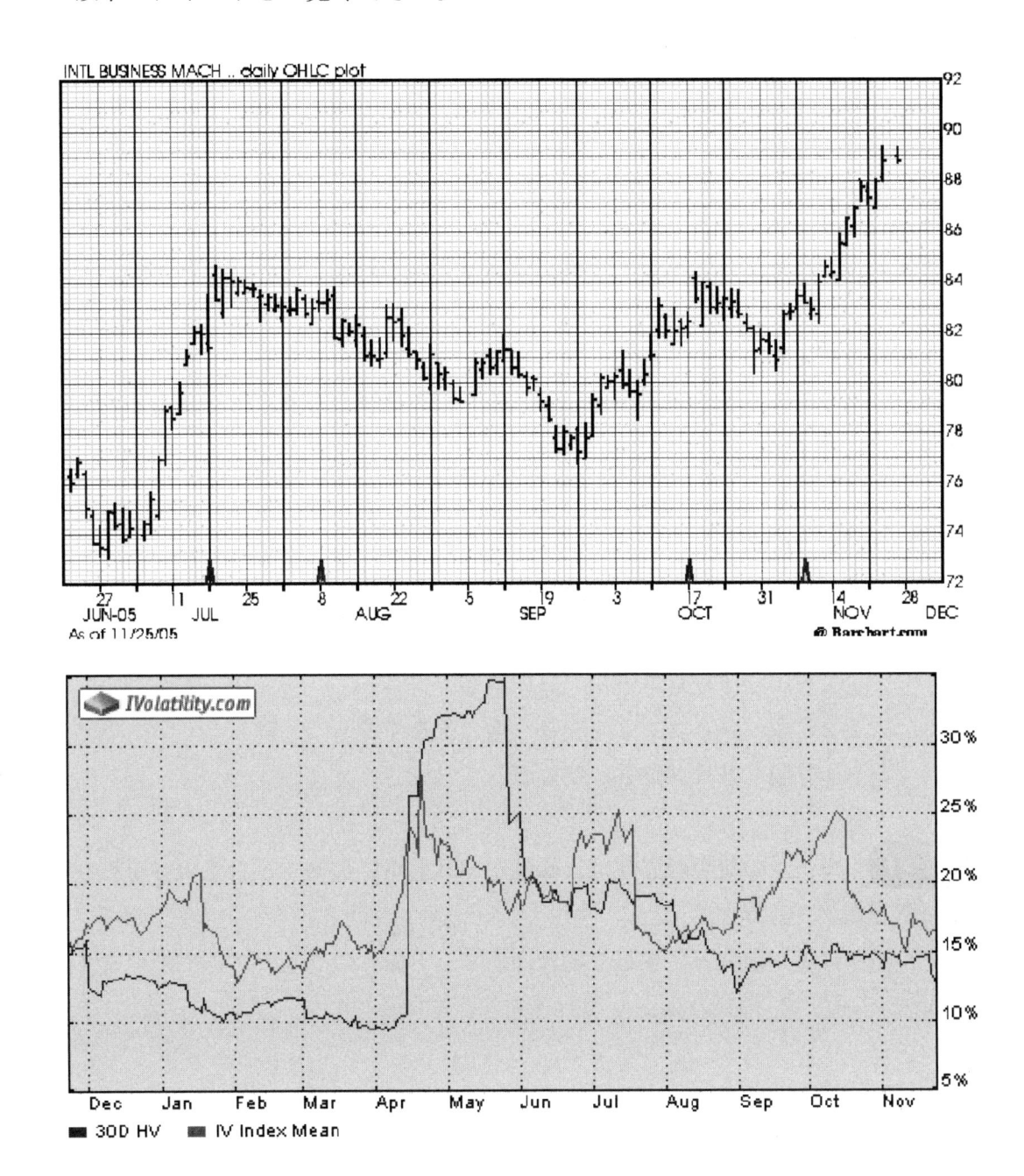

> 現在のポジション
> *75〜90のレンジ*
> 　12月限　75プットの売り（@0.15×10枚）+増し玉
> 　12月限　77.50プットの売り+増し玉
> 　12月限　80プットの売り
> 　12月限　85プットの売り
> 　12月限　95コールの売り
> 　12月限　100コールの売り

株価の推移　83ドル⇒85ドル⇒88ドル⇒90ドルで天井
想定レンジ　*75〜90*⇒*75〜92.50*⇒*75〜90*

現状分析

きれいな上昇トレンド形成中です。しかし目先株価は90ドルで天井を打ったように見られます。

[調整の内容] NOPS
　　当面75〜90ドルでレンジが推移すると想定して
　　　12月限　95コール　買い戻し
　　　12月限　100コール　買い戻し
　　　12月限　80プット　売り　増し玉をする
　　　1月限　80プット　新規売り

コメント　コールの新規の売りは、株価が90ドルに達せず、目先天井を打ったと判断したケースです。
コール売りによる損失が発生した場合は、プット売りのプレミアムで補います。

NOPS-3　調整④　IBM

[２００５.１２.０２]

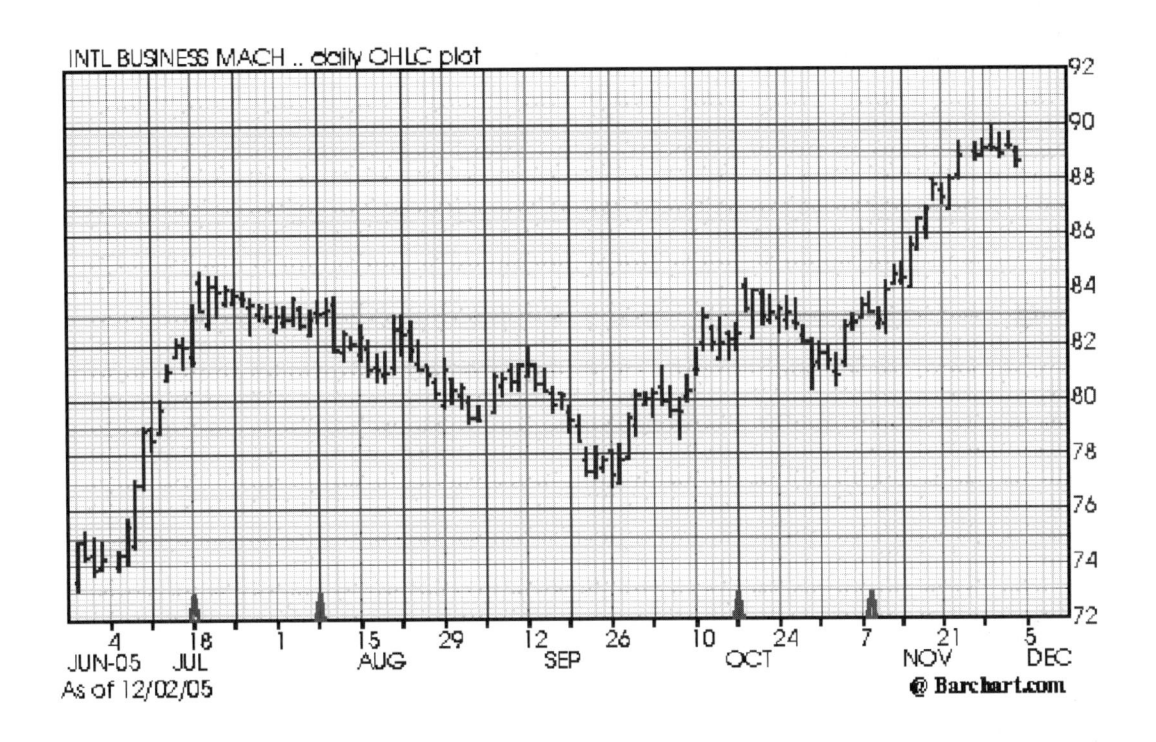

現在のポジション
＊７５〜９０のレンジ＊
　１２月限　７５プットの売り（＠０.１５×１０枚）＋増し玉
　１２月限　７７.５０プットの売り＋増し玉
　１２月限　８０プットの売り＋増し玉
　１２月限　８５プットの売り
　１月限　　８０プットの売り

株価の推移　　８３ドル⇒８５ドル⇒８８ドル⇒９０ドルで天井
　　　　　　　⇒８８.５０ドル
　　　想定レンジ　＊７５〜９０＊⇒＊７５〜９２.５０＊⇒＊７５〜９０＊

＊＊現状分析＊＊

　目先、株価は９０ドルで天井を打ち、下げに転じたと思われます。レンジは当面のとおりです。

［調整の内容］NOPS

　　＊＊このまま７５～９０ドルでレンジが推移すると想定して＊＊

　　　　１２月限　　７５プット　　買戻し

　　　　１２月限　　７７．５０プット　　　　買戻し

　　　　１２月限　　８０プット　　買戻し

　　　　１２月限　　８５プット　　買戻し

　■これらは利益確定しても、満期まで保有してもかまいません。

　　◎資金に余裕のある方は次の仕掛けが可能です。

　　　　１月限　　７５プット　　新規売り

　　　　１月限　　８０プット　　新規売り

　　◎試し玉

　　　　１限月　　９５ドル・コール　　新規売り

　■株価が９０ドルを超えた場合は要注意です。

コメント　基本はまだプット売り中心です。

NOPS－4　IBM

［2005.12.30］
再度IBMの調整パターンを取り上げます。

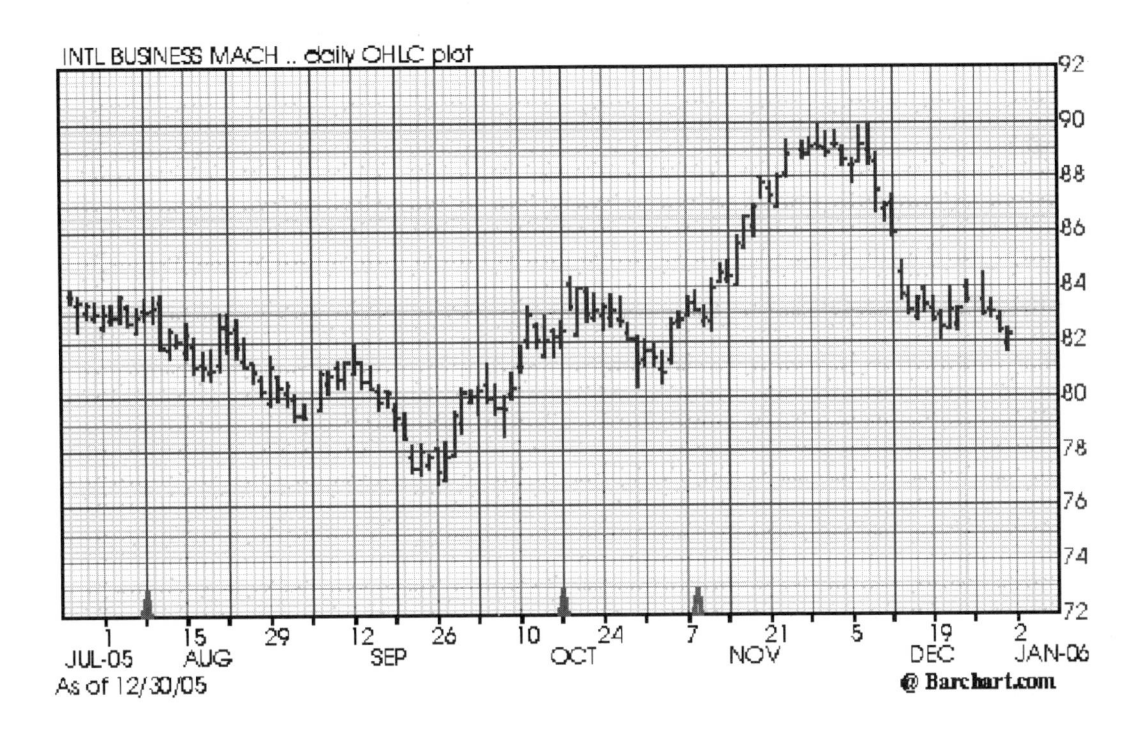

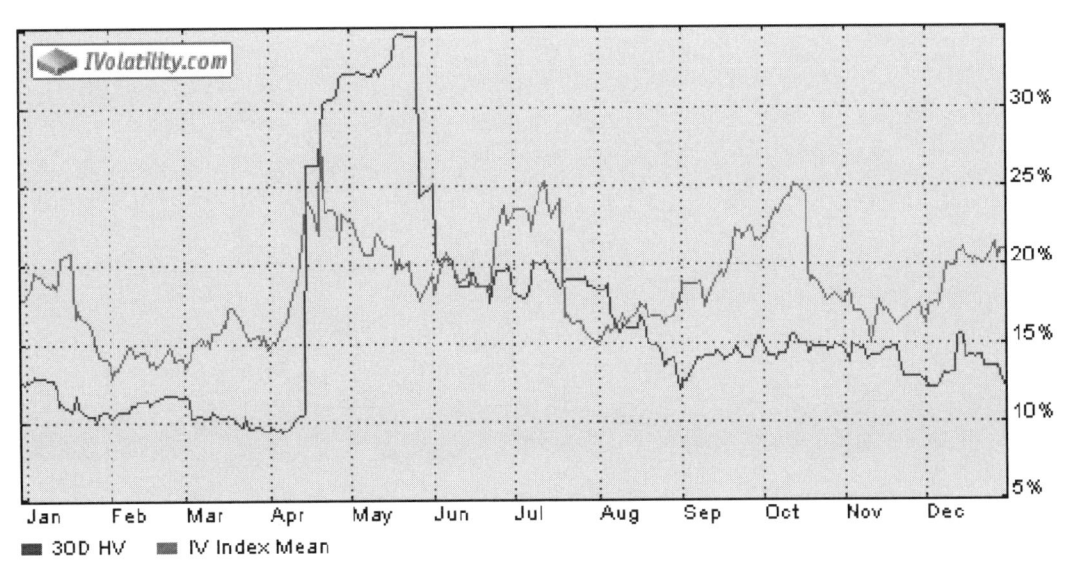

現在の株価　８２.３０ドル　　　想定レンジ・株価　＊７５〜９０ドル＊
現在のIV　２１％

＊＊現状分析＊＊
現在株価は８２.５０ドル近辺にあり、短期下降トレンドの中にあります。

[戦略]
そこで８０〜９０ドルのレンジ、さらに広いレンジを想定するなら７５〜９０ドルとして仕掛けます。

[仕掛けの内容] NOPS
　＊＊当面７５〜９０のレンジ内で推移すると想定して＊＊
　　２月限　９０コール　新規売り
　　２月限　７５プット　新規売り
　◎さらに株価が下がれば
　　２月限　９０コール売り　増し玉をする

コメント　淡々と仕掛け、「慣れること」が大切です。

NOPS-4　調整①　IBM

[2006.1.6]
まず先週までのIBMの株価とボラティリティの動きを確認しましょう。

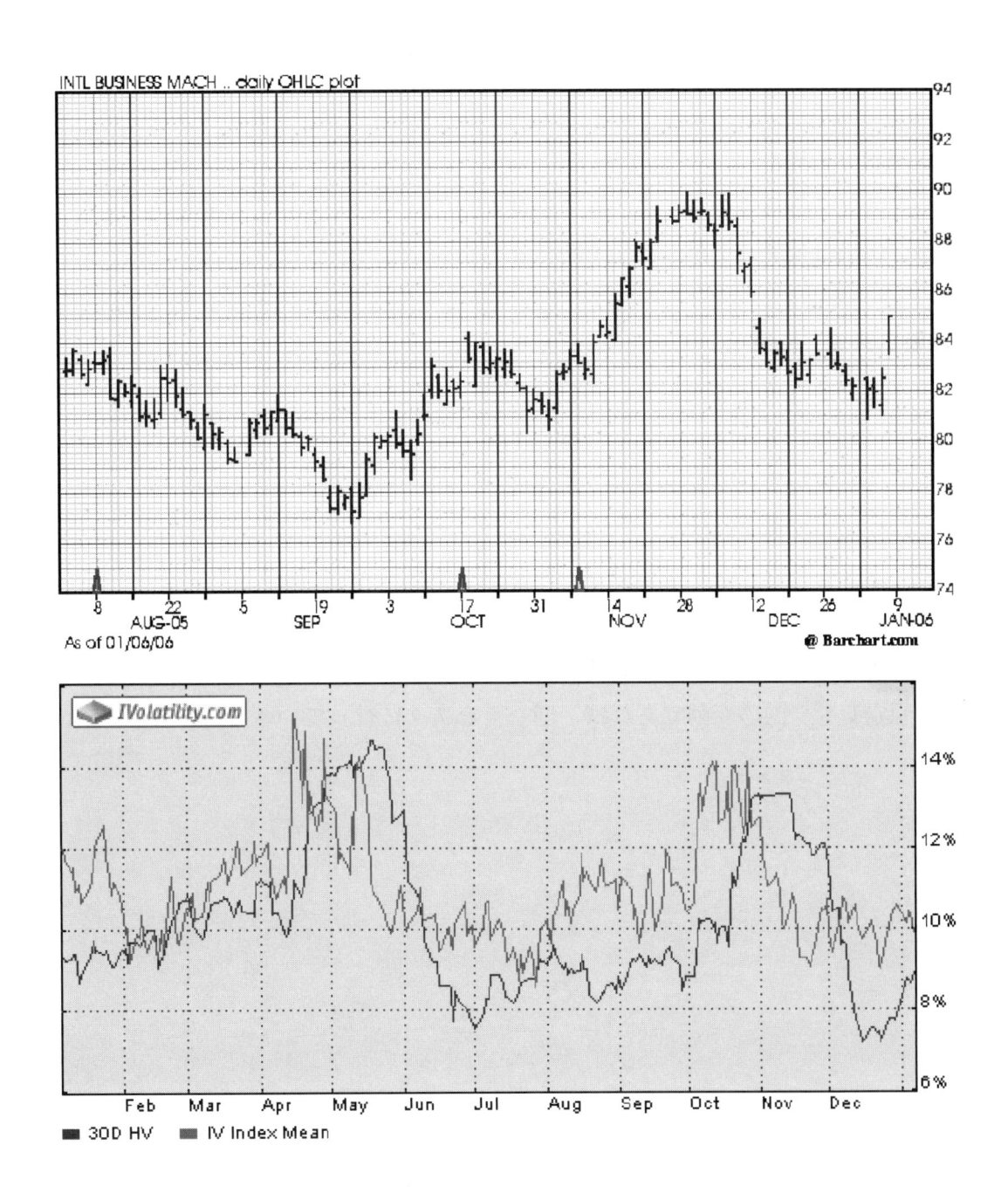

> 現在のポジション
> ＊７５～９０のレンジ＊
> 　２月限　９０コールの売り＋増し玉
> 　２月限　７５プットの売り

株価の推移　８２．５０ドル⇒８５ドル　想定レンジ　＊７５～９０＊

＊＊現状分析＊＊
　現在のところ株価もＩＶも大きな変化がなくいずれも想定した範囲内にありますが、株価は反騰して戻り高値を抜きました。

［調整の内容］NOPS
　　＊＊まだ７５～９０のレンジ内で動くと想定して＊＊
　　　２月限　７５プット売り　増し玉をする
　　　３月限　７０プット　　　新規売り
　　◎株価が反落すれば
　　　２月限　９０コールの売り　増し玉をする

コメント　資金量に応じて最大建て玉数をあらかじめ決めておいてください。株価が想定レンジ内の変動であれば、増し玉を次々に行っていきましょう。

NOPS−4　調整②　IBM

[2006.1.13]

※先週末までの動きを確認しましょう。

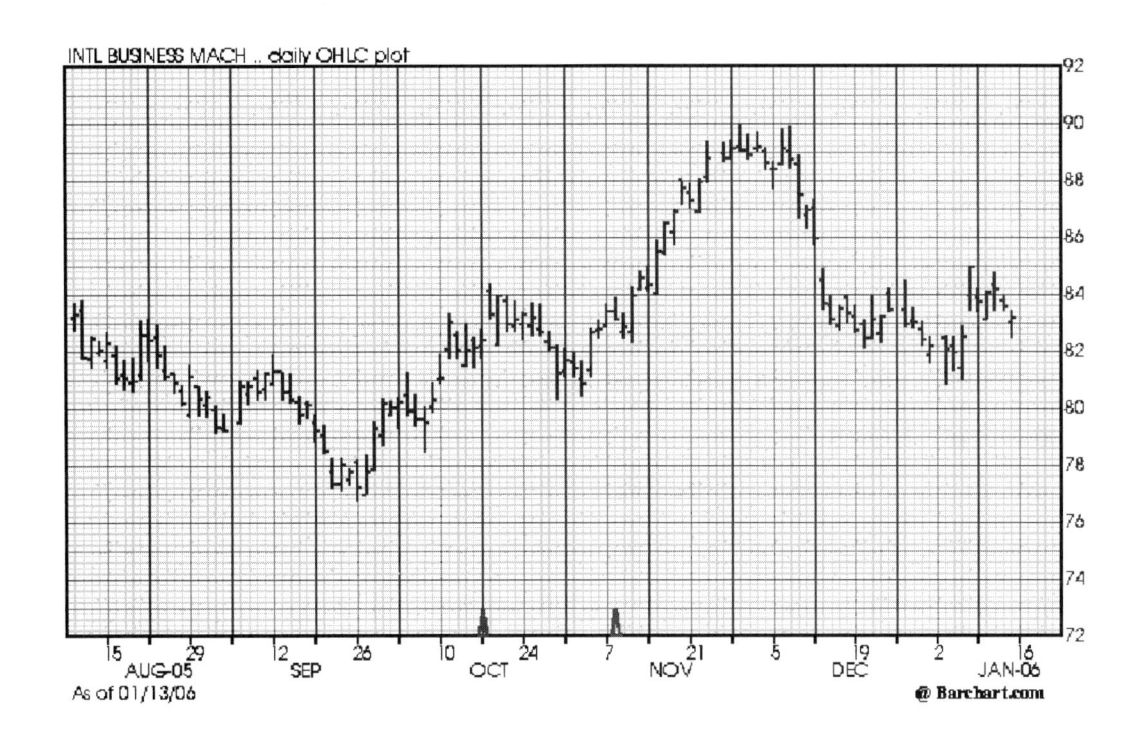

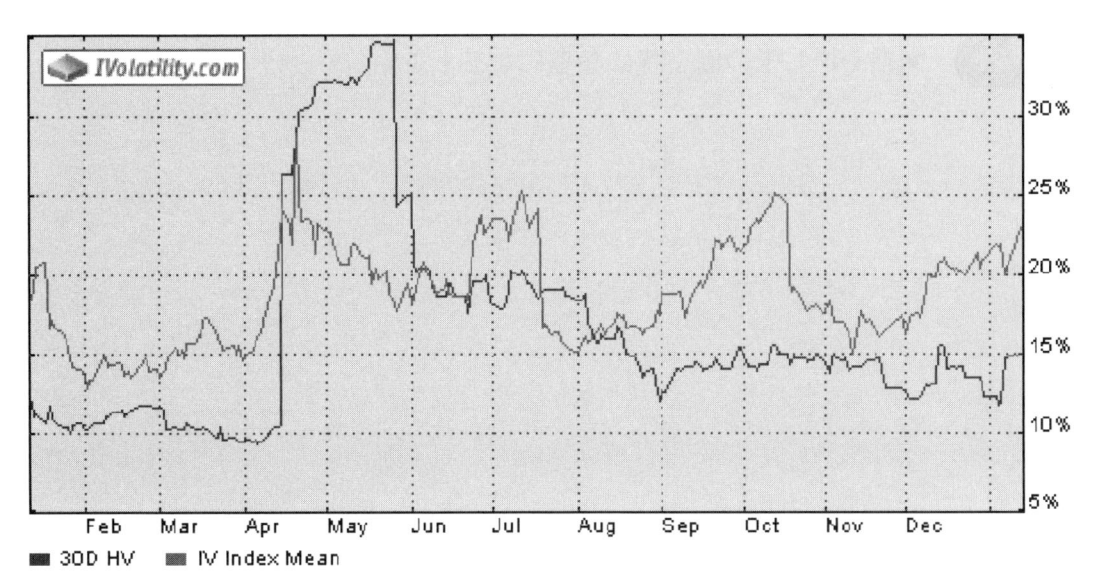

> 現在のポジション
> 　＊７５〜９０のレンジ＊
> 　　２月限　９０コールの売り＋増し玉＋増し玉（株価反落の場合）
> 　　２月限　７５プットの売り＋増し玉
> 　　３月限　７０プットの売り

株価の推移　　８２．５０ドル⇒８５ドル⇒８２．５０ドル
　　　　想定レンジ　＊７５〜９０＊

＊＊現状分析＊＊

株価は低水準での揉み合いが続いています。IVはピックアップ（上昇）してきましたので、NOPSにはもってこいの展開です。

[調整の内容] NOPS
　　＊＊まだ７５〜９０のレンジ内で動くと想定して＊＊
　　　２月限　７５プット売り　　増し玉をする
　　　２月限　９０コール売り　　増し玉をする
　　　３月限　７０プット売り　　増し玉をする
　　　２月限　９５コール　　　　新規売り

コメント　調整や増し玉の例を特に参考にして下さい。

NOPS−4　調整③　IBM

[２００６.１.２０]

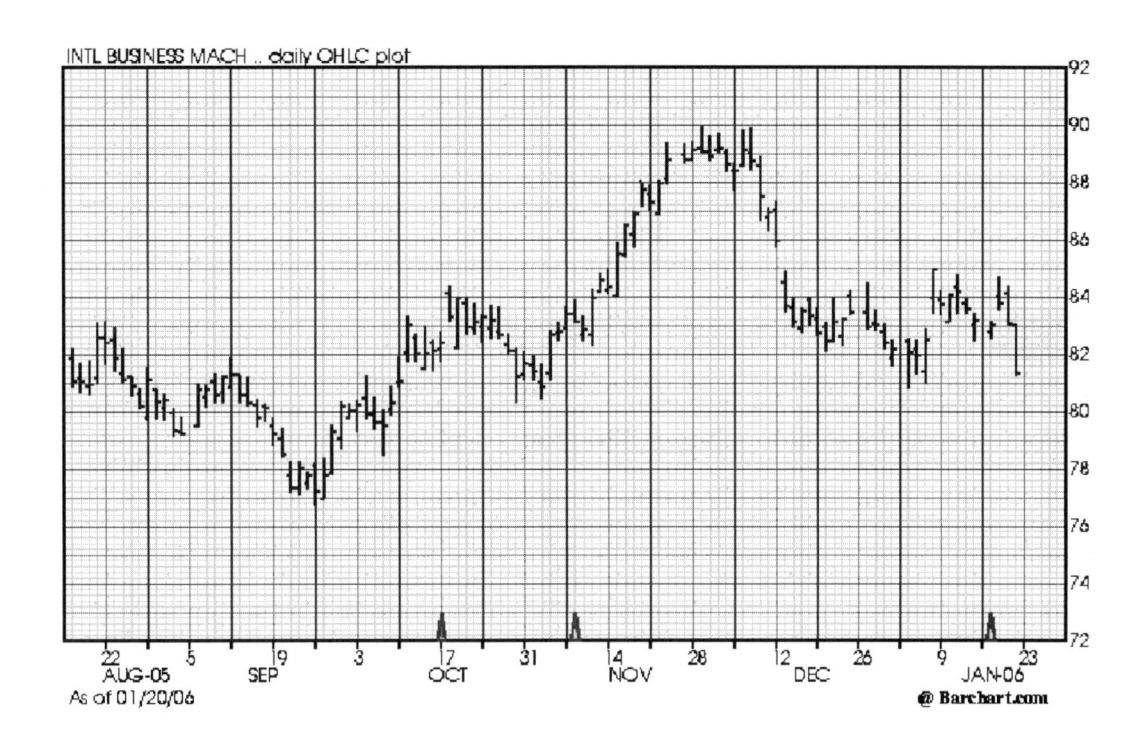

現在のポジション
　　＊７５〜９０のレンジ＊
　　２月限　９０コールの売り＋増し玉＋増し玉＋増し玉
　　２月限　７５プットの売り＋増し玉＋増し玉＋増し玉
　　３月限　７０プットの売り＋増し玉
　　２月限　９５コールの売り

株価の推移　　８２.５０ドル⇒８５ドル⇒８２.５０ドル⇒８１.３０ドル
想定レンジ　　＊７５〜９０＊

＊＊現状分析＊＊
株価は低水準での揉み合いのまま、想定レンジ内におさまっています。

［調整の内容］NOPS
　　＊＊まだ７５～９０のレンジ内で動くと想定して＊＊
　　　２月限　　９０コール売り　　増し玉をする
　　　２月限　　７５プット売り　　増し玉をする
　　　３月限　　７０プット売り　　増し玉をする
　　　２月限　　９５コール売り　　増し玉をする
　◎株価が８１ドルを切って下げてきたら
　　　２月限　　８５コール　　　　新規売り

コメント　「オプション売り戦略」の中核である戦略ですが、次第に慣れてきたのではないでしょうか。

　想定レンジ内である限り、資金があれば増し玉継続です。

NOPS-5　IBM

[2006.4.28]

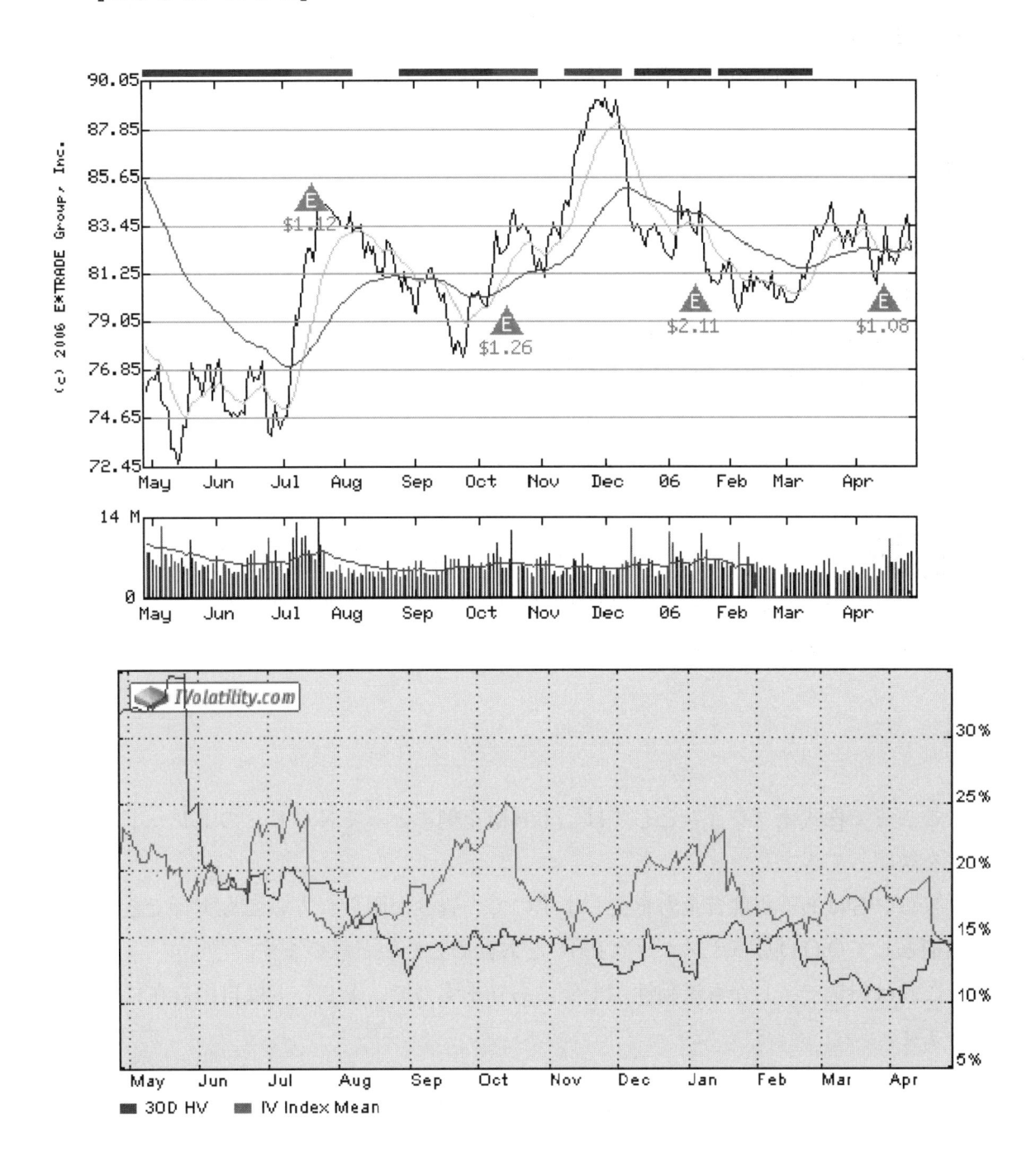

現在の株価　82.34ドル　想定レンジ・株価　＊70～90ドル＊
現在のIV　13.91％

＊＊現状分析＊＊
株価はレンジ内で直近の高値を抜けずにもみ合っています。

[戦略]
基本戦略はNOPSです。

[仕掛けの内容]
　＊＊当面70～90ドルのレンジ内で動くと想定して＊＊
　　6限月　90コール（＠0.10）売り
　　6限月　95コール（＠0.05）売り
　　6月限　75プット（＠0.15）売り
　　6月限　70プット（＠0.05）売り

コメント　70プット、95コールはプレミアムが0.05なので買い戻すと取引手数料で損をします。これらは株価が70ドルや95ドルに達せず。買戻しを行わないことを想定しています。

　ここまで株式オプションとしては、IBMを例にとってNOPSのトレード手法を説明してきました。
　NOPSはある程度資金力を要しますので、資金が限られていても実行できる銘柄としてQQQQ（ナスダック100）をお勧めしたいと思います。
　これは指数で、しかも流動性が十分にありますので、トレードは自由自在にできます。

NOPS－6　ナスダック100（Q's）

[２００６.２.３]

> 先週末までの株価及びボラティリティ（IV）の動き
> 　＊株価の過去１カ月の動き　　　　　　　４３.３１〜４０.１６
> 　＊１／３０〜２／３までの株価の動き　　４２.３２〜４０.７８
> 　＊２／３現在の株価　　　　　　　　　　４０.９２
> 　＊IVの過去１年：８.５７％〜１５.３４％⇒１週間前：１０.８３％
> 　　　　　　　　⇒２／３現在：１１.４３％

◆上記数字から、相場変動についてイメージを立ててみてください。

　上記数字から見えるものは、株価は高値から下降しています。それに伴ってＩＶは若干上昇しています。過去１カ月の安値は４０.１６。次の安値は昨年１０／１０における３７.３３です。まだ中期上昇トレンドですが、短期的には高値圏のレンジ相場です。

　　現在値　４０.９２ドル　想定レンジ　　＊３７〜４４ドル＊
　　IVの推移　１１.４３％　想定レンジ・IV（1年間）＊８.５７〜１５.３４％＊

＊＊現状分析＊＊
　株価は高値から下降しており、過去１カ月の安値４０.１６に近づいています。それに伴ってＩＶは若干上昇。株価はまだ中期上昇トレンドですが、短期的には高値圏のレンジ相場です。

[戦略]
　トレードされている方は「売り戦略」のポジションを取っていると思います。Q'sはナスダック100の指数ですから、売り戦略を多用します。売り戦略を取っている方は、次の仕掛けを参考にしてください。

［仕掛けの内容］NOPS
　＊＊当面３７～４４のレンジ内で動くと想定して＊＊
　　２００６年３月限
　　　　４５コール　売り　ファーOTM　デルタ：６.４％（－）
　　　　４４コール　売り　ファーOTM　デルタ：１２.９％（－）
　　　　３７プット　売り　ファーOTM　デルタ：３.２％（＋）
　　　　３６プット　売り　ファーOTM　デルタ：１％（＋）

コメント　Q'sはナスダック100の指数ですから、売り戦略を多用します。このレンジを破りそうであれば、ポジションを調整します。必ずしもコールとプットとを同時に売る必要はありません。できるだけファーOTMを売ります。ポジションを取ったら必ず、トータルデルタを計算してください。コールの売りはデルタ－です。プットの売りはデルタ＋です。トータルデルタは枚数とデルタを乗じたものの総和です。デルタはE＊TRADEの取引画面でSelect Chainの"Analytics"で見ることができます。

NOPS-6　調整①　ナスダック100（Q's）

[２００６．２．１０]

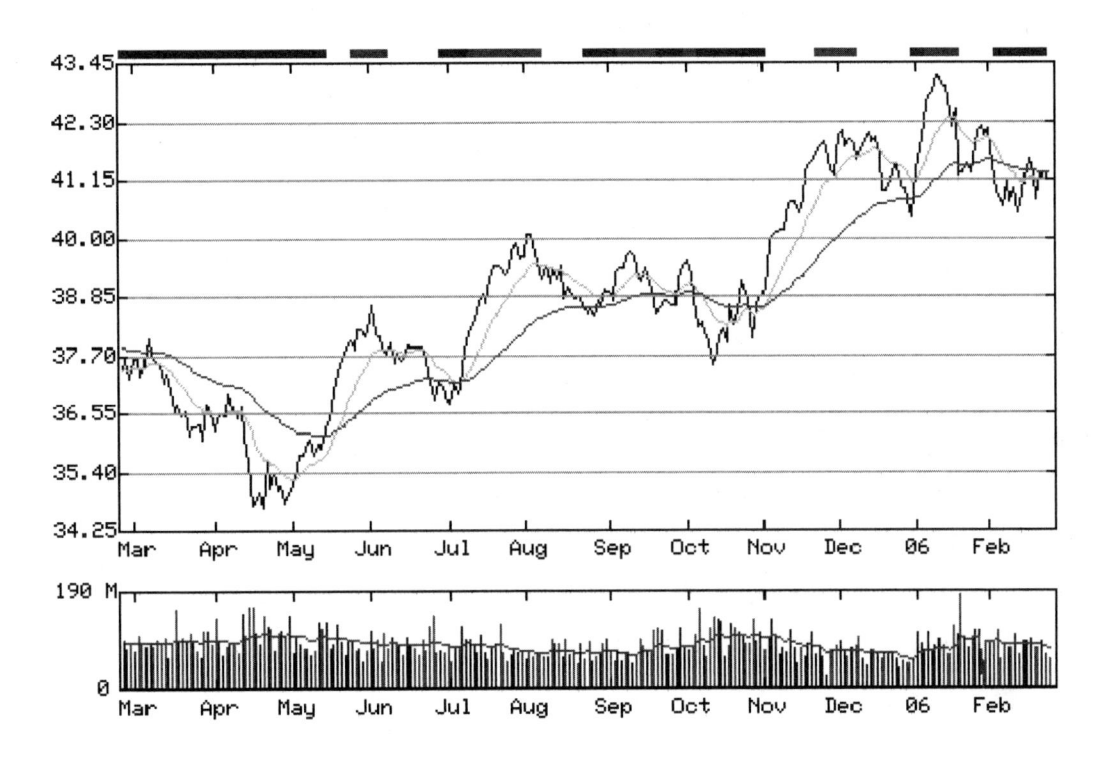

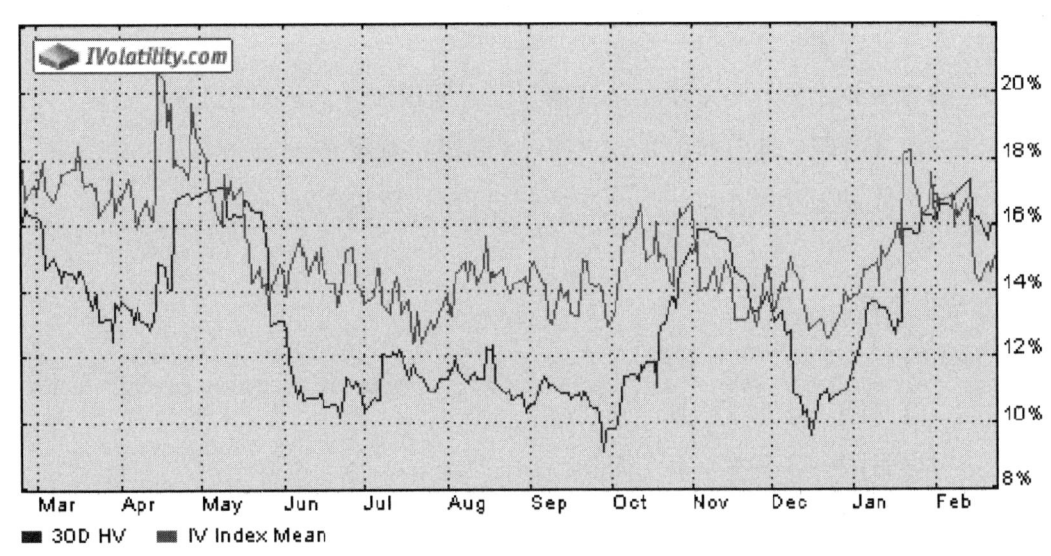

現在のポジション
37〜44のレンジ
　　3月限　45コールの売り　3月限37プットの売り
　　3月限　44コールの売り　3月限36プットの売り

現在値　41.15ドル　想定レンジ　*37〜44ドル*
IV 14.5

現状分析
狭いレンジ相場の中にあるのでNOPSの戦略はうまくいっています。

[戦略]
　NOPSの戦略が引き続き有効です。
[仕掛けの内容]
　　当面37〜44のレンジ内で動くと想定して
　　　　4月限　45コール　新規売り
　　■残存日数が2週間を切ったら
　　　　3月限　45コール売り　買い戻す
　　　　3月限　44コール売り　買い戻す
　　◎ロールオーバーするなら（増し玉も同様にファーOTMを）
　　　　4月限　45コール（ファーOTM）新規売り
　　　　4月限　44コール（ファーOTM）新規売り

《参考取引戦略》
　①NOPSオプション売り戦略
　　　　3月限　44コール　売り
　　　　3月限　38プット　売り
　　　　3月限　37プット　売り
　　■直近の高値に近づいたら買戻し決済をする

②中期上昇基調に基づいて
　　　３月限　３７プット　売り
　　　３月限　３８プット　売り
■直近の高値に近づいたら買戻し決済をする

③直近の安値（４０．１６.ドル）をブレークして下げたら流れに乗って
　　　ITMプット　買い
　　　OTMコール　売り

コメント　デルタは完全にニュートラル（ゼロ）にする必要はなく、プラス（プット売り）に傾けてもよいでしょう。

　売り戦略は、使用証拠金の50％までを上限とします。分割による増し玉で慎重にいきます。

NOPS－7　ナスダック100（Q's）

[２００６.３.３]

現在値　４１.５０ドル　想定レンジ　＊３７〜４４ドル＊
Q'sのＩＶは依然低水準のレンジの中にあります。

このチャートから、次の二つの戦略が可能です。

＊＊現状分析＊＊

直近の下値を踏みとどまったものの、一気に上昇には移れずもみあっています。

[戦略]

一つは市場の動きやレンジに沿ったコールまたはプットを売る戦略。もう一つはバターフライ（ATMのコールとプットを売り、OTMを買う）戦略です。この場合レンジを想定します。

[仕掛けの内容] ①トレンドに沿って

 ＊＊当面３７〜４４ドルのレンジ内で動くと想定して＊＊

  ４月限 ４５コール（δ：１０.５％） 売り

  ４月限 ４４コール（δ：１９％） 売り

  ４月限 ３８プット（δ：５.５％） 売り

  ４月限 ３９プット（δ：１２％） 売り

[仕掛けの内容] ②バターフライ（想定レンジに注意）

 ＊＊当面４２〜４４のレンジ内にとどまると想定して＊＊

  ４月限 ４１コール（＠１.３５）ITM 売り１枚

  ４月限 ４２プット（＠１.１５）ITM 売り１枚

  ４月限 ４４コール（＠０.２０）OTM 買い１枚（ヘッジ）

  ４月限 ３９プット（＠０.２０）OTM 買い１枚（ヘッジ）

コメント

- この②戦略は株価が４２〜４４ドルで留まっていれば大きな利益を得ることができます。やや試験的ですが、損失限定型のオプション売り戦略なので、紹介しました。資金に余裕のある方は試されてもよいでしょう。
- この戦略の反対はATMを買い、OTMを売る戦略です。特に、OTMを多く売るとゼロコスト・オプションになります。変動の激しい市場ではこの戦略（ゼロコスト・オプション）はしばしば有効です。
- 3月限でコールとプットの両方を売っている人の利益はほぼ確定かと思います。３月限のオプション納会（期日）は3/16です。納会まで待たずに、４月限にロールして（乗り換えて）かまいません。

NOPS−8　ナスダック100（Q's）

［２００６．３．１０］

※週足で中期的な流れを確認します。

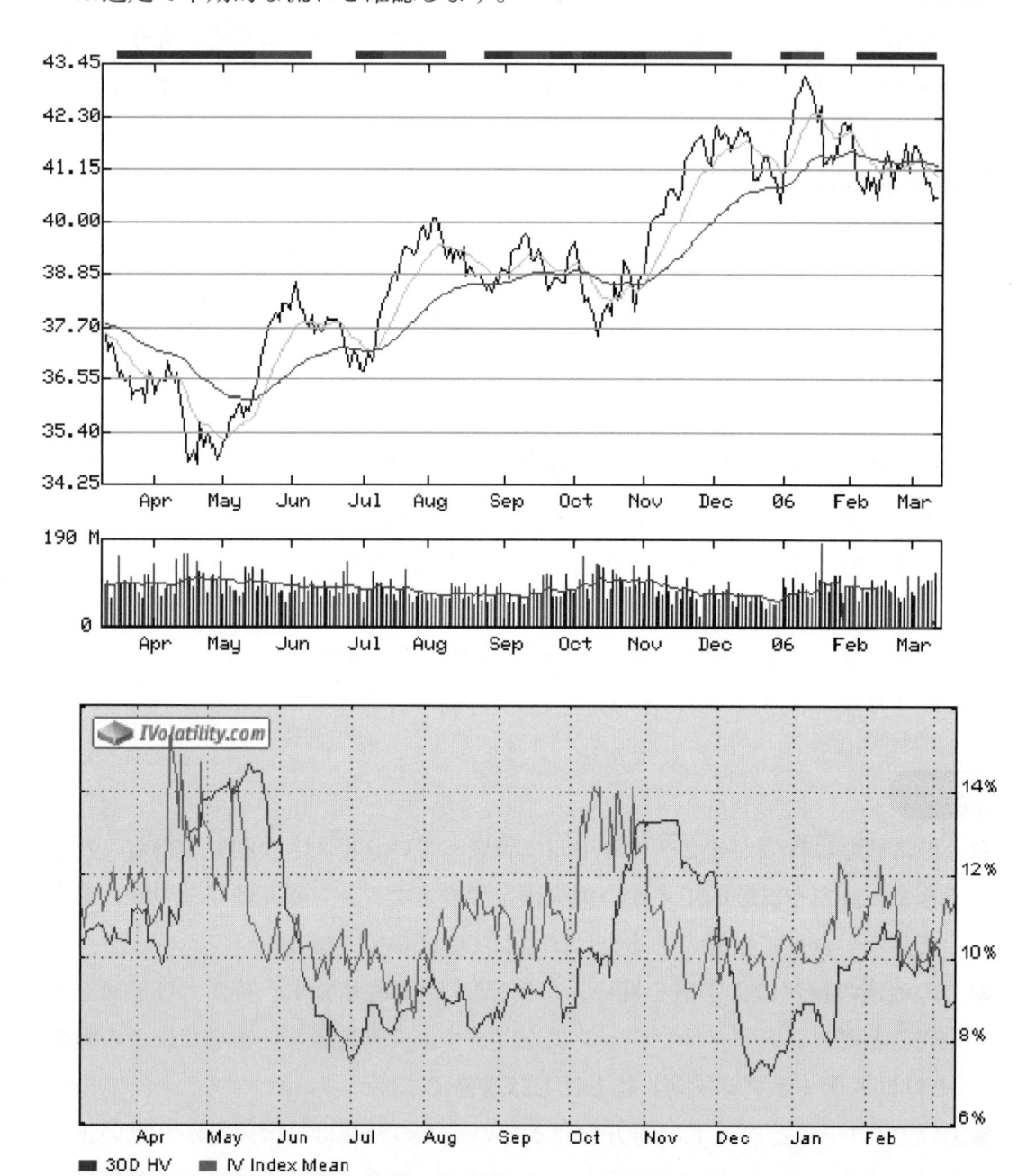

現在値　４０.７０ドル　想定レンジ　＊３７～４４ドル＊
ＩＶに変化はなく低水準が続いています。
想定レンジ（1年間）　＊８.５７～１５.３４％＊

＊＊現状分析＊＊
　米株式市場はレンジ相場が続いています。季節的に上昇が続くのは５月頃までです。

[戦略]
　現在のような相場展開では引き続き、コールとプットの売り戦略が有効です。これは先週と変わりありません。

　　　４月限　　４４コール（＠０.１０）　　売り　δ：６.８％（－）
　　　　　　　　４５コール（＠０.０５）　　売り　δ：２.６％（－）
　　　　　　　　３６プット（＠０.０５）　　売り　δ：０.６％（＋）
　　　　　　　　３７プット（＠０.１０）　　売り　δ：２.５％（＋）
　　　　　　　　３８プット（＠０.２０）　　売り　δ：７.７％（＋）

■コメント
- プレミアム０.１０は１枚で１０ドル、１０枚で１００ドルです。１０枚を最小単位として取引されることをお勧めします。(現物オプションの倍率は１００倍)
- 使用証拠金ですが、先物オプションと比べると現物オプションの「売り」の証拠金は非常に高いと言えます。つまりその分、現物オプションの売りのリスクは低いとも言えるわけです。
- このリスクとの兼ね合いですが、通常ならオプション売りの使用証拠金は最大５０％ですが、「オプション売り」に慣れれば（経験を積めば）、"現物オプション"に限り、１００％ぎりぎりまで使用してかまいません。危険と感じるような大きな変動や、売っているオプションがＩＴＭに入りそうな場合には、すぐに買い戻すことを心がけてください。
- 現在の米国株価指数オプションは特に変動が小さいので、できるだけ多く売るように努めます。

NOPS-9　ナスダック100（Q's）

[2006.3.17]
さて、以下のチャートでQ'sの動きとIVの動きを確認しましょう。

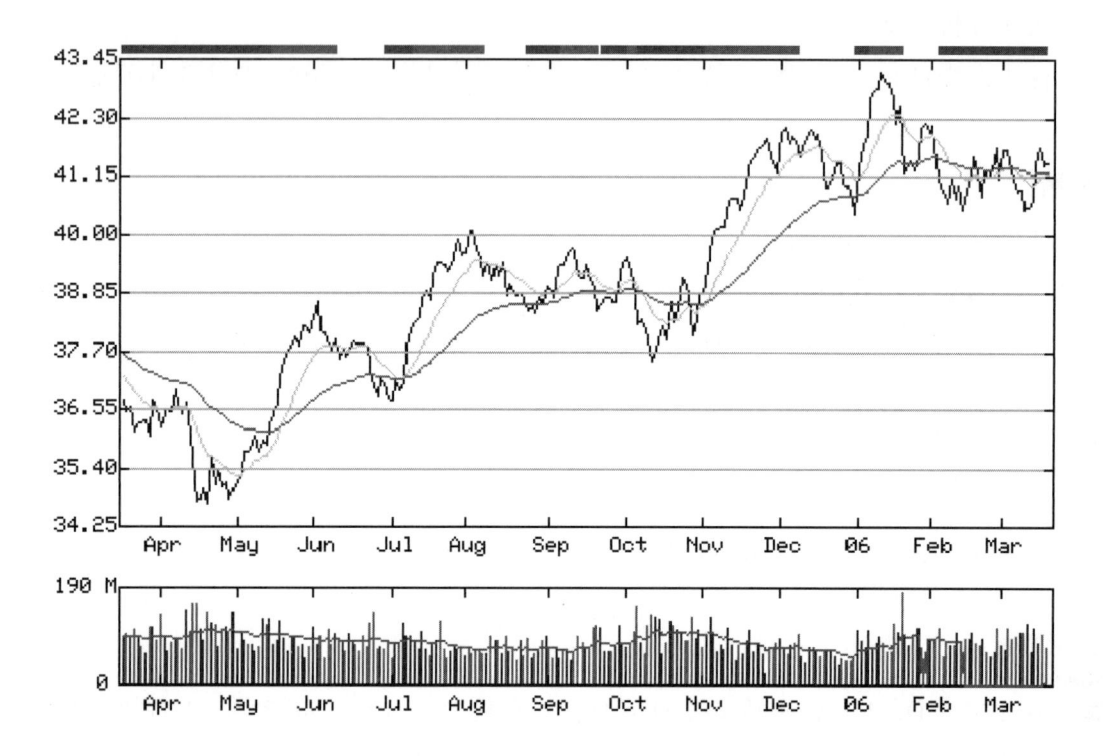

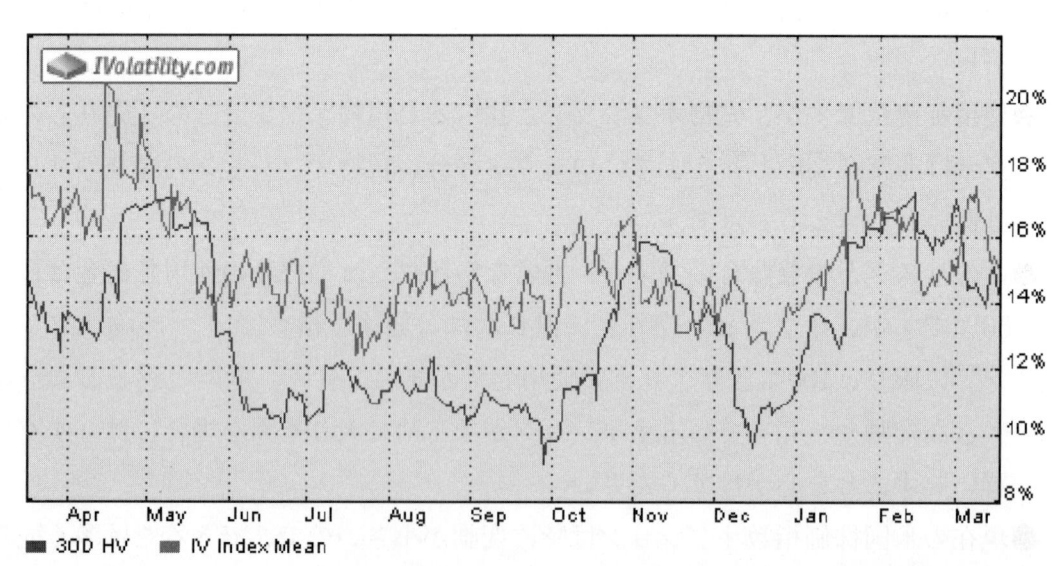

現在値　４１．５０ドル　想定レンジ　＊３７～４４ドル＊
　　　IVは下降していますが、低水準のレンジの中にあり、大きな変化はありません。
　　　　　　　　　　　想定レンジ（1年間）＊８．５７～１５．３４％＊

＊＊現状分析＊＊

　価格もレンジ相場の中にあります。大雑把に言えば、上値43.50ドル、下値40ドルを切るまでは大きく動意づく気配がないであろうとチャートから読めます。

[戦略]

　Q'sの基本戦略はNOPSです。対象限月は2006年４月限。問題は選択すべきストライクプライスです。

　◎参考取引例として

　　　　４４コール（＠０．１０）売り　δ：１１．６％（－）
　　　　４５コール（＠０．０５）売り　δ：４．６％（－）
　　　　３９プット（＠０．１５）売り　δ：７．３％（＋）
　　　　３８プット（＠０．１０）売り　δ：２．７％（＋）
　　　　３７プット（＠０．０５）売り　δ：０．４％（＋）

コメント

●注）コールのネイキッド売りは、50,000ドル以上の資金を預けないとできません。したがって、このNOPS戦略は50,000ドル以上の資金がある中級レベル以上の方が対象になります。

●それ以下の資金レベルの方でQ'sオプションをトレードする場合は、プットのネイキッド売りが可能ですので、上記を参考にしてください。

NOPS－10　ナスダック100（Q's）

[２００６.３.３１]

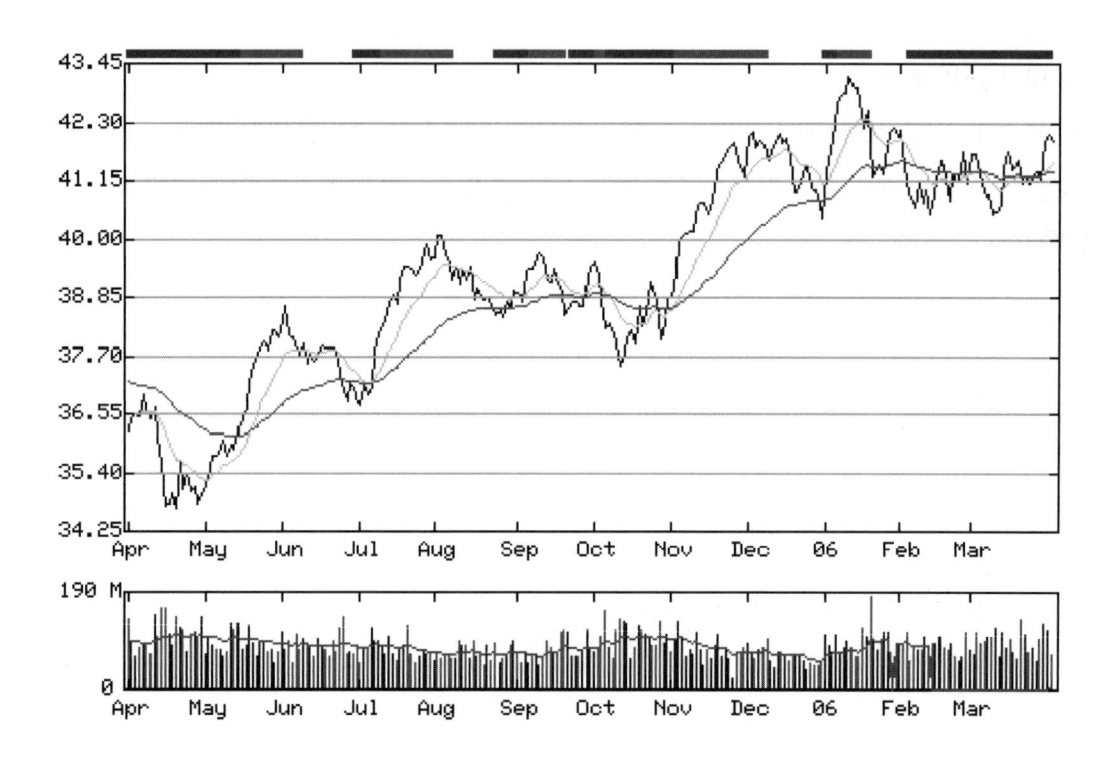

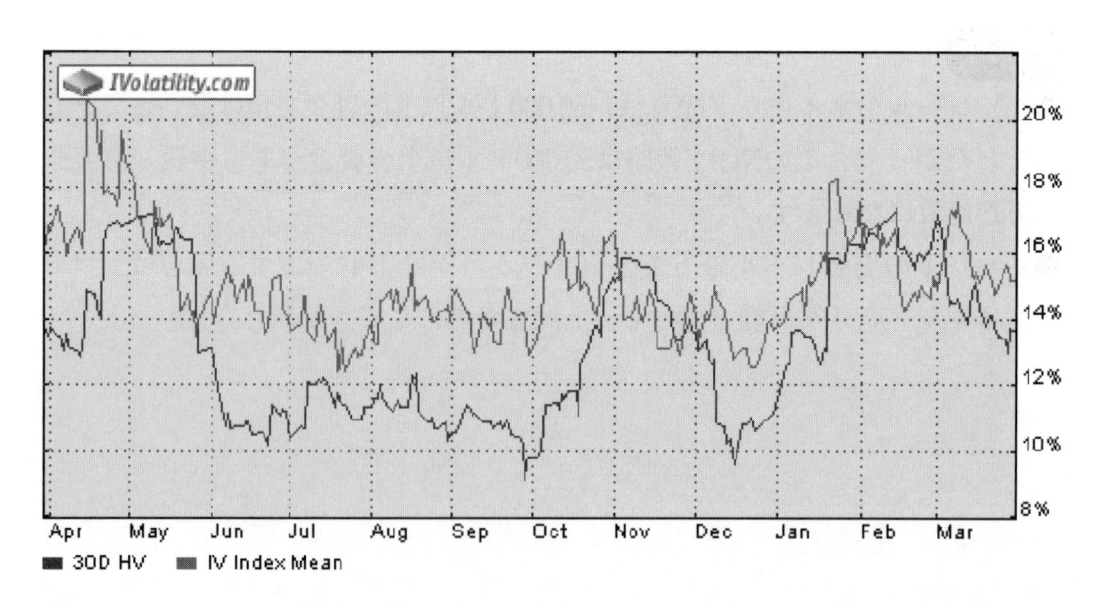

現在値　４１．９０ドル　想定レンジ　　　　　＊３７～４４ドル＊
ＩＶは依然として低水準なので「プット売り」は注意してください。
　　　現在のＩＶ　１５．１８％　想定レンジ（1年間）＊８．５７～１５．３４％＊

＊＊現状分析＊＊
　　価格は変わらずレンジ相場の中にあって、安定した動きです。
[戦略]
　　Q'sの基本戦略はNOPS売り戦略です。
　　　　　５月限　４５コール（＠０．１０）売り　δ：８．４％（－）
　　　　　５月限　４４コール（＠０．０５）売り　δ：３．２％（－）
　　　　　５月限　３９プット（＠０．２０）売り　δ：４．２％（＋）
　　　　　５月限　３８プット（＠０．１５）売り　δ：１．１％（＋）
　　　　　５月限　３７プット（＠０．１０）売り　δ：０％

コメント

● 「売り戦略」用の銘柄としてQQQQを取引されている方は既に相当な利益を上げていると思います。また、取引のコツも掴めてきたことと思います。

● 証拠金使用率については、先物オプションと比較して「現物オプション」では証拠金が高いので、資金いっぱいまで使ってけっこうです。資金不足になった場合は、オプションを買い戻せばいいのです。Q'sオプションは流動性が十分にありますので、買戻しに困ることはありません。（→既に経験を積み、慣れてきたと感じている会員の方のみです。）

● ＩＶは依然として低水準です。プット売りは注意が必要です。株価指数では、ＩＶが上昇するパターンは通常、株価の急落時です。できるだけファーＯＴＭ売りに徹することです。

NOPS-11 ナスダック100（Q's）

[２００６．４．７]

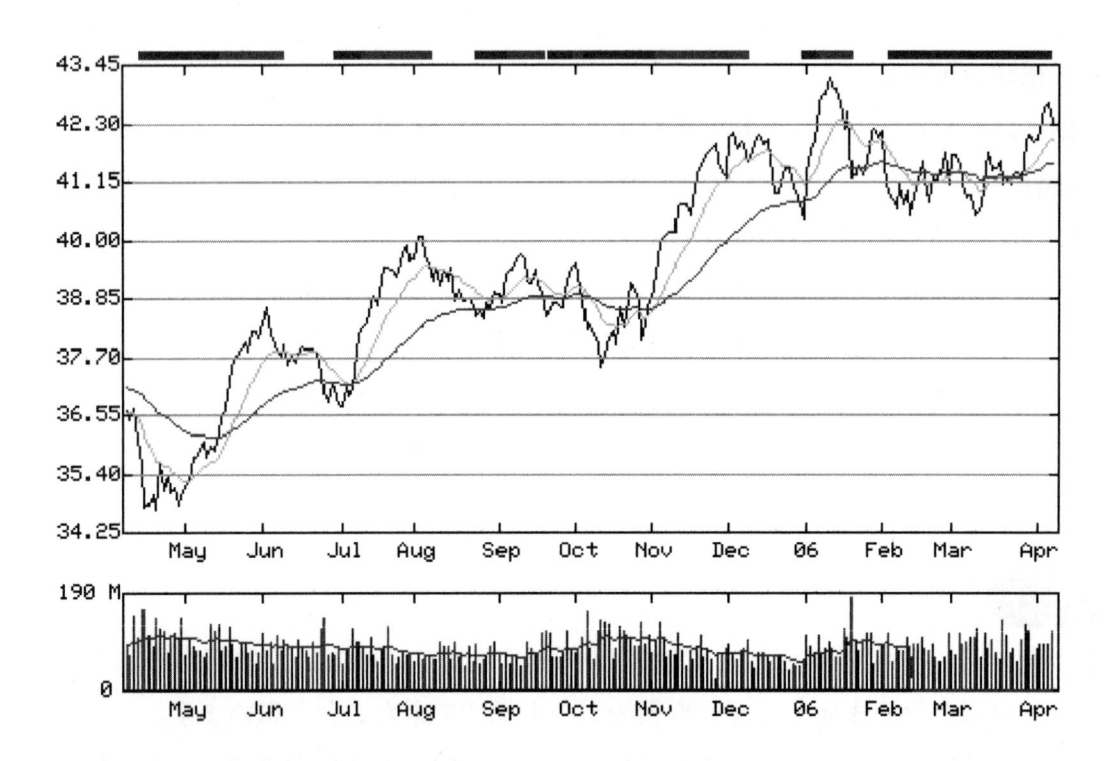

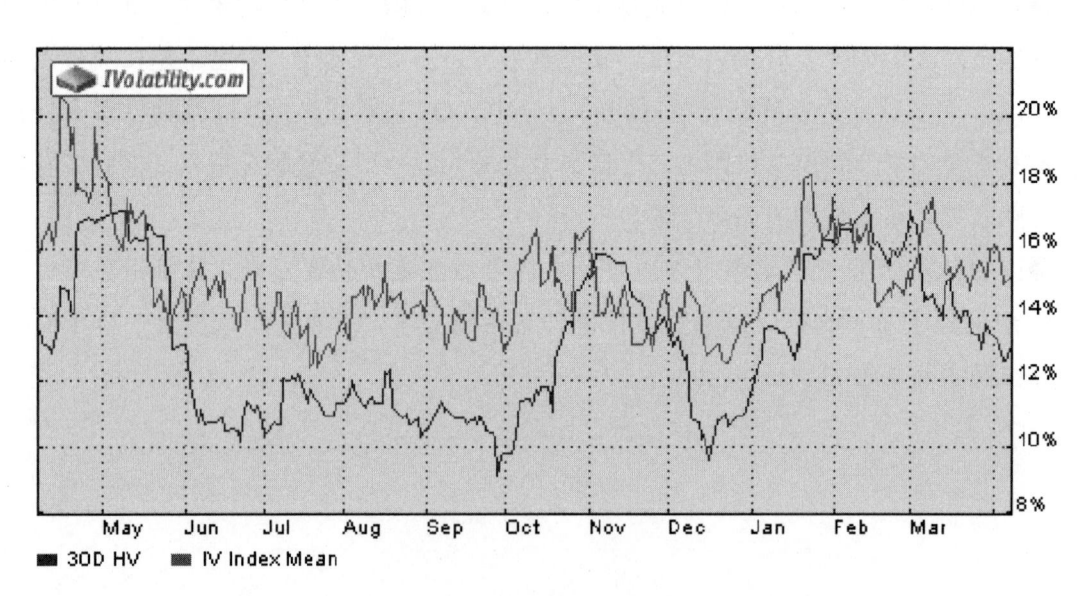

現在値　４２.３２ドル　想定レンジ　＊３７〜４４ドル＊

IVはほとんど換わらず、依然として低水準なので「プット売り」は注意してください。

現在のIV　１５.１５％　想定レンジ（1年間）　＊８.５７〜１５.３４％＊

＊＊現状分析＊＊

レンジの中にありますが、基本トレンドは「上昇」です。

[戦略]

引き続きNOPS売り戦略です。

◎参考取引例として、また資金に余裕のある方は増し玉のチャンスです。

５月限　３８プット（＠０.１０）　売り　δ０.２％（＋）

５月限　３９プット（＠０.１５）　売り　δ１.２％（＋）

５月限　４０プット（＠０.２０）　売り　δ５.３％（＋）

■直近の安値４０.１９（ベールアウト）を切って下げそうな場合は買い戻します。

◎50,000ドル以上の資金がある中級レベル以上の方は以下の取引が可能です。

５月限　４５コール（＠０.１５）　売り　δ７.６％（－）

５月限　４６コール（＠０.１０）　売り　δ２.３％（－）

■高値のベールアウトの４３.３１を超えそうになったら買い戻します。

コメント　δ（デルタ）が高いほどリスクが高くなります。

NOPS－12　ナスダック100（Q's）

[２００６.４.１３]

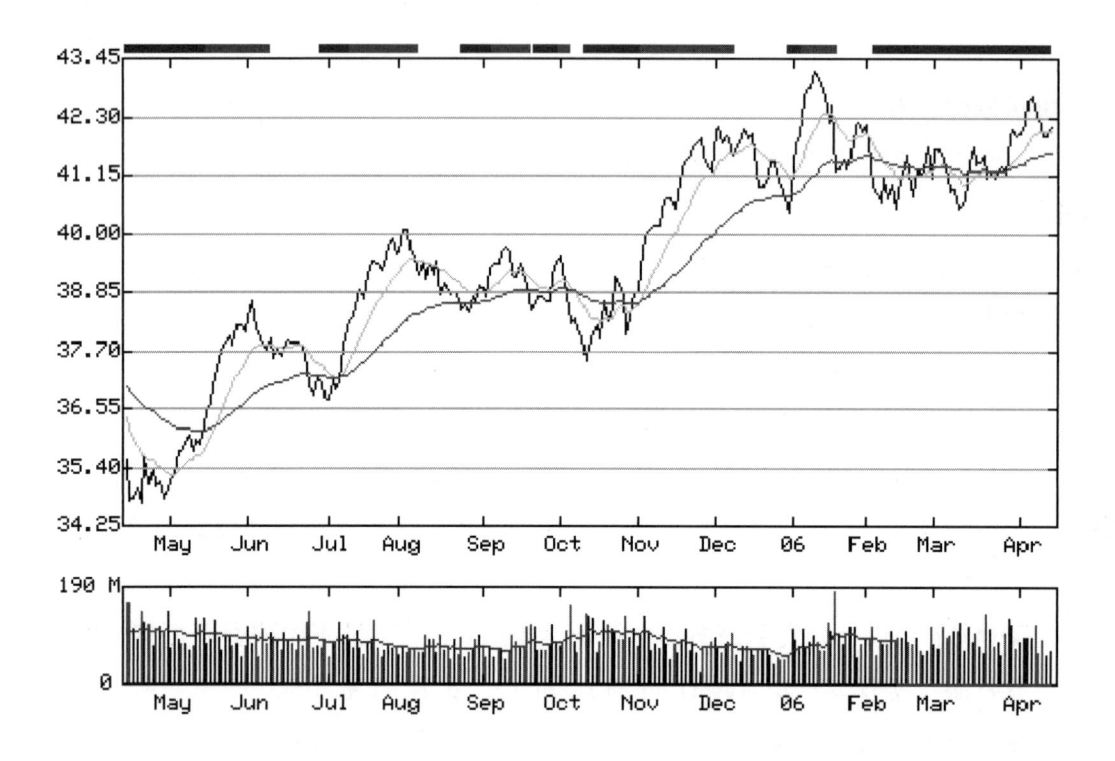

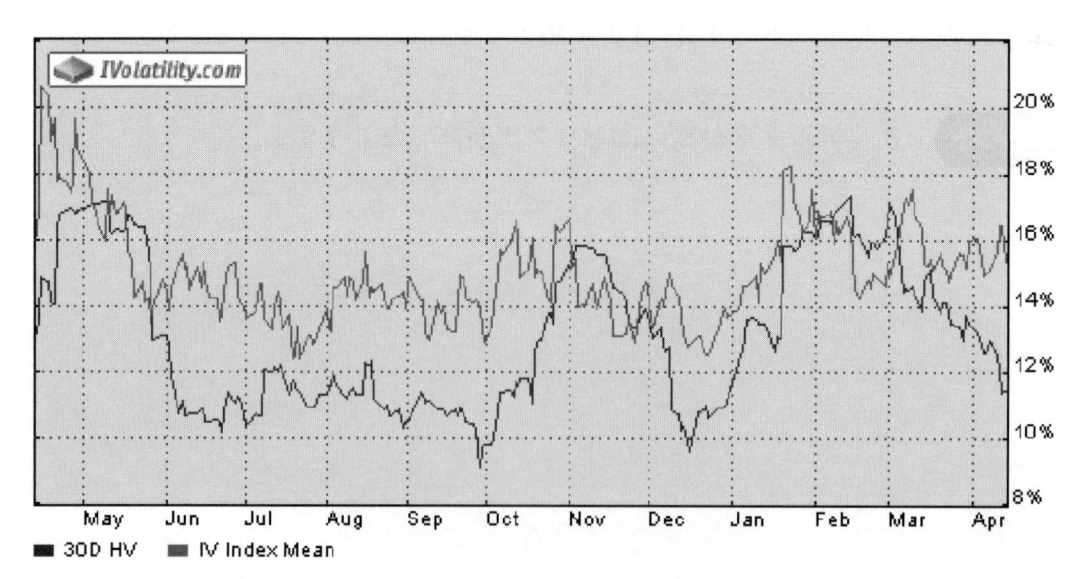

現在値　４２.１０ドル　想定レンジ　＊３７～４４ドル＊
ＩＶはやや上昇してきています。
　現在のIV　１５.４０％　想定レンジ（1年間）＊８.５７～１５.３４％＊

＊＊現状分析＊＊
　先週は下げ基調でした。アメリカ市場は総じて頭の重い展開が続いていますが、高値圏の揉み合いで、中期的にはなお上昇トレンドです。

[戦略]
　引き続きNOPS売り戦略です。売り玉を増すチャンスです。頭が重い展開であるため、コールの売れる方はコール売りでプット売りとのバランスを取るとよいでしょう。一方、プット売り専門の方は、プット売りの増し玉を慎重に行うとよいでしょう。権利行使価格は「できるだけＯＴＭ」です。

◎参考取引例として、ポジションをもっている方は増し玉のチャンスです。増し玉は、分割で慎重に行っていきます。例は６月限ですが、５月限も可能です。
　　６月限　３６プットファー売り
　　６月限　３７プットファー売り
◎中級レベル以上の方は、コールの売りでバランスをとります。
　　６月限　４６コール売り
　　６月限　４７コール売り

コメント　増し玉は基本に沿って慎重に分割で行ってください。６月限を選ぶ場合は、よりファーＯＴＭを取引できる一方でデルタが高くなります。

NOPS-13 SPY

[2006.3.5]

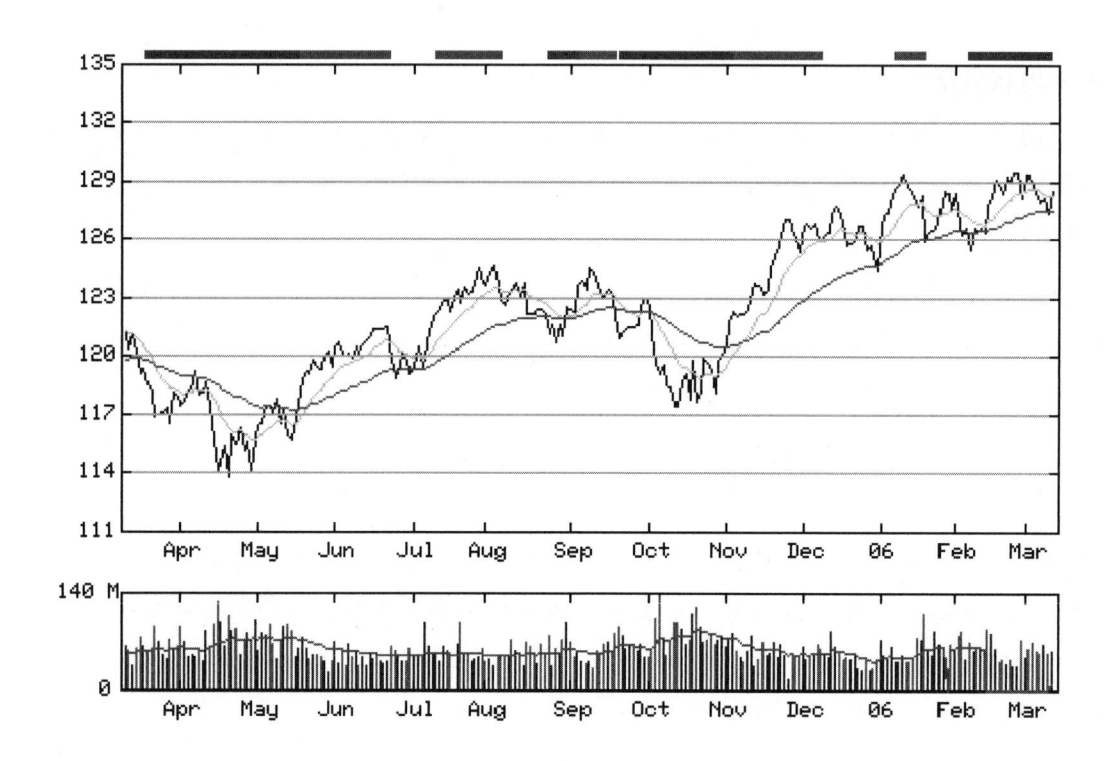

現在値　１２８.５ドル　想定レンジ（１年）　＊１１４〜１３５ドル＊
ＩＶ

＊＊現状分析＊＊
　米株式市場はレンジ相場が続いています。季節的に上昇が続くのは５月頃までです。

[戦略]
　現在のような相場展開では引き続き、コールとプットの売り戦略が有効です。
　　　　４月限　１３５コール（＠０.１０）売り　δ：６.５％（−）
　　　　　　　　１１０プット（＠０.１０）売り　δ：０.０％

コメント
●プレミアム０.１０は１枚で１０ドル、１０枚で１００ドルです。１０枚を最小単位として取引されることをお勧めします。（現物オプションの倍率は１００倍）
●使用証拠金ですが、先物オプションと比べると現物オプションの「売り」の証拠金は非常に高いと言えます。つまりその分、現物オプションの売りのリスクは低いとも言えるわけです。
●このリスクとの兼ね合いですが、通常ならオプション売りの使用証拠金は最大５０％ですが、「オプション売り」に慣れれば（経験を積めば）、"現物オプション"に限り、１００％ぎりぎりまで使用してかまいません。危険と感じるような大きな変動や、売っているオプションがＩＴＭに入りそうな場合には、すぐに買い戻すことを心がけてください。
●現在の米国株価指数オプションは特に変動が小さいので、できるだけ多く売るように努めます。

NOPS－14　SPY

[２００６.３.１２]

同様に、先週までの価格の動きとIVを確認しましょう。

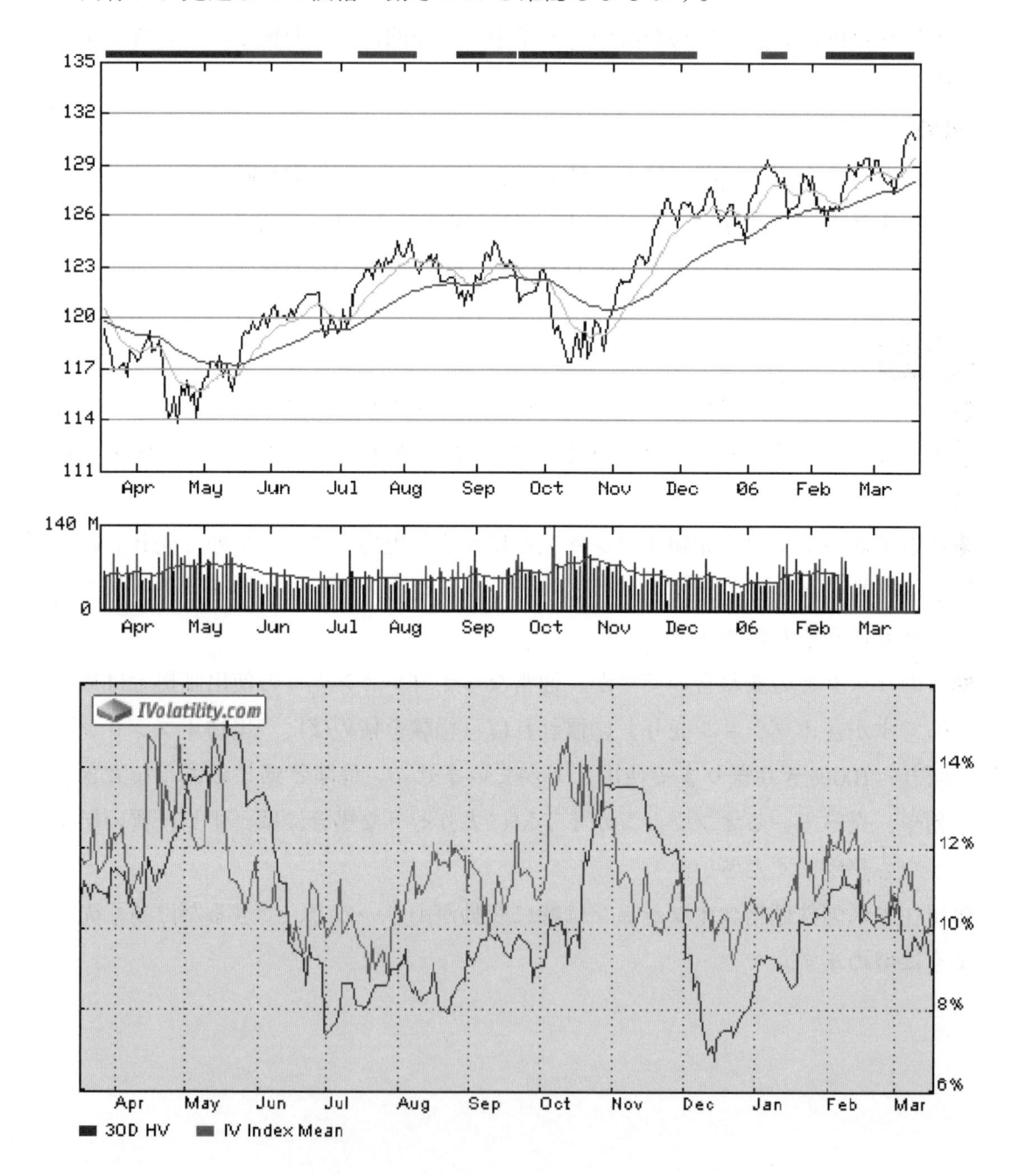

現在値　１３１ドル　想定レンジ（１年）　＊１１４～１３５ドル＊
　　　IVは元々低水準ながら、下降しています。
＊＊現状分析＊＊
　先週のS&P500は強い動きを見せました。高値を更新して上昇トレンド形成中です。
[戦略]
　株価指数（連動型ETF）オプションでは基本戦略を「売り」(NOPSを含む）としていますが、スプレッド取引を行なうこともあります。現在のような強い動きをしているときはしばしばコールのカレンダースプレッドが有効です。以下の３つの戦略が考えられます。
[仕掛けの内容]
　①今後とも価格が上昇すると予想して
　　　４月限　コール　ATM（ややOTM）買い
　　　５月限　コール　ATM（ややOTM）売り

■相場が上昇した場合、５月限のデルタが高いので利益をあげられます。一方、価格が大きく反落しなくとも、高値持合でれば、４月限の時間価値減少によって有利に働きます。ただし、大きく反落すれば、５月限コールのプレミアムが４月限より大きく減少します。但し、損失限定です。

[仕掛けの内容]
　②相場の反落とともにIVが低水準から上昇すると予想して
　　　４月限　プット　ATM（ややOTM）売り
　　　５月限　プット　ATM（ややOTM）買い

■通常相場の急落に伴いＩＶが上昇します。この場合プットは残存期間のより長い限月のプレミアムの方がより大きく上昇しますので、プットカレンダーが有効というわけです。相場が予想に反して上昇した場合は（でも）、その上昇が限定的であれば時間価値の減少が有利に働くプットのカレンダースプレッドがうまく働くでしょう。

[仕掛けの内容]
③相場が大きく反落しない限り利益をあげることができる保守的な戦略として「プットのネイキッド売り」も可能です。この場合は、ファーOTMを対象とします。
　４月限プット　ファーOTM　売り

NOPS-15 SPY

[２００６.３.３１]

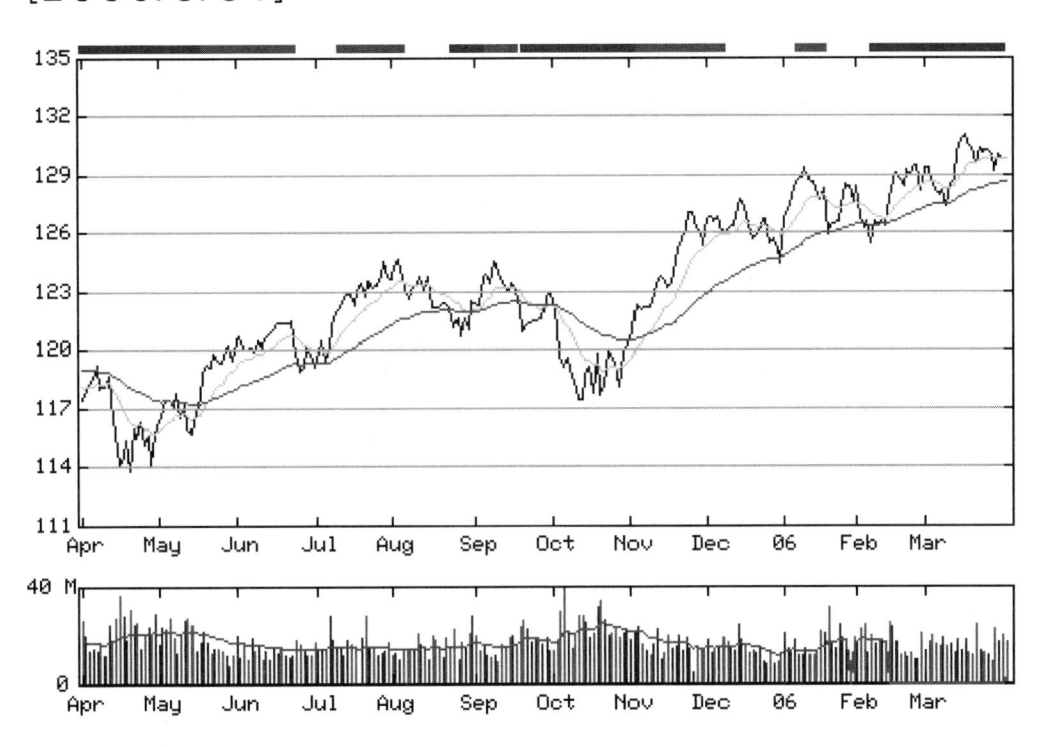

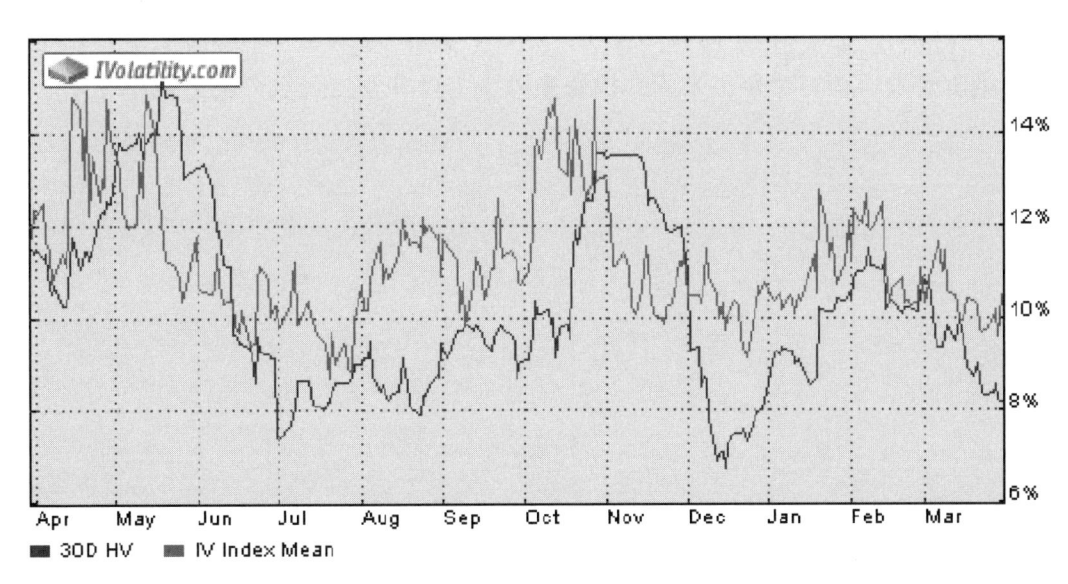

現在値　１２９．８３ドル　想定レンジ（１年）＊１１４～１３５ドル＊
ＩＶ　１０．５０％

＊＊現状分析＊＊
高値を更新したあとちょっと下げていますが上昇トレンドに変化はありません。
[戦略]
　基本戦略はプット売りです。
　　５月限　１１１プット　売り
　　５月限　１１２プット　売り
　　５月限　１１３プット　売り
　　５月限　１１４プット　売り
　　５月限　１１５プット　売り

コメント　　NOPSは資金量との兼ね合いですが、株価水準が低くかつＩＶがより高いQ'sの方がよいでしょう。プット売りでもQ'sの方がよいと思われます。Q'sは米国株式及び株価指数オプションの中で最も流動性に富む銘柄で、倶楽部としてはQ'sを特にお勧めします。Ｓ＆Ｐ５００の連動型であるＳＰＹと比べると馴染みがないのですが、米国の投資家の中では非常に人気のある銘柄です。

NOPS-16　SPY

[２００６.４.７]

現在値　１２９．５４ドル　想定レンジ（１年）　＊１１４〜１３５ドル＊
　　　ＩＶ　１１．１２％

＊＊現状分析＊＊
　高値を更新したあとちょっと下げていますが上昇トレンドに変化はありません。ＩＶはやや上昇に転じています。
[戦略]
　基本戦略はプット売りです。ポジションを建てている方は増し玉のチャンスです。
　◎参考例として。権利行使価格は相場水準に合わせて調節してください。
　　５月限　１１１プット（＠０．１０）　売り
　　６月限　１１０プット（＠０．１５）　売り
　■ベールアウトは１１７です。これを切って下げそうな場合には買い戻します。

コメント　相場が下落したときにプットのＩＶが割高になる傾向があるので、そのときはプットの増し玉のチャンスです。

NOPS-17 SPY

[２００６.４.１３]

現在値　１２８.７１ドル　想定レンジ（1年）　＊１１４～１３５ドル＊
ＩＶ　１１.３６％

＊＊現状分析＊＊
　先週のＳ＆Ｐ５００はナスダック市場より下げが大きい展開でした。なお下げ圧力がありますが、まだ天井圏でのもみ合いです。中期的上昇トレンドは維持されています。この急落により、ＩＶが上昇しました。

[戦略]
　117を破らない限り、ＩＶが上昇したために割高なプットを売るチャンスです。
　◎参考例として。権利行使価格は相場水準に合わせて調節してください。
　　　５月限　１１１プットファーＯＴＭ　売り
　　　６月限　１１０プットファーＯＴＭ　売り
■ベールアウトは１１７です。これを切って下げそうな場合には買い戻します。

コメント　プットはＯＴＭほど割高なため可能な限りファーＯＴＭを売ります。

NOPS-18　MSFT（マイクロソフト）

[２００５.１１.０４]

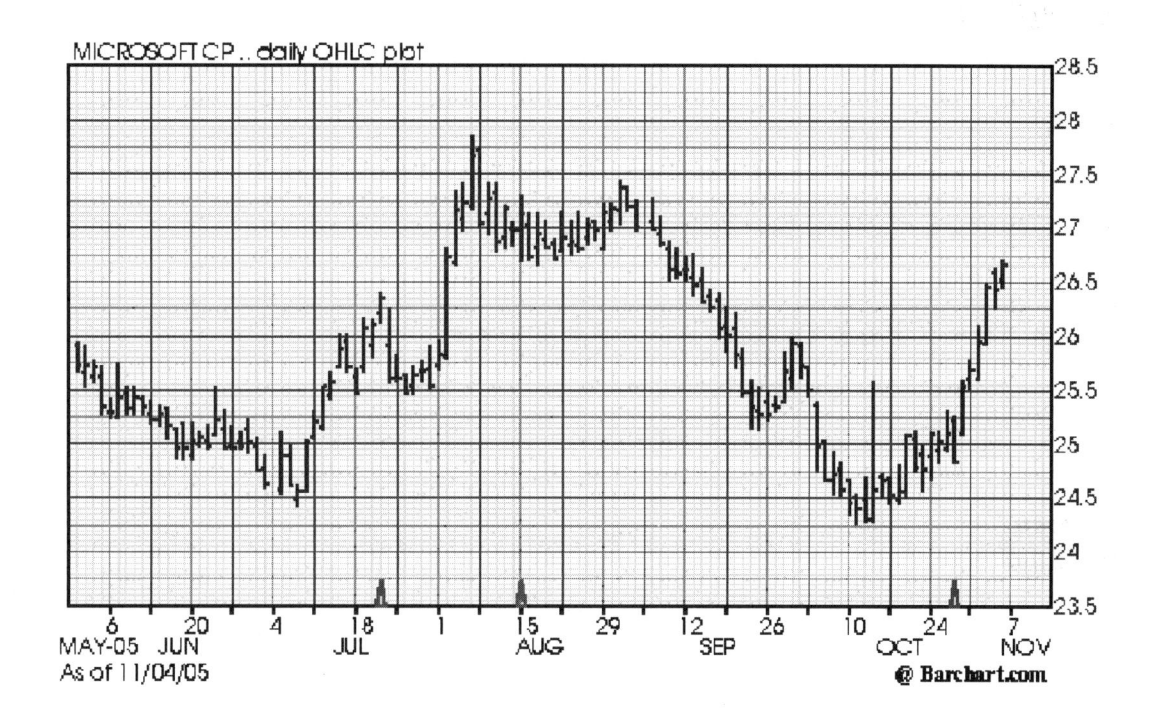

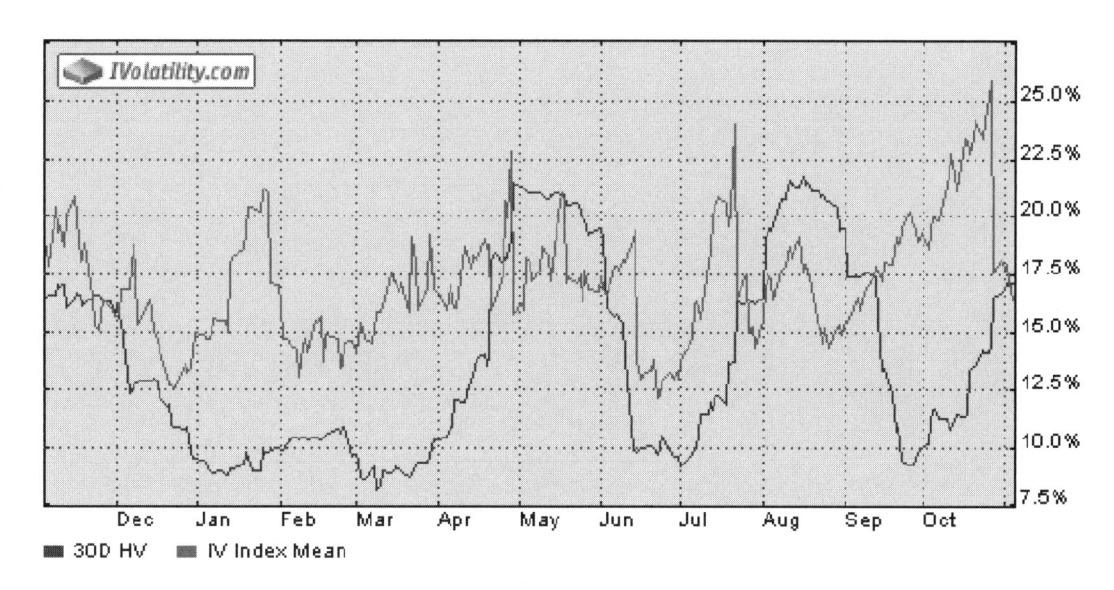

現在値　２６.７ドル　想定レンジ（１年）＊２４〜２８ドル＊
IVは１６.５に急落しています

＊＊現状分析＊＊
非常にきれいな上昇トレンドです。株価上昇に伴いIVが急落しています。
［戦略］
目先の高値目標２７.５０ドルをブレークするかがカギ。しかしその戦略はもう少し様子を見てから仕掛けます。
［仕掛けの内容］
　　＊＊ブレークするまでの間のトレンド重視で＊＊
　　　　◎ブレークしていない状態で
　　　　　１２月限　２５プット　売り

コメント　IV急落で、IVの観点からは旨みがないのですが、トレンド重視でいきたいと思います。

NOPS-19 MSFT

[２００６．１．２７]

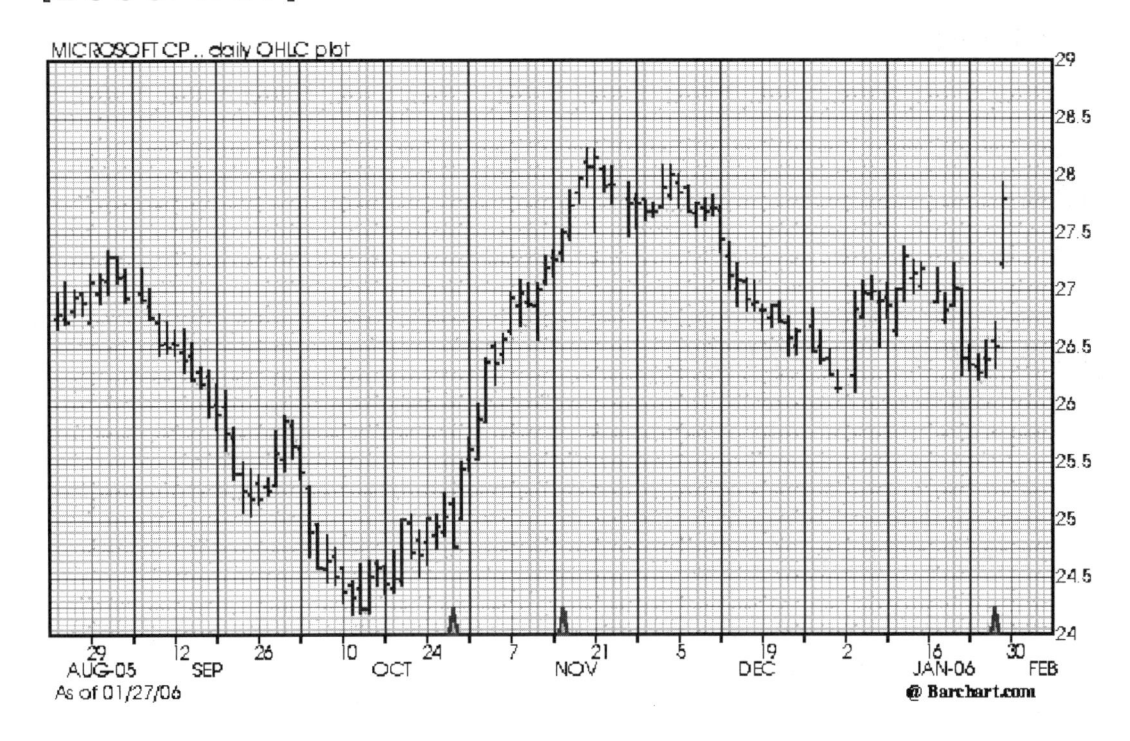

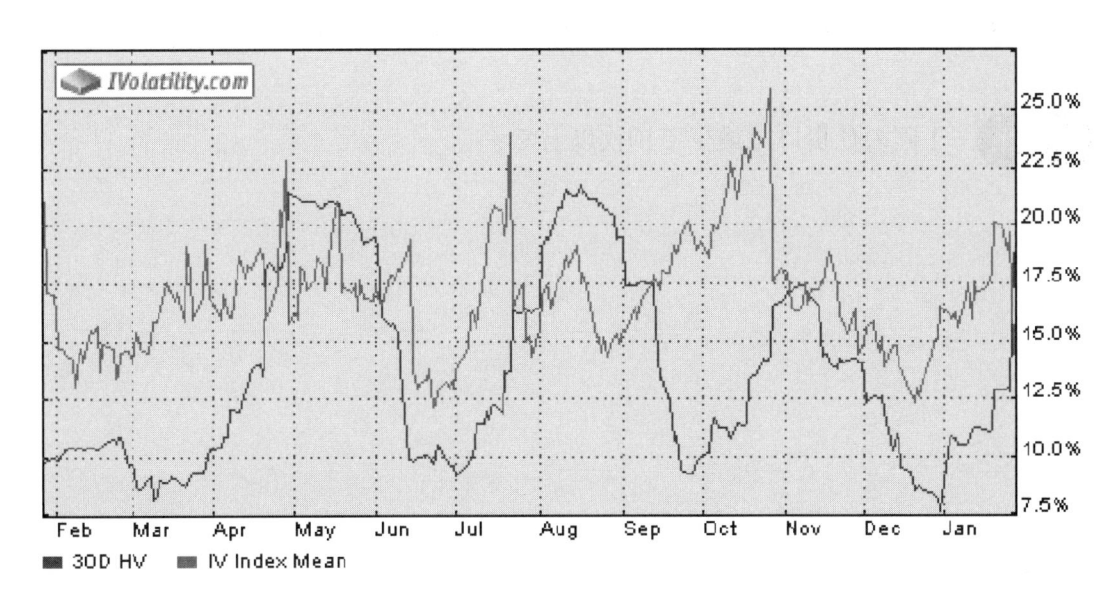

現在値　２７.９ドル　想定レンジ　＊２４～２８.５ドル＊
IVは１４％付近に下がったままです。

＊＊現状分析＊＊

１/２７に株価が２８ドル近くまで飛び跳ねました。１日の動きとしては非常に強い動きです。

[戦略]

株価の勢いにのって、想定レンジ（直近の高値～安値）の中であっても、基本的に順張り的にポジションをとります。

[仕掛けの内容] トレンドに沿う

　　＊＊当面２４～２８.５ドルのレンジ内で動くと想定して＊＊
　　◎さらに上げるとみて
　　　４月限　２５プット　売り
　　◎２７ドルを切るまでは
　　　４月限　２５プット売り　増し玉をする
　　◎２８.２５ドルを超えずに反落すれば
　　　４月限　コール　新規売り
　■この後は、株価の動きに合わせて、増し玉や調整を行っていきます。

コメント　１回の仕掛けは最少で10枚以上です。

NOPS-20　ＭＳＦＴ

[２００６.２.３]

先週末までの株価及びボラティリティ（IV）の動き
　＊１／３０～２／３までの株価の動き　２８.３８～３７.３４
　＊２／３現在の株価　２７.５４
　＊直近の高値　２８.３８
　＊直近の安値　２６.２８
　＊IVの過去１年：１２.１６％～２５.９０％⇒１週間前：１９.６５％
　　⇒２／３現在：１４.１８％

◆上記数字から、相場変動についてイメージを立ててみてください。

　上記数字から見えるものは、株価は週のあたまに２８.３８の直近高値をつけてから伸びきれず、わずかですが下がっています。IVも下がってきています。

＊＊現状分析＊＊

　株価は週のあたまに２８.３８の直近高値をつけてから伸びきれず、わずかですが下がっています。

[戦略]

　先週のポジションに、できるだけファーＯＴＭで増し玉を繰り返し行います。さらに、株価変動に合わせて調整を行います。

[仕掛けの内容]　トレンドに沿う
　　＊＊当面２４.２５～２８.２５ドルのレンジ内で動くと想定して＊＊
　　３月限　３０コール（＠０.０５）ファーＯＴＭ売りδ１４.６％（－）
　　３月限　２２.５プット（＠０.０５）ファーＯＴＭ売りδ２％（＋）
　　３月限　２５プット（＠０.１０）ファーＯＴＭ売りδ７％（＋）

■トータルδを計算します。

コメント　１回の仕掛けは最少で10枚以上です。この後は、株価の動きに合わせて増し玉や調整を行っていきます。

NOPS-21　ＭＳＦＴ

[２００６．２．１０]

先週末までの株価及びボラティリティ（IV）の動き	
＊１／３０〜２／１１までの株価の動き	１／３１の２８．３８から下落基調安値に向かっている
＊２／１０現在の株価	２６．６９ドル
＊直近の高値１／３１	２８．３８ドル
＊直近の安値１／２４	２６．２２ドル
＊次の安値２００５／１２／３１	２６．１０ドル
＊さらに次の安値２００５／１０／１１	２４．１１ドル
＊IVの過去１年：１２．１６％〜２５．９０％	

◆上記数字から、相場変動についてイメージを立ててみてください。

　上記数字から見えるものは、株価は週のあたまに２８．３８の直近高値をつけてから、直近の安値２６．２２に向かって下落しています。

＊＊現状分析＊＊

　株価は週のあたまに２８．３８の直近高値をつけてから、直近の安値２６．２２に向かって下落しています。

[戦略]

　引き続きNOPS戦略です。

[仕掛けの内容]

　　◎直近安値２６．２２ドルを切るまでは
　　　３月限　　３０コール　　　　ファーOTM　売り
　　　３月限　　２２．５プット　　ファーOTM　売り
　　　３月限　　２５プット　　　　ファーOTM　売り
　　■直近安値２６．２２ドルを切ってきたらプットを買い戻して以下を仕掛ける。
　　　３月限２７コール 売り

コメント 1枚あたりの手数料が割安になるため1ショット10枚以上で仕掛けます。その場合はプレミアムが0.05でもペイします。但し、0.05で売った場合は満期まで玉を保持することが条件となります。

NOPS-22　Tボンド

[2005.12.09]

現在値　111-8　想定レンジ　＊110～118＊
IVは上記のチャートを参照

＊＊現状分析＊＊
　　下値圏でのもみ合いとなっています。
[戦略]
　　想定レンジより更に余裕をもってOTMオプションを売ります。

[仕掛けの内容]
　　＊＊当面１１０～１１８のレンジ内で動くと想定して＊＊
　　　１月限　　１１６コール　売り
　　　１月限　　１１５コール　売り
　　　１月限　　１０８プット　売り
　　　１月限　　１０９プット　売り
　　◎今後増し玉をするなら（参考例）
　　　２月限　　１１６コール　売り
　　　２月限　　１１７コール　売り
　　　２月限　　１０８プット　売り
　　　２月限　　１０７プット　売り

■現在保有しているポジションはまだ買い戻す必要はありませんが、今後の相場展開で買い戻さざるを得なくなったら、２月限へ乗り換えます。

コメント　Ｔボンド先物オプションでは、２番限の流動性があれば、当限より２番限のできるだけファーOTMで、手数料を引いてもなお十分な利益が残る程度のプレミアムを売ることをお勧めします。最低でも０－０４（１枚あたり62.50ドルの受取り）を売らなければなりません。

NOPS-23　Tボンド

[2005.12.16]

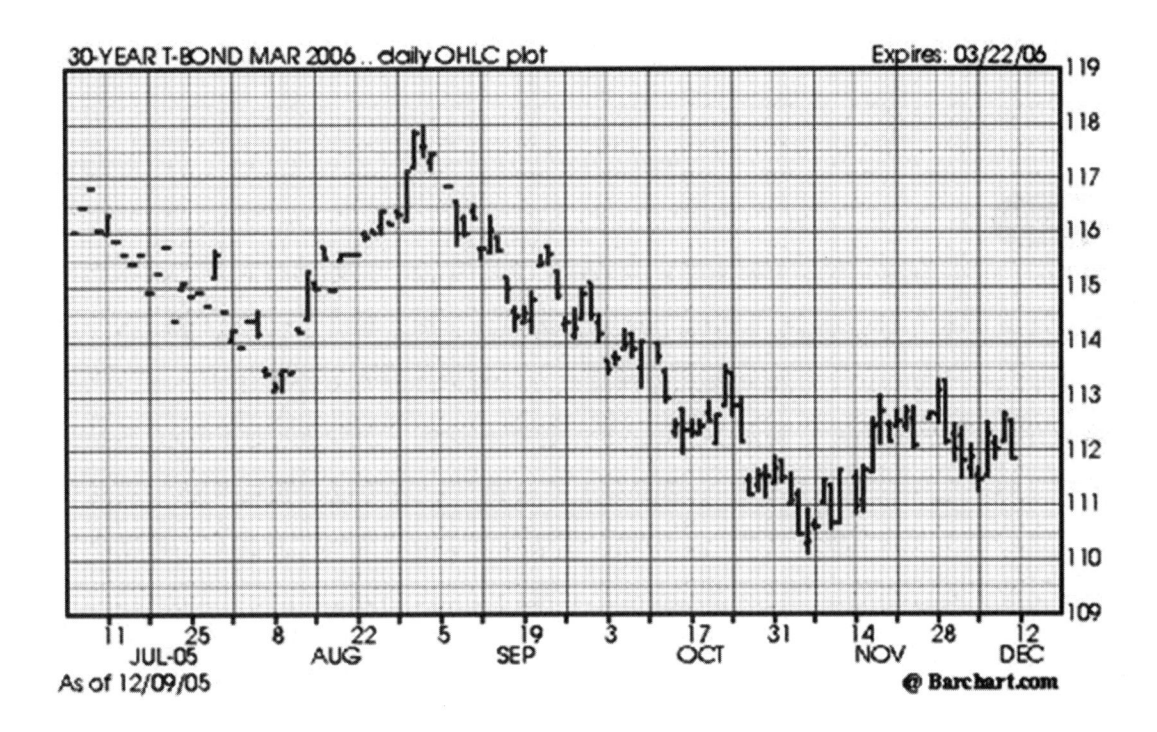

現在値　113-00　　想定レンジ　＊110～118＊
IVの動きに大きな変化なし。

＊＊現状分析＊＊
　下値圏でのもみ合いとなっています。先月つけた直近の高値にきています。
[戦略]
「119コール売り-106プット売り」から開始します。
枚数の比率はまず1：1にします。
[仕掛けの内容]
　想定レンジより更に余裕をもってOTMオプションを売ります。
　　3月限　119コール　売り
　　3月限　106プット　売り

◎先物価格が113-16を上抜けた場合には
　　　3月限　106プット　増し玉をする
　　　3月限　120コール　新規売り

■急激な上昇あるいは下落があった場合には、損切りをしてポジションのバランスを整えます。

コメント

●Tボンド先物はトレンドが明確に出やすいのですが、短期で急激に変動することがまれにありますので、NOPSではできるだけ当限を避ける方が好ましいと思います。そうでないと「損切り」の連続になる可能性が高くなります。

●NOPSは本来逆張りですが、Tボンド先物はトレンドがつきやすいのでトレンドフォロー気味に仕掛けます。急激な上昇下落ケースでは、損切りをしてポジションのバランスを整えます。その際、損切りによって失った資金を、再度オプションを売ることでカバーすることを忘れないでください。

NOPS-24　Tボンド

[２００５．１２．２３]

現在値１１３．０　想定レンジ　＊１１０～１１８＊
IVの推移は上記チャートを参照

＊＊現状分析＊＊
３月限先物価格は１１３－１６を抜いて短期のブレークです。短期上昇トレンド入りです。

[戦略]
１１８－コールを売っている人はそのままでもかまいませんが、数量が多い場合は、いったん買い戻して１１９コール、１２０コールへロールアップです。

[仕掛けの内容]
　　＊＊当面１１０～１１８のレンジ内で動くと想定して＊＊
　◎１１８コールを多く売っている人はロールアップを
　　　３月限　１１８コール売り　買い戻す
　　　３月限　１１９コール　　　新規売り
　　　３月限　１２０コール　　　新規売り
　　　３月限　１０８プット売り　増し玉をする
　　　３月限　１０９プット売り　増し玉をする
　◎新規に仕掛ける場合は上記プット売りから

コメント　想定レンジはできるだけ幅広く取ります。

NOPS-25　IBM

[2006.4.28]

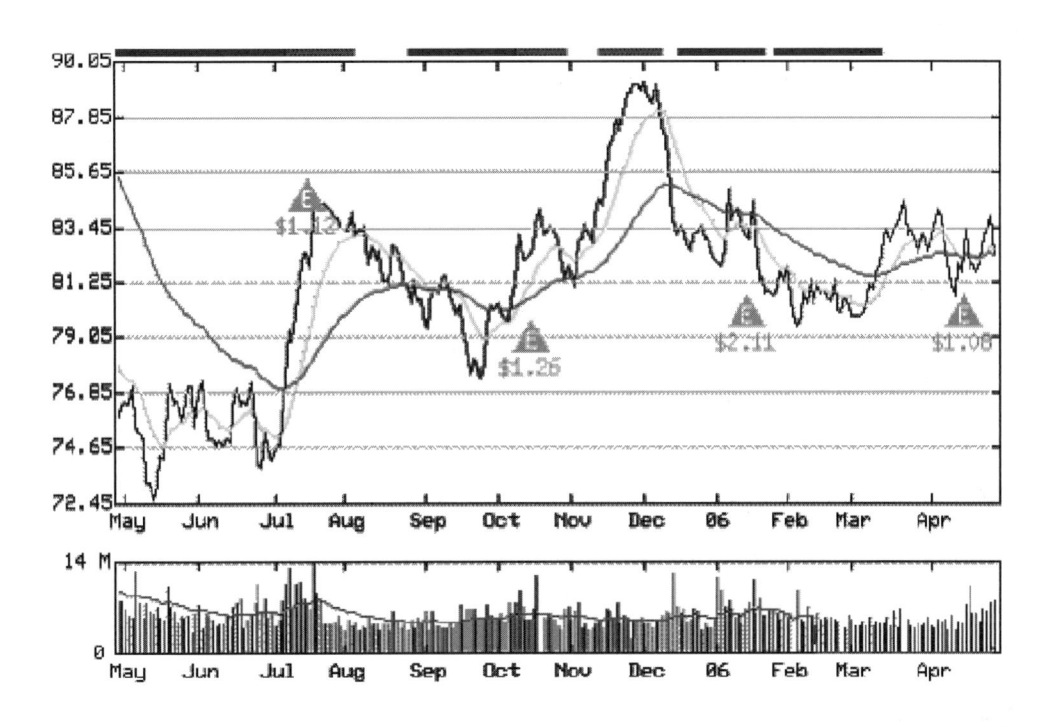

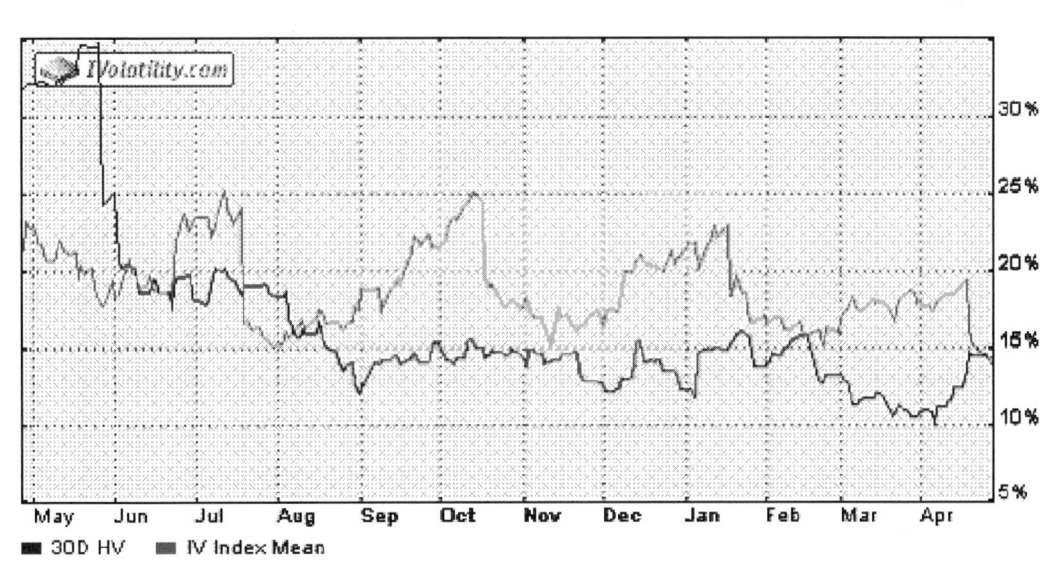

現在の株価　８２.３４ドル　想定レンジ・株価　＊７２.５〜９０ドル＊
現在のIV　１３.９１％

＊＊現状分析＊＊
株価は80ドル台で安定した動きです。IVは少し下がっています。
［戦略］
NOPS戦略です。

［仕掛けの内容］
　　＊＊当面７２.５〜９０ドルのレンジ内で下に動くと想定して＊＊
　　　　６月限　９０コール（＠０.１０）　　　　売り
　　　　６月限　９５コール（＠０.０５）　　　　売り
　　■プレミアム0.05は満期まで持ちきることを前提とします。
　　　　６月限　７５プット（＠０.１５）　　　　売り
　　　　６月限　７０プット（＠０.０５）　　　　売り

コメント　資金に余裕があれば、コールとプットの増し玉を継続して行います。

NOPS－26　IBM

[２００６.５.５]

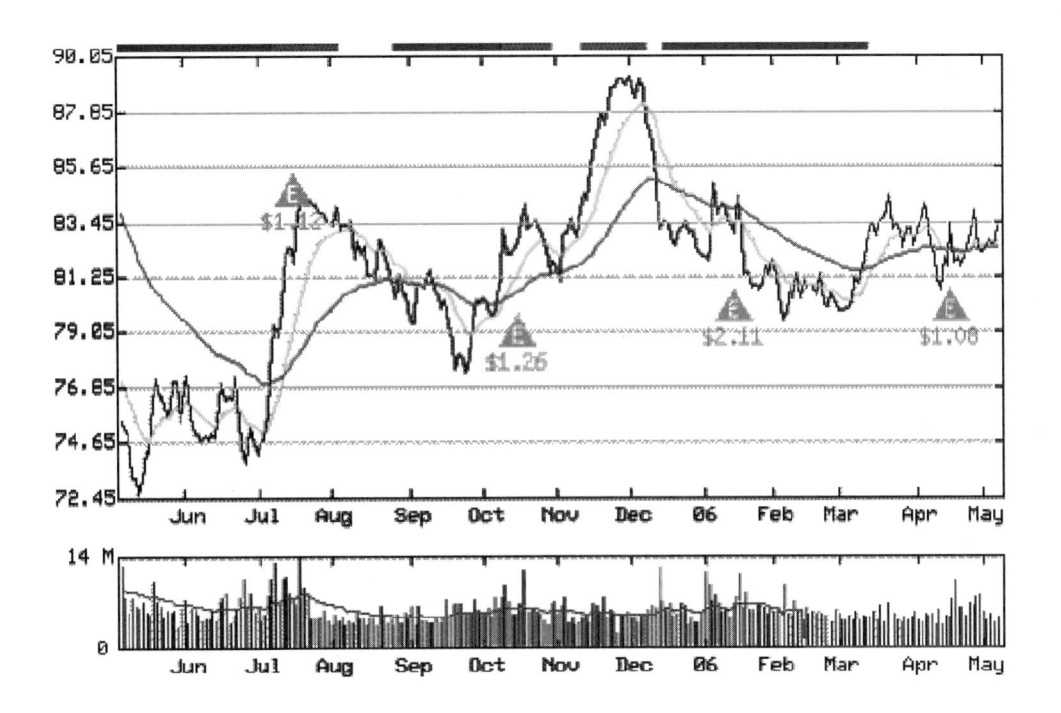

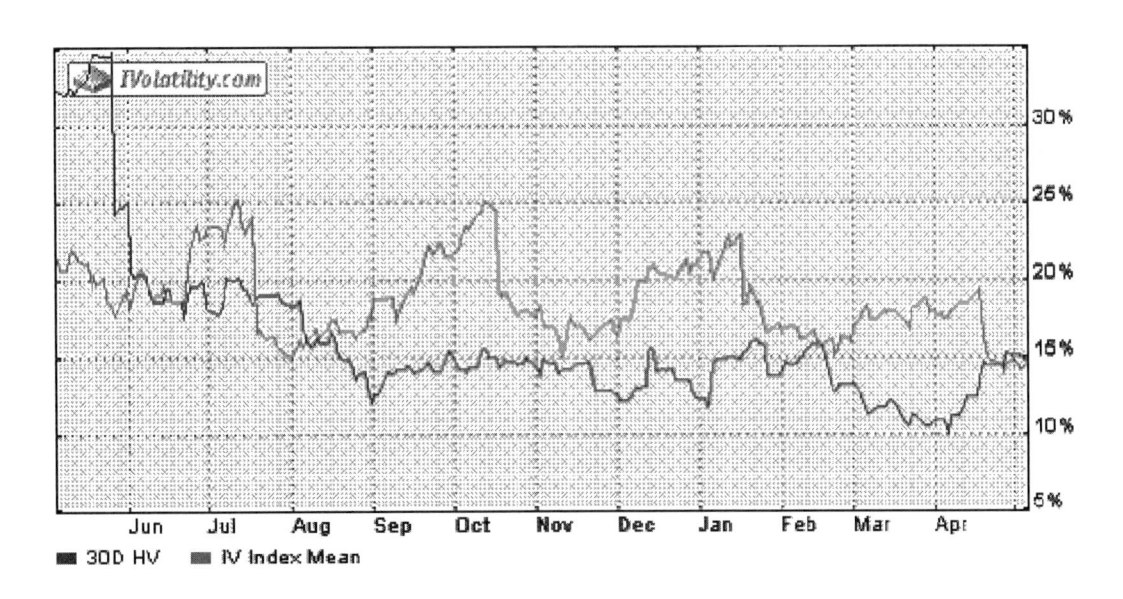

現在の株価　８２．３８ドル　想定レンジ・株価　＊７２．５～９０ドル＊
現在のIV　１４．４８％

＊＊現状分析＊＊
IBMは株価80ドル台と高いのですが、大型株で動きが比較的安定しているのでNOPSには現在非常に適した銘柄です。既に取引している方はNOPSで十分な利益を上げているのではないでしょうか。

［戦略］
NOPS戦略です。資金に余裕があれば、コールとプットの増し玉を継続して行います。

［仕掛けの内容］
　　＊＊当面７２．５～９０ドルのレンジ内で下に動くと想定して＊＊
　　６月限　９０コール（＠０．１０）　売り　δ９．６％
　　６月限　９５コール（＠０．０５）　売り　δ１．１％
　　■プレミアム0.05は満期まで持ちきることを前提とします。
　　６月限　７５プット（＠０．１０）　売り　δ１．１％
　　６月限　７０プット（＠０．０５）　売り　δ０．０％
　　■プットが割高なので「プット売り」だけでも面白い戦略です。

コメント　現在のＩＢＭは初心者でも「売り戦略」で利益を得やすい株価の動きです。

NOPS−27　IBM

[２００６．５．１２]

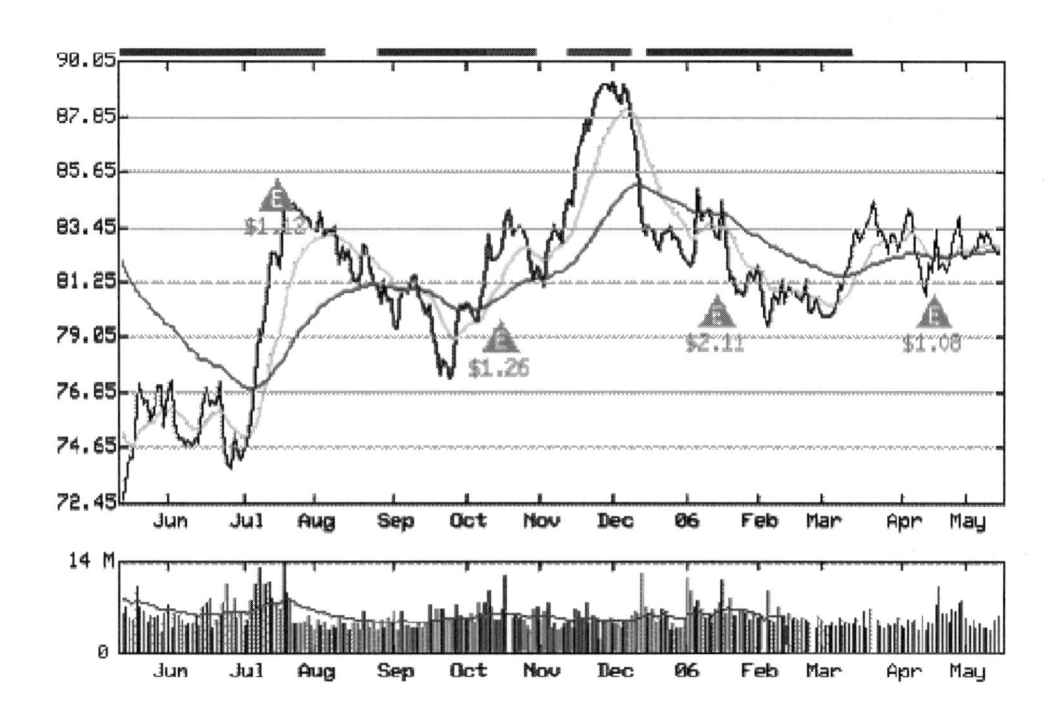

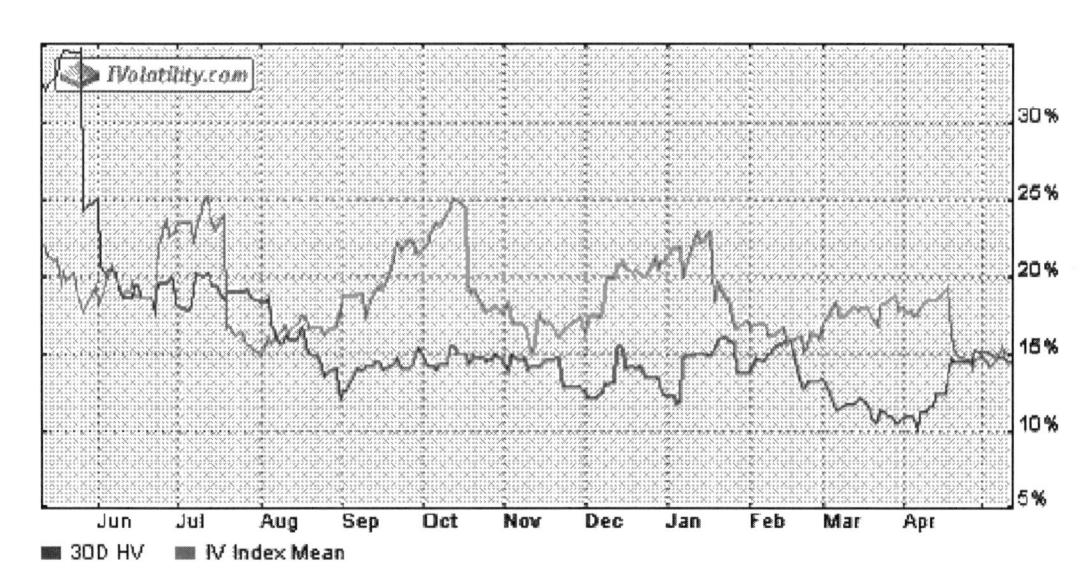

現在の株価　８２.５０ドル　想定レンジ・株価　＊７２.５〜９０ドル＊
現在のIV　１５％

＊＊現状分析＊＊
IBMは株価指数急落の影響を全く受けませんでした。依然として株価はレンジの中にあります。IVにも変化がありません。

[戦略]
まさにNOPS銘柄にはうってつけの銘柄です。資金に余裕があれば、コールとプットの増し玉を継続して行います。

[仕掛けの内容]
　　＊＊当面７２.５〜９０ドルのレンジ内で下に動くと想定して＊＊
　　　６月限　９０コール（＠０.１０）　売り　δ３.７％（−）
　　　６月限　７５プット（＠０.１０）　売り　δ１.６％（＋）
■資金に余裕があれば、コールとプットの増し玉を継続して行っていきます。

NOPS-28　IBM

[2006.5.19]

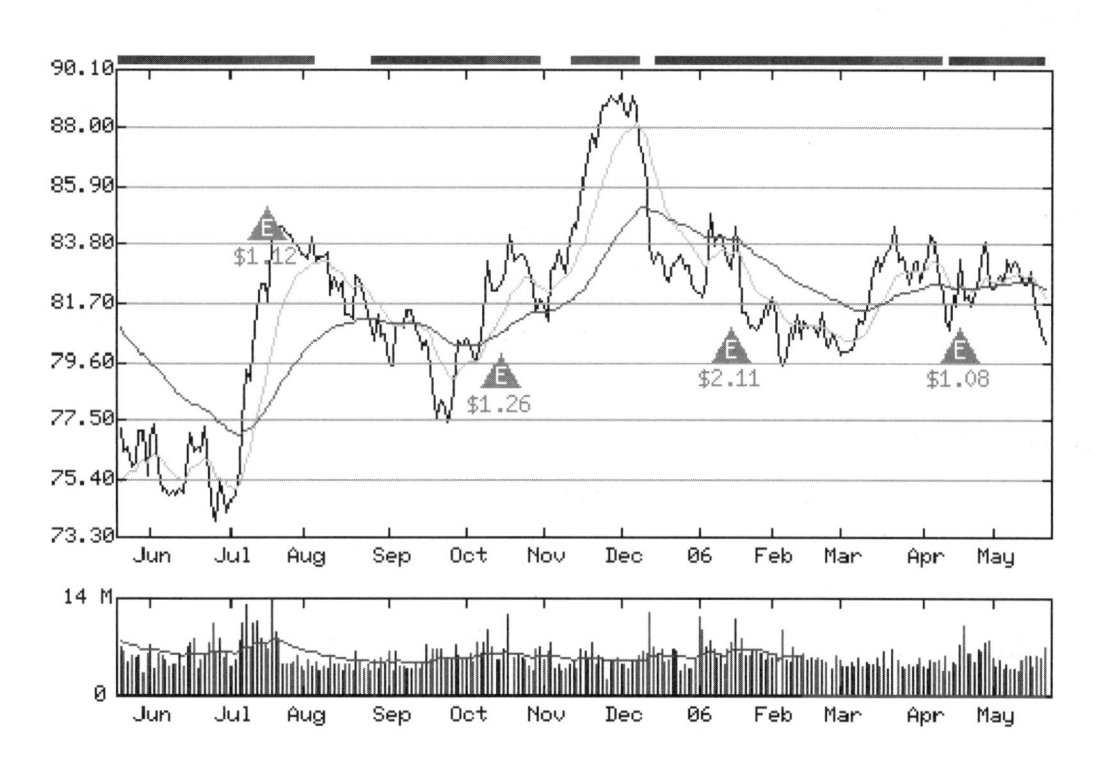

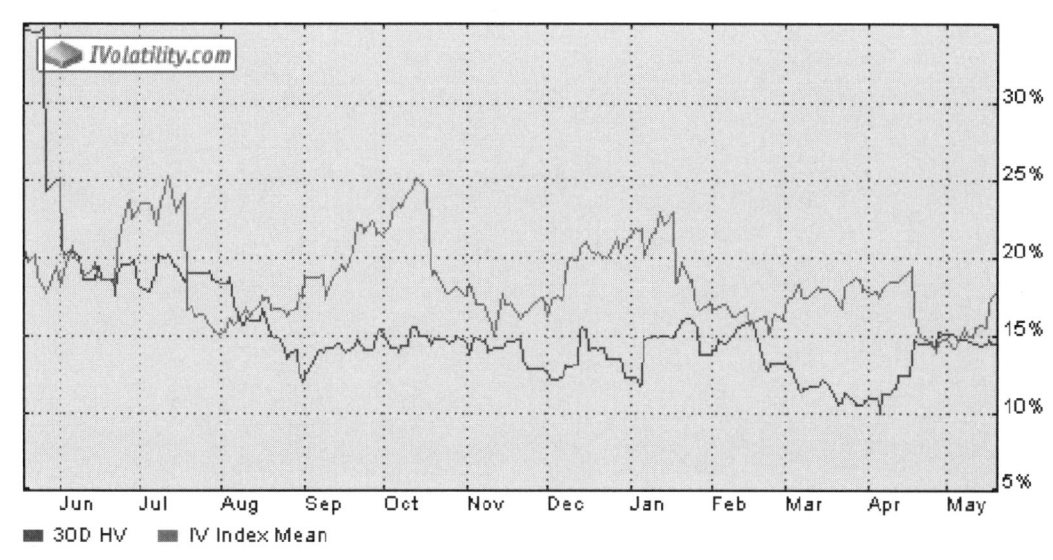

現在の株価　８０.００ドル　想定レンジ・株価　＊７２.５～９０ドル＊
　　　現在のIV　１７.５％

＊＊現状分析＊＊
　株価はレンジの中にありますが下げました。それに伴ってIVが少し上昇しています。

[戦略]
NOPS銘柄にはうってつけの銘柄と申し上げましたが、今回それが証明されたような動きです。前回同様に資金に余裕があれば、淡々とコールとプットの増し玉をしていきます。

[仕掛けの内容]
　　　＊＊当面７２.５～９０ドルのレンジ内で下に動くと想定して＊＊
　　　６月限　８５コール（＠０.２５）売り　δ４.７％　（－）
　　　６月限　７０プット（＠０.１０）売り　δ０.０％　（＋）
　　■資金に余裕があれば、コールとプットの増し玉を継続して行っていきます。

NOPS-29　KO（コカコーラ）

[２００６.４.２８]

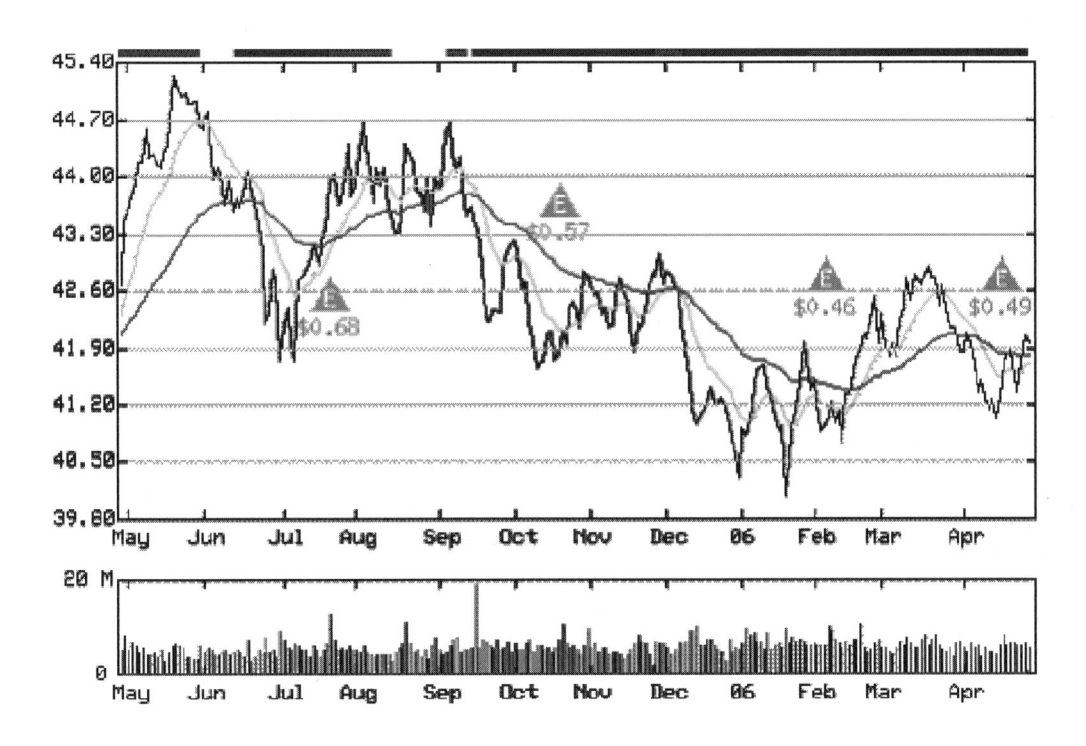

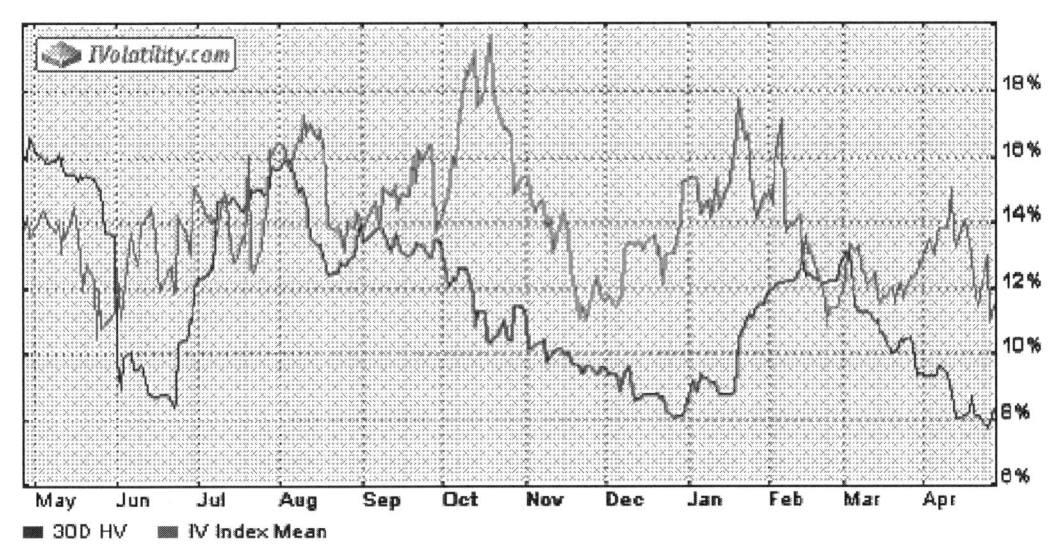

現在の株価　４２．０５ドル　想定レンジ・株価　＊３９．５～４５．５ドル＊
現在のIV　１１．４８％

＊＊現状分析＊＊
IVは低水準ですが、株価がレンジ相場を形成しており、NOPSに向いています。
[戦略]
オーソドックスなNOPS戦略です。
[仕掛けの内容]
　　＊＊当面３９．５～４５．５ドルのレンジ内で下に動くと想定して＊＊
　　　　６月限　４５コール（＠０．１５）　売り
　　　　６月限　４０プット（＠０．１５）　売り
■資金に余裕があれば、コールとプットの増し玉を継続して行っていきます。

コメント　ＫＯはＩＢＭに比べて流動性がやや乏しいのですが、株価の動きは比較的ゆるやかなので「売り戦略」に適した銘柄です

NOPS-30　ナスダック100（Q's）

[２００６．４．２８]

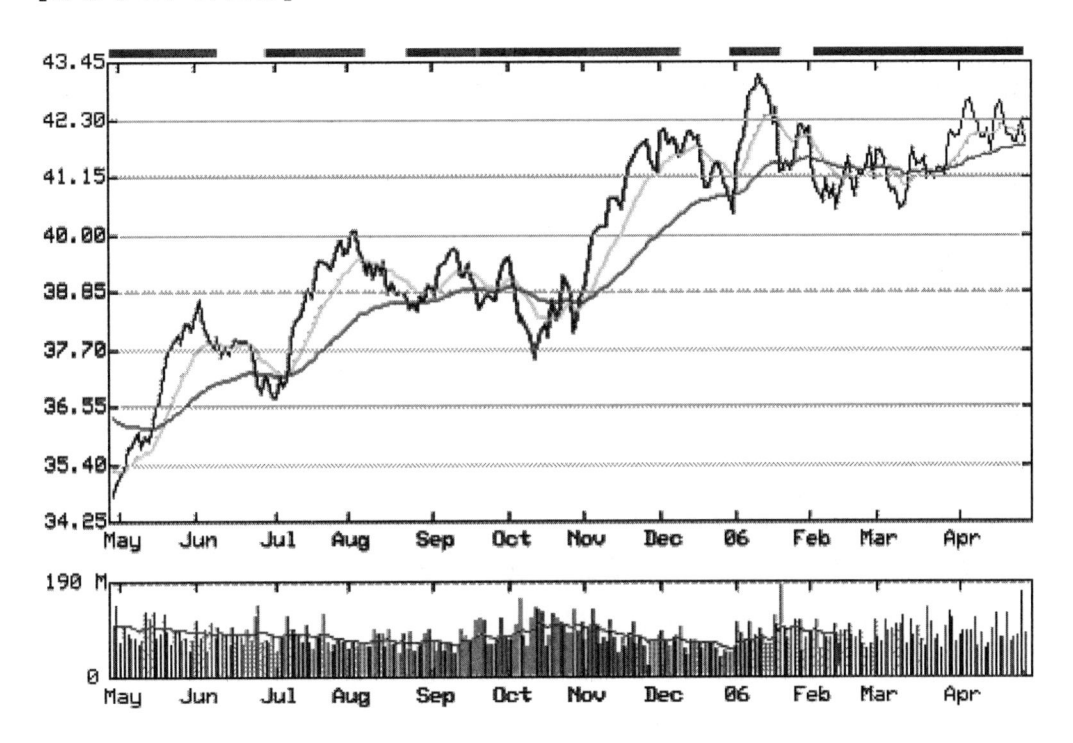

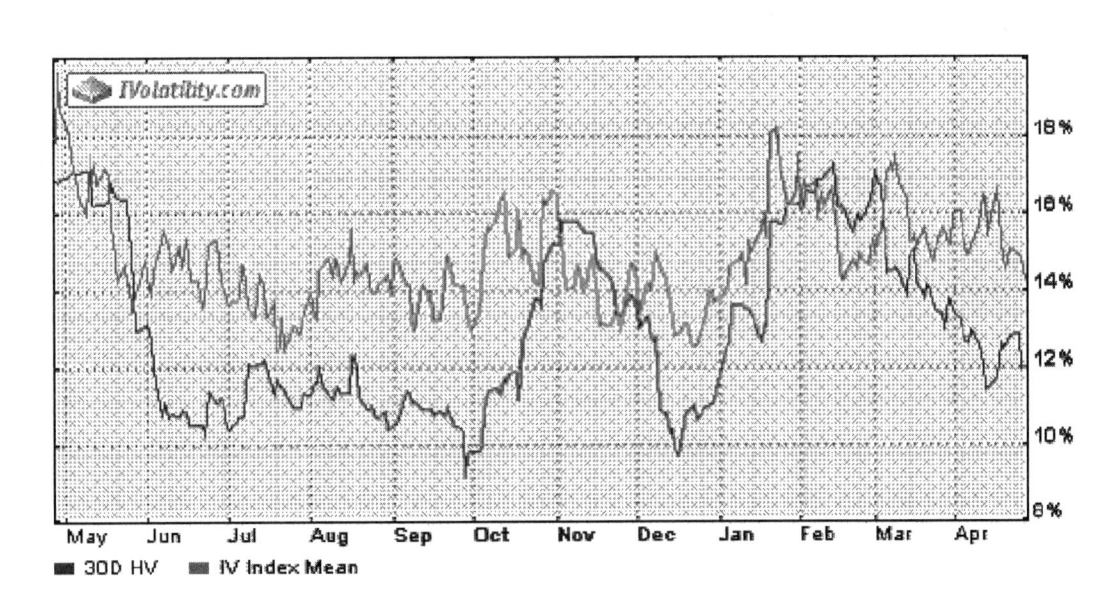

現在値　４１．８５ドル　想定レンジ　＊３７～４４ドル＊
ＩＶ　１４．２７％　ＩＶはやや下降気味です。

＊＊現状分析＊＊

　市場は底堅い展開を継続しています。通常のサイクルでは、５月、６月頃から下降トレンドかレンジ相場に突入します。少なくとも、上げの勢いが弱まるシーズンです。

[戦略]

　基本戦略に変更はなく、プット売り、または、ＮＯＰＳです。プット売り戦略のみを行なっている方は、同戦略を継続しながらも、注意を怠らないように市場をモニター（監視）することが肝要です。

[仕掛けの内容]

　　＊＊当面３７～４４ドルのレンジ内で動くと想定して＊＊
　　６月限　３９プット（＠０．２０）売り　δ５.４％（＋）
　　６月限　３８プット（＠０．１５）売り　δ１.６％（＋）
　　６月限　３７プット（＠０．１０）売り　δ０.３％（＋）
　　６月限　３６プット（＠０．０５）売り　δ０.０％（＋）
　■プレミアムが0.05ドルでも、1枚につき受取プレミアム料は5ドルで、手数料が1枚につき2ドル程度ならなおペイします。
　　６月限　４４コール（＠０．２０）売り　δ１８.９％（－）
　　６月限　４５コール（＠０．１０）売り　δ８.９％（－）

コメント　（Ｅ＊ＴＲＡＤＥの場合、10枚以上まとめてトレードすると1枚につき2ドル程度の取引手数料となる。）この場合、期日まで買い戻さないことを前提にします。プットの方が割高で、ＮＯＰＳにおいては、コールとプットのバランスを考慮します。相場は中期的には依然として上昇トレンドなので、基本的スタンスは「プット売り偏重」です。

NOPS-31　ナスダック100（Q's）

[２００６.５.５]

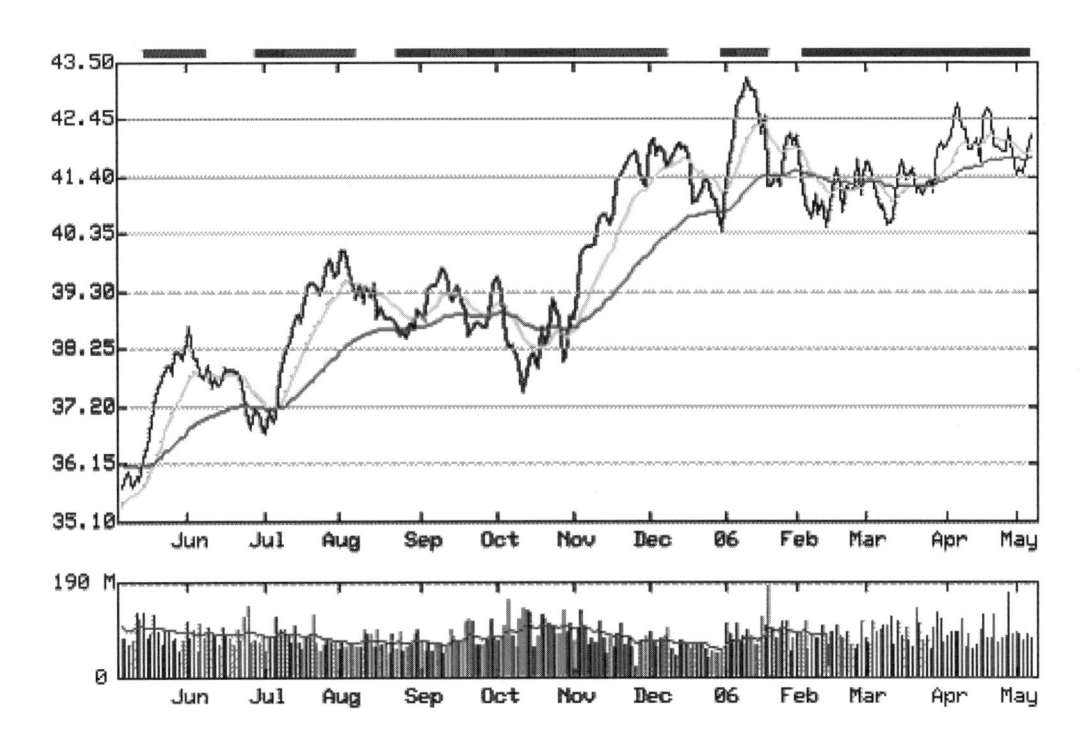

現在値　４２.１６ドル　想定レンジ　＊３７～４４ドル＊
ＩＶ　１３.５０％　ＩＶはやや下降気味です。

＊＊現状分析＊＊
　S&P500が年初来の高値をつける一方でナスダック100はまだ年初来高値を更新できず高値圏の持ち合い形成です。

［戦略］
　NOPSに「うってつけ」の展開で、5月限コールとプットのプレミアムは剥げてきていますので、6月限がトレードの中心です。

［仕掛けの内容］
　　＊＊当面３７～４４ドルのレンジ内で動くと想定して＊＊
　　６月限　４５コール（＠０.１０）　売り　δ：７.９％（－７９％）
　　６月限　４６コール（＠０.０５）　売り　δ：２.７％（－２７％）
　　６月限　４０プット（＠０.２０）　売り　δ：８％（＋８０％）
　　６月限　３９プット（＠０.１０）　売り　δ：２.２％（＋２２％）
　　６月限　３８プット（＠０.０５）　売り　δ：０.４％（＋４％）

コメント　中期トレンドは「上向き」なので、プットに売りに重きをおいてもよいでしょう。

NOPS-32　調整①　ナスダック100（Q's）

[２００６.５.１２]

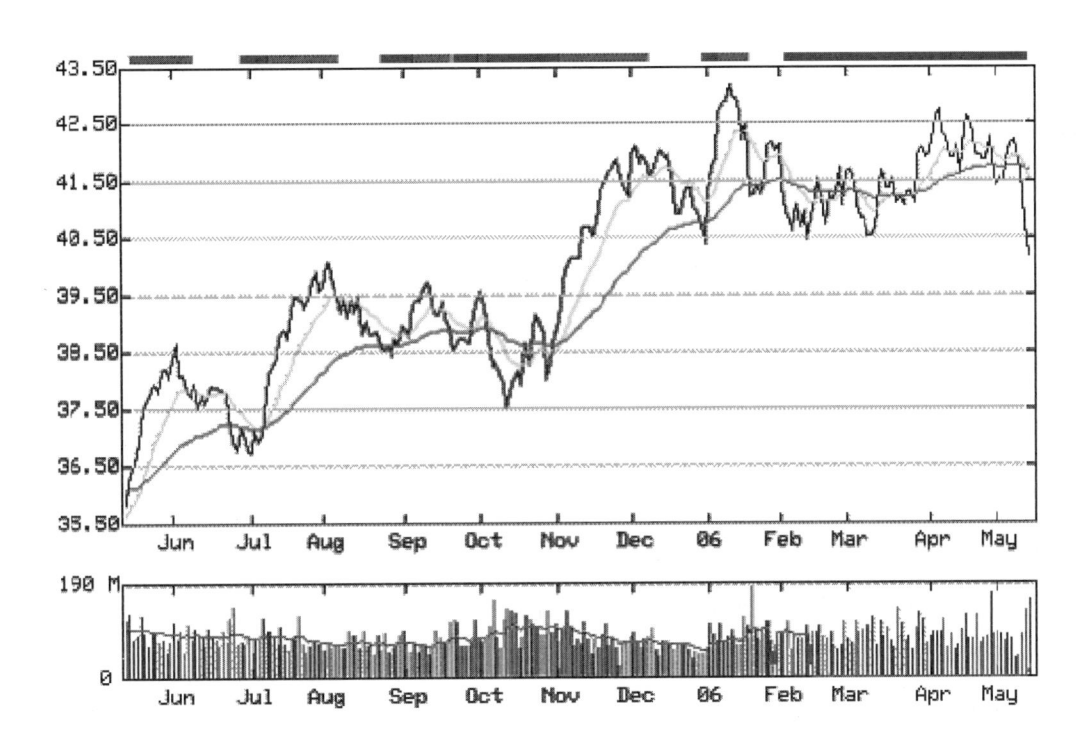

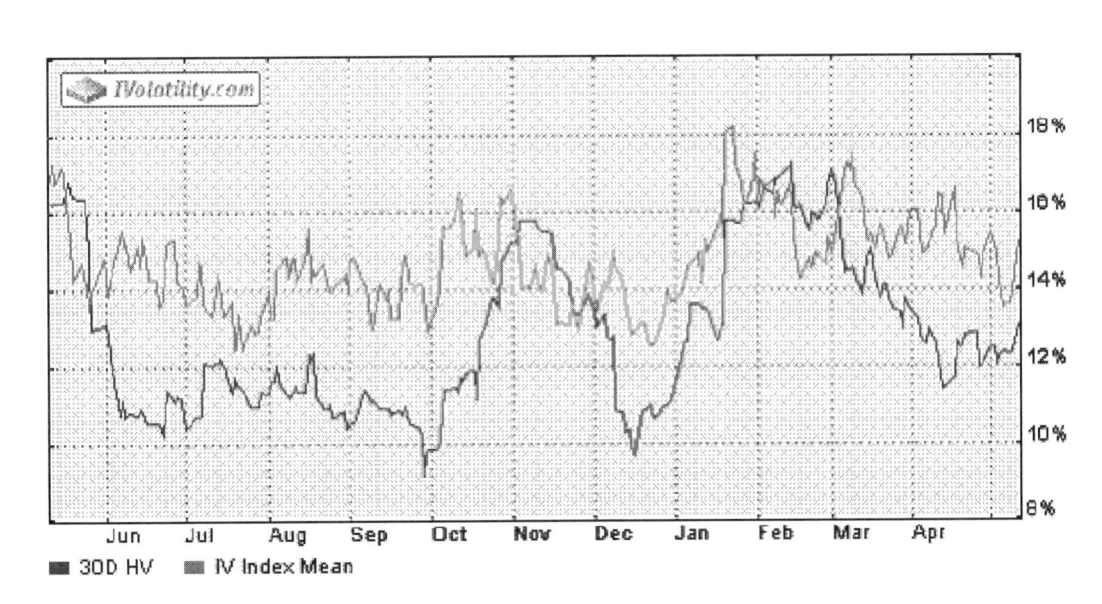

値の推移 42.16ドル⇒39.80ドル　想定レンジ＊37～44ドル＊

＊＊現状分析＊＊

　Q'sは高値持合から下に押した形になっています。また、株価急落に伴いIVがやや上昇しています

[調整の内容] NOPS

　コールとプットの売り玉のバランスが崩れていますので、それに対処しなければなりません。

　プットは買い戻し、ロールダウン（権利行使価格が低いプットへの乗り換え）をします。

　同時に、コールの増し玉です。

　まだ38～41のレンジ内で動くと想定して
　　6月限　39プット（@0.35）売り　　　買い戻す
　　6月限　37プット（@0.10）新規売り　δ1.2％（＋）
　　6月限　42コール（@0.20）新規売り　δ15.8％（－）
　　6月限　43コール（@0.10）新規売り　δ5.4％（－）

コメント　株価が急落し、IVが上昇したので、更に株価が下がる可能性があります。プット売りは慎重に、そして、いつでも買い戻しができるように備えます。

NOPS-33　ナスダック100（Q's）

[２００６.５.１９]

以下チャートで動きを確認してください。

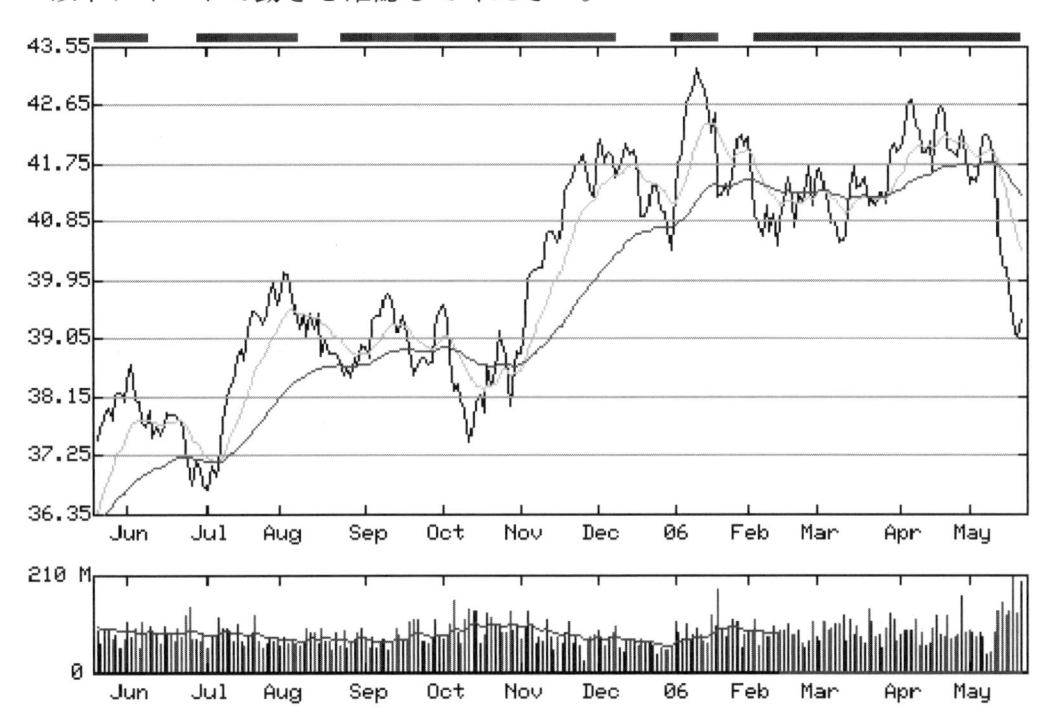

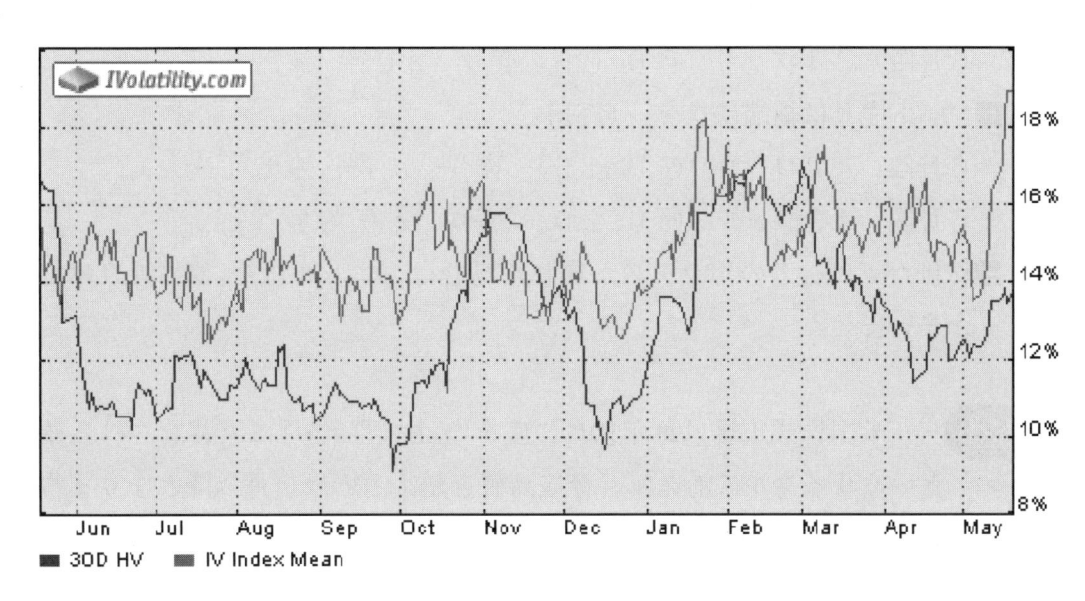

現在値　３９．３０ドル　想定レンジ　＊３７～４４ドル＊
　　　ＩＶ１９％　ＩＶは急上昇しました。

＊＊現状分析＊＊
　５月の連休のS&P500に代表される米国株式市場は年初来の高値をつけたのですが、それも束の間、先週は一転して急落してしましました。それに連動してナスダック100指数も急落しました。特に、先週後半木曜日、金曜日と2日連続で比較的大幅安を演じました。

[戦略]
　オーソドックスにいくなら、急落時にはプットをロールダウン（権利行使価格の低いプットへの乗り換え）を行います。取引対象限月は６月及び７月です。プットが極端に割高でコールが割安ですので、コールはできるだけ６月限ではなく７月限（プレミアムが６月限より高い）を選択した方がよいでしょう。プット売りは極端にファーOTMに限定します。

[仕掛けの内容]
　　　＊＊当面３７～４４ドルのレンジ内で動くと想定して＊＊
　　　６月限　３５プット（＠０．１０）売り　δ０％（＋）
　　　６月限　３４プット（＠０．０５）売り　δ０％（＋）
　　■プット売りは極端にファーOTMで
　　　６月限　４２コール（＠０．１５）売り　δ１４．９％（―）
　　　６月限　４３コール（＠０．２０）売り　δ６．９％（＋）
　　■株価が下げ、δのバランスが崩れた場合は、コールはATMに近づけて
　　　かまいません。

コメント　"米国株式市場は毎年10月に底をつけて翌年5月に天井をつける確率が高い"というサイクルに沿えば、今後高値を超えるのは11月以降となります。これを想定するなら、NOPSではプット売りよりもコール売り重視のスタンスになります。

chapter 3
第3章 LEAPS 成功のコツ
Art of trading LEAPS successfully

■単一銘柄ではなく多くの銘柄に分散する

■最もファーである（離れた）OTMプットを売ることを基本とする

■下がったら増し玉をする。そのために少しずつプットを売る。

　　＊＊増し玉は、最終的には利回りアップにつながる

■**権利行使されないように適宜買い戻して、売り直す**

　通常9カ月間ポジションを保有することはなく、

プレミアムが十分剥げた時点で、

　●ITMになる前に買い戻し決済し⇒別の銘柄に乗り換える（ロールオーバー）、

　●ストライクプライスを変更して⇒仕掛け直す

　　＊そうすることによって、期待利回りを上げる。

◆証拠金の計算
　株価の３０パーセントにプレミアムを加えＯＴＭ（ストライクプライスと株価の差）を差し引いた値と、ストライクプライスの１０パーセントにプレミアムを加えた値のうち、いずれか大きい方。
例：現在株価３０ドルのＤＥＬＬの２００８年１月限２５プットをプレミアム１．６０ドルで売ったとする。

証拠金：
　　　　計算①　３０ドル×３０パーセント＋１．６０ドル－（３０ドル－２５ドル）＝５．６０ドル
　　　　計算②　２５ドル×１０パーセント＋１．６０ドル
　　　　　　　　＝４．１ドル
上記①、②のうち①の方が大きいので、５．６０ドルを採用し、これに１００（株）を乗じた数値が一枚あたりの証拠金となる。
→５．６０×１００＝５６０ドル
　但し、実質的にはプレミアムが口座に入金されるので「使用証拠金」は５６０－１６０＝４００ドルである。「期待利回り」はこれをベースにして年率換算している。

LEAPS-1　YHOO！
（インターネット関連銘柄の代表）

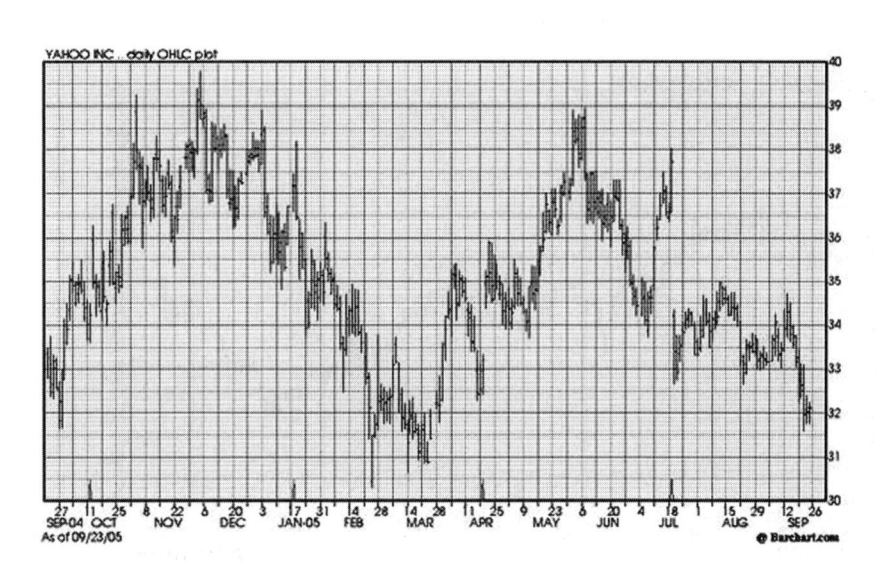

[２００５.９.２３]

＊＊株価の位置＊＊

1年間のレンジのほぼ最低レベルにきており、仕掛けるタイミングにあります。

[現在の株価]　３２．１３ドル
[対象LEAPS]　２００８．1月限　　　　　　　受取プレミアム
　　　　　　　①２０プット（＠０．６５）　　６５ドル
　　　　　　　②２５プット（＠１．５０）　　１５０ドル
[残存日数]　８４８日
[必要証拠金]　①２６０ドル
　　　　　　　②４００ドル
[期待利回り]　①１３．９９％　②２５．７３％（年率）

コメント　YHOOは10年チャートで見て高値からかなり下がっており、株式分割による株価調整を割り引いても、十分に低い位置に置かれたままです。ファンダメンタルズから見ても、利益成長率の鈍化は予想されるものの、依然として成長は期待されます。LEAPS対象銘柄としては、優良の筆頭株と言えるでしょう。

LEAPS-2　SBUX（スターバックス）
　　　　　（コーヒー店チェーン）

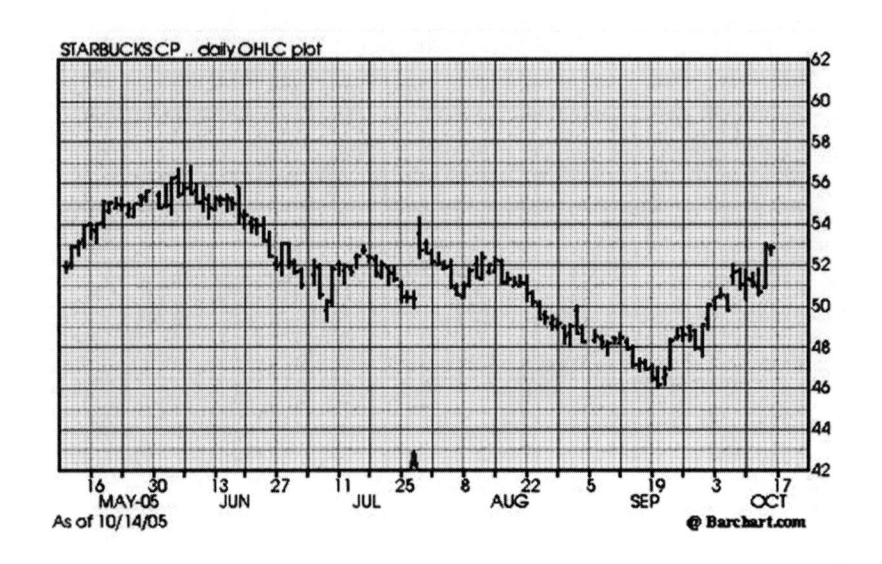

[２００５.１０.１４]
＊＊株価の位置＊＊

　１年間のレンジではやや高い方にあり、仕掛けるのはこのチャートに入らない３５ドルです。

[現在の株価]　　５２.８８ドル
[対象LEAPS]　　２００８.１月限　　　　　　受取プレミアム
　　　　　　　　　３５プット（＠１.２０）　　　１２０ドル
[残存日数]　　　８２７日
[必要証拠金]　　４７０ドル
[期待利回り]　　１５.１３％（年率）

コメント　増田のお気に入りの銘柄です。皆さんが気にいるかどうかは、スターバックスに足を運んでコーヒーを飲みながら、じっくり吟味してください。

LEAPS-3　AMZN（アマゾンドットコム）
（インターネット書籍販売）

[2005.10.28]
＊＊株価の位置＊＊

　最近の高値もみあいから急落しました。プット売りのチャンスです。

[現在の株価]　　39.00ドル
[対象LEAPS]　　2008.1月限　　　　　　受取プレミアム
　　　　　　　　25プット（@1.85）　　　185ドル
[残存日数]　　　813日
[必要証拠金]　　435ドル
[期待利回り]　　33.22％（年率）

コメント　　AMZNはネットによる書籍販売の事業で成功しているナスダックの優良銘柄です。過去のチャートの推移を見ればおわかりのように、大きく上げては下げの繰り返しです。「株価がもっと下がったら、どうしよう！」答えは、もっと売り増しましょう。これが分割の基本です。この銘柄は増田のお気に入りのお勧め銘柄の一つです。

LEAPS-4　AMZN（アマゾンドットコム）
　　　　　（インターネット書籍販売）

2005/11/18現在の株価：47.98

[２００５．１１．１８]
[現在の株価]　　４７．９８ドル
[対象LEAPS]　　２００８．１月限　　　　　　受取プレミアム
　　　　　　　　　２５プット（＠１．４０）　　　１４０ドル
[残存日数]　　　７２９日
[必要証拠金]　　３９０ドル
[期待利回り]　　２５．８１％（年率）

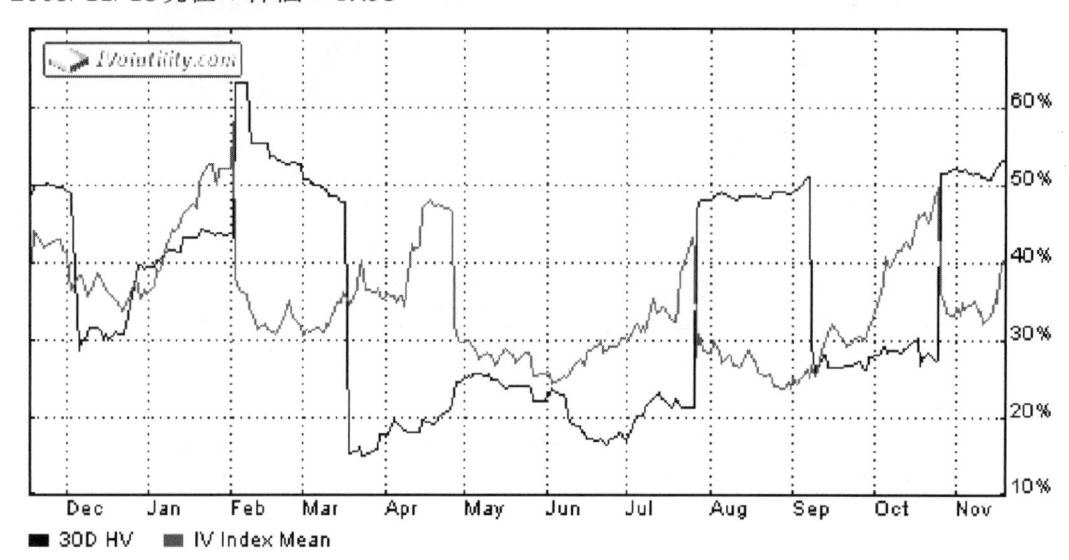

コメント　IVが高くなっているので再び取り上げました。プレミアムは手数料を除いています。

LEAPS-5　FDP（フレッシュデルモンテ）
　　　　　（食品会社）

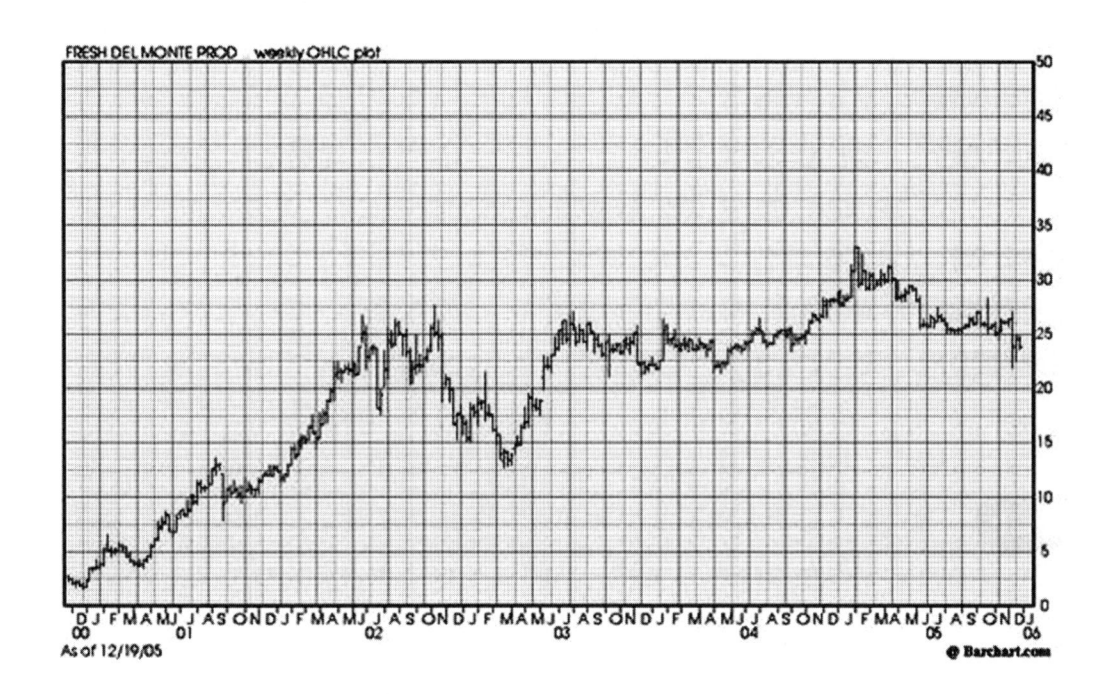

[2005.12.19]
＊＊株価とIVの状況＊＊
株価は低迷したままもみあっていますが、IVが上昇してきました。

[現在の株価]　２４．０９ドル
[対象LEAPS]　２００８．１月限　　　　　受取プレミアム
　　　　　　　２０プット（＠１．５０）　　　　１５０ドル
[残存日数]　７６１日
[必要証拠金]　４６４ドル
[期待利回り]　２２．９３％（年率）

コメント　NYSE上場の名門企業ですが、今年は企業業績が芳しくなく株価が低迷しました。そのためにIVも上昇。株価はそれほど上昇しなくてもノンビリ時間価値を取る戦略でプットを売ることができます。

LEAPS-6
VRX（Valeant Pharmaceutcals International）
（薬品会社）

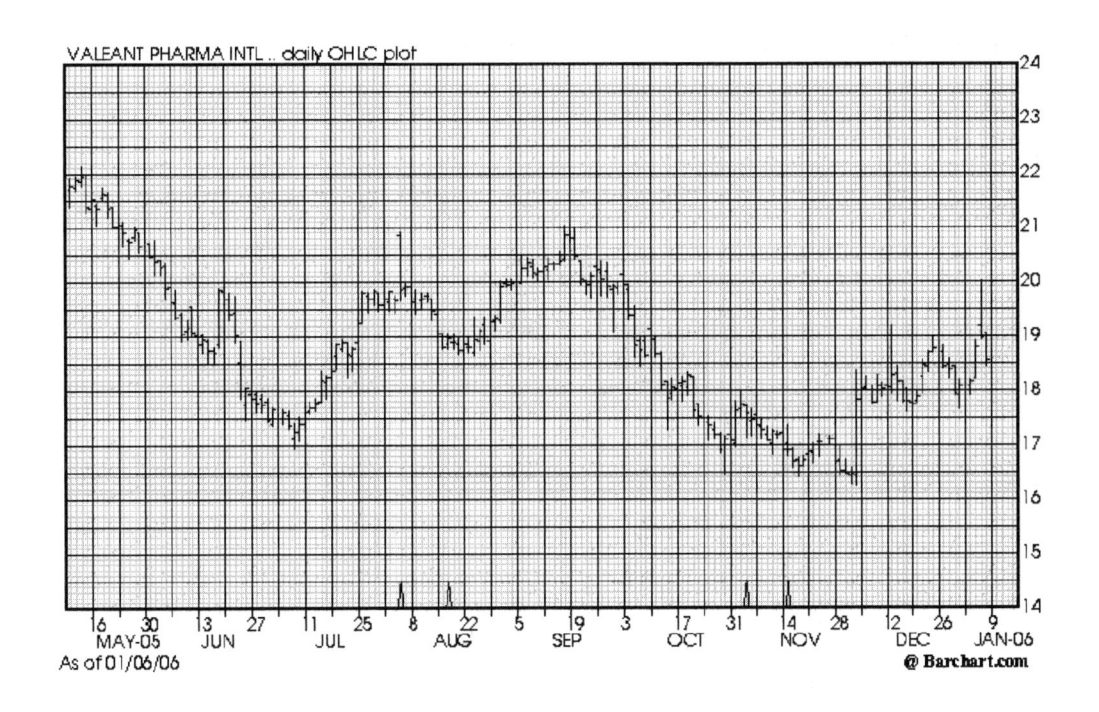

[２００６．１．６]
＊＊株価とIVの状況＊＊

　1年のレンジでは株価は中間にあり、仕掛けるのはかなりファー（遠い）です。

[現在の株価]　　１８．５４ドル
[対象LEAPS]　　２００８．１月限　　　　　　受取プレミアム
　　　　　　　　　１０プット（＠０．８０）　　８０ドル
[残存日数]　　　５８２日
[必要証拠金]　　１８０ドル
[期待利回り]　　５０．１７％（年率）

コメント　初心者の方にもお勧め銘柄です。

LEAPS-7　ＥＢＡ
　　　（インターネットショップ企業）

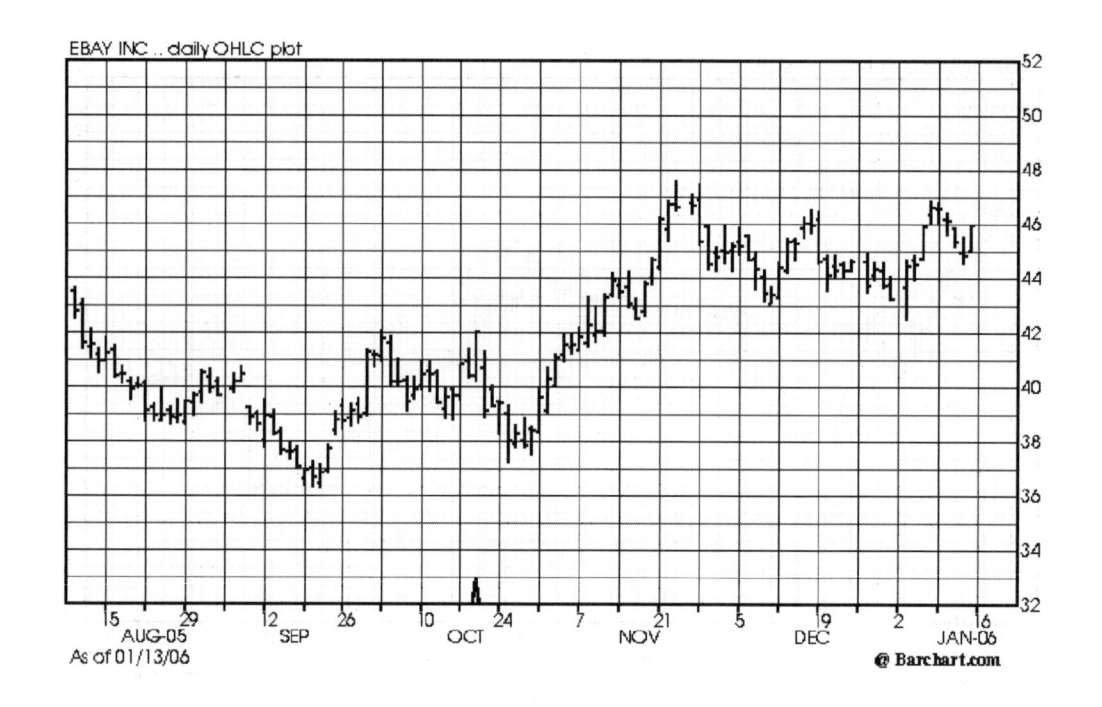

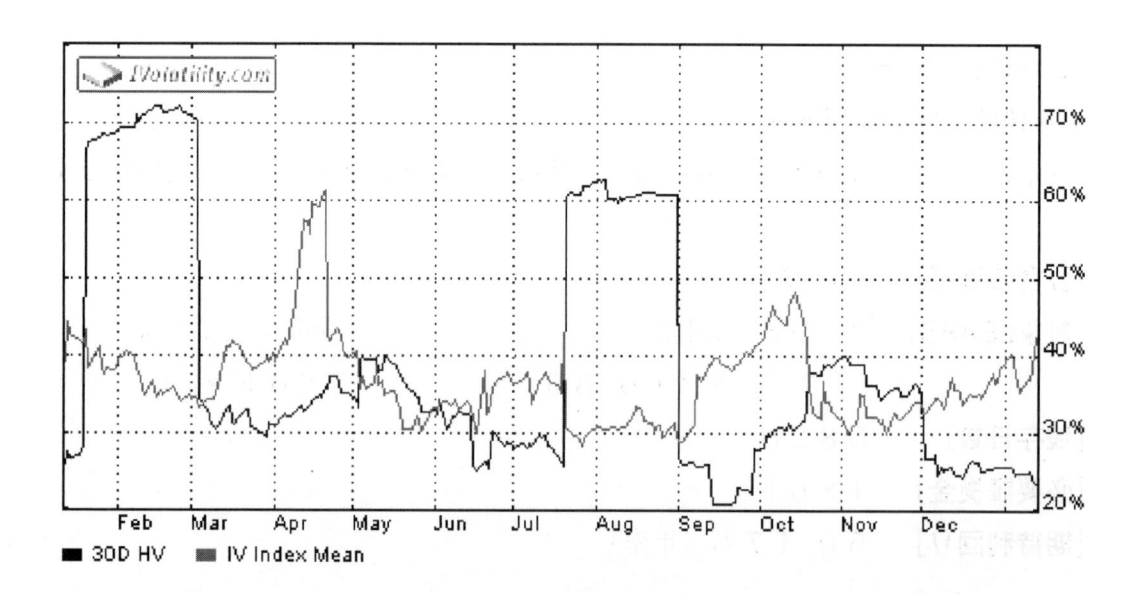

[２００６．１．１３]
＊＊株価とIVの状況＊＊

　1年間のレンジではやや高い位置に止まっています。仕掛けるのはレンジのはるか下です。

[現在の株価]　　４６．９７ドル
[対象LEAPS]　　２００８．1月限　　　　　　受取プレミアム
　　　　　　　　　２５プット（＠１．２０）　　　１２０ドル
[残存日数]　　　７３６日
[必要証拠金]　　３７０ドル
[期待利回り]　　２３．８０％（年率）

コメント　通常LEAPSは途中で買い戻して、乗り換えを行いますので、期待利回りを上げることができます。またリスクが相応に高くなりますが、選択するストライクプライスによってはもっと利回りを上げることも可能です。

LEAPS-8　NVDA（ノヴィディアコープ）
　　　　　　　（通信関連機器開発・製造・販売会社）

[２００６.２.１０]
＊＊株価とIVの状況＊＊
　IVが高く現在は５０.０６％あります。

[現在の株価]　　４３.９０ドル
[対象LEAPS]　　２００８.１月限　　　　　受取プレミアム
　　　　　　　　　２５プット（＠１.４５）　　１４５ドル
[残存日数]　　　７０８日
[必要証拠金]　　３９５ドル
[期待利回り]　　２９.９０％（年率）

コメント　通信関連機器の開発・製造・販売を行っている会社です。
　株価の推移はwww.barchart.comを参照ください。E＊TRADEでも見ることができます。

LEAPS-9　PALM,INC（PALM）
（携帯PCの開発・販売会社）

　PALM社は携帯PCの開発・販売会社で米国カリフォルニア州に本社がある会社です。

　以下は四半期毎の一株あたりの企業利益（EPS）です。

Quarterly Earnings	11/2004	02/2005	05/2005	08/2005	11/2005
Estimate EPS	$0.26	$0.10	$0.14	$0.19	$0.22
Actual EPS	$0.26	$0.10	$0.17	$0.20	$0.23
Difference	$0.00	$0.00	$0.03	$0.02	$0.02
% Surprise	1.92%	5.00%	25.00%	7.89%	6.82%

　また、過去のEPSの成長率を以下に示します。

Earnings Growth	Last 5 years	This FiscalYear	Next FiscalYear	Avg Est Next 5 years	P/E (FY 05/2006)	PEG ratio
PALM Industry Rank: 3 of 5	13.4%	6.5%	18.8%	21.8%	24.4	1.12
INDUSTRY（COMP-MICRO）	-0.5%	19.3%	13.9%	17.6%	23.3	1.52
SECTOR (COMPUTER AND TECHNOL)	-30.71%	45.79%	40.51%	18.72%	23.47	1.60
S&P 500	5.9%	11.9%	7.3%	na%	17.2	na

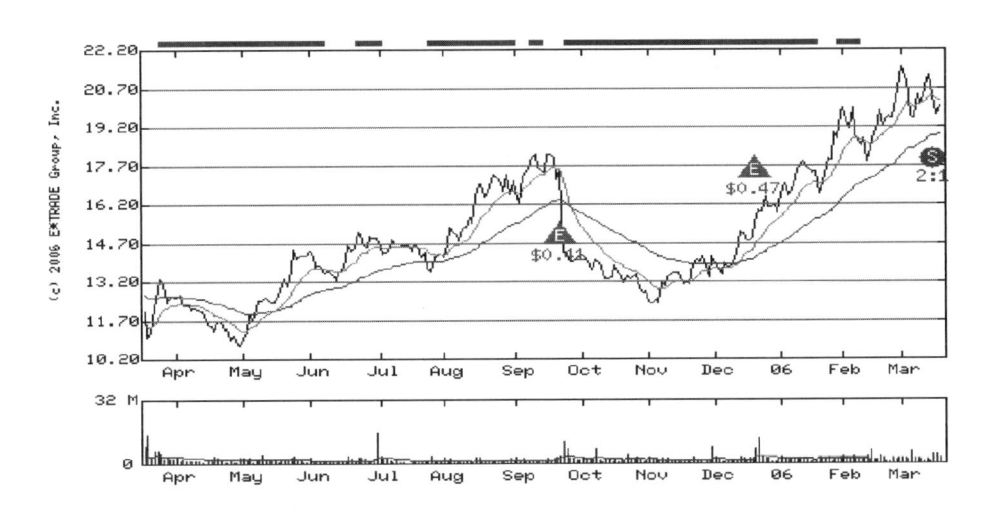

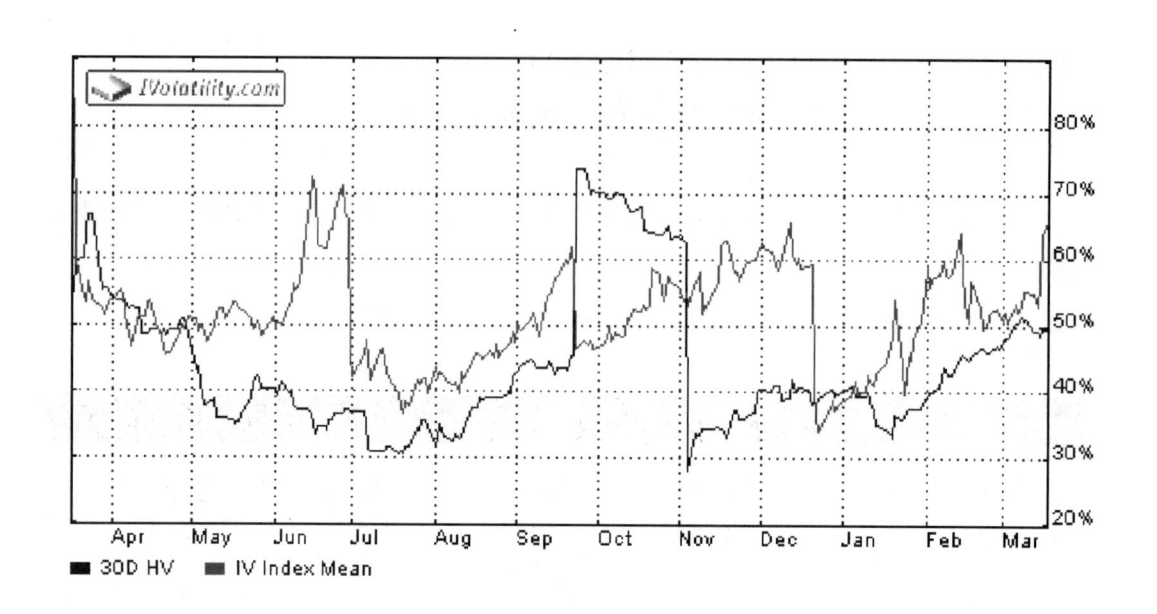

[2006.3.17]
＊＊株価とIVの状況＊＊

　IVの動きが激しく、今はレンジの高い位置にあります。

[現在の株価]　　20.01ドル
[対象LEAPS]　　2008.1月限　　　　　　受取プレミアム
　　　　　　　　12.50プット（@1.00）　　100ドル
[残存日数]　　　673日
[必要証拠金]　　225ドル
[期待利回り]　　43.39％（年率）

コメント　　IVが高く相応のリスクがあります。
　　　　　　　一活集中を避けます。

LEAPS-10　GILEAD　SCIENCES
　　　　（バイオ関連会社）

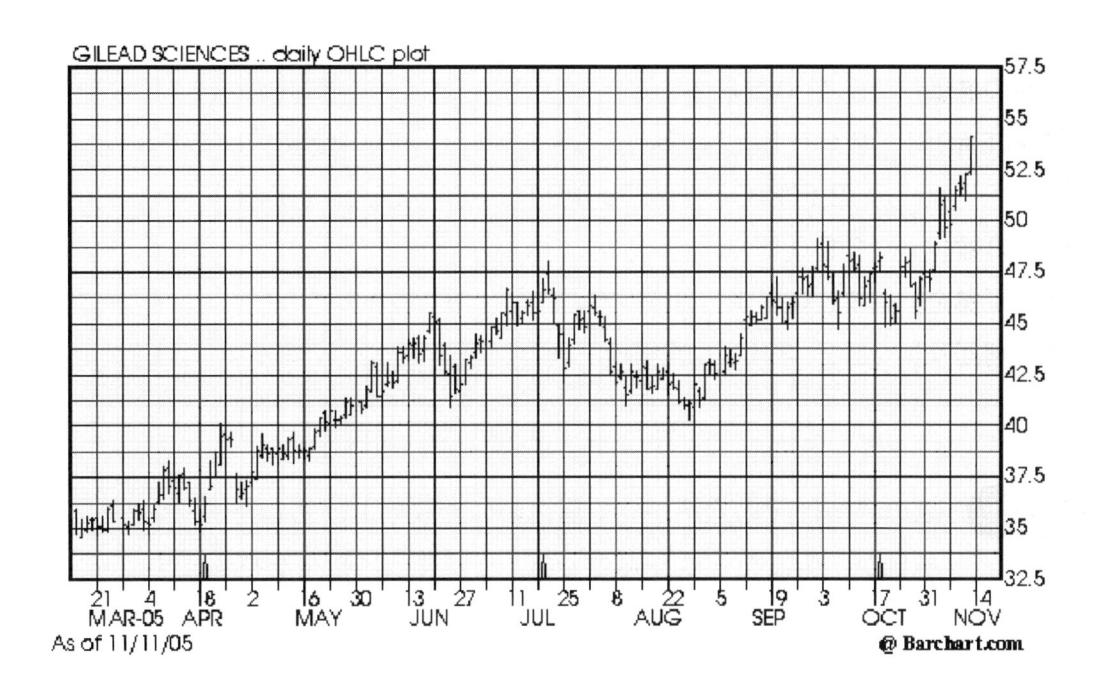

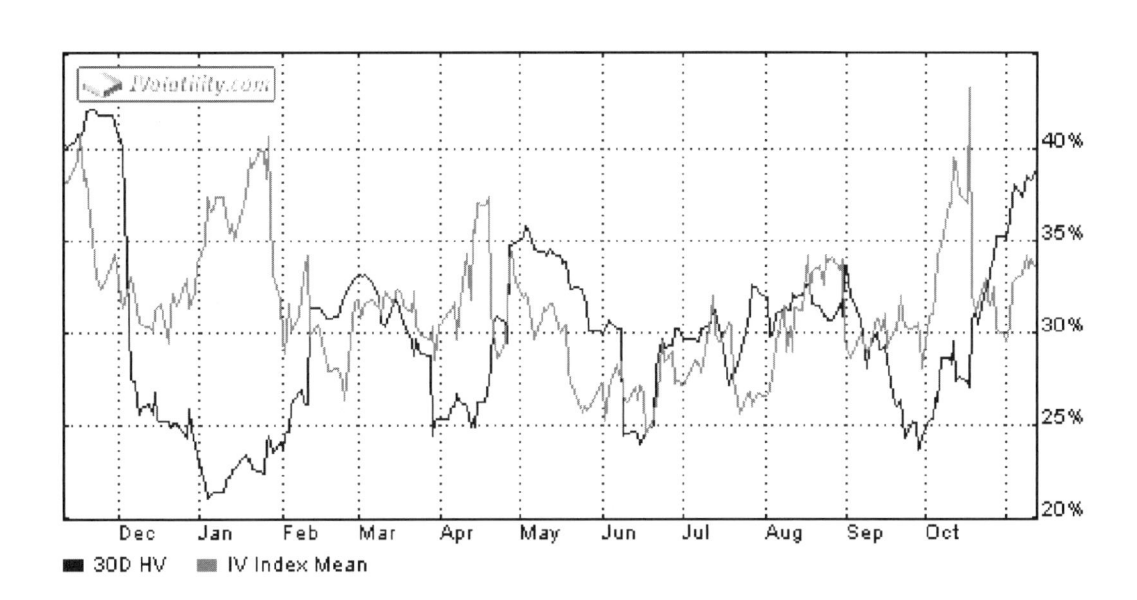

[2005.11.11]
＊＊株価の位置＊＊
　1年間のレンジのほぼ最高値を更新しています。

［現在の株価］　　５４.０８ドル
［対象LEAPS］　　２００８.１月限　　　　　　受取プレミアム
　　　　　　　　　　２０プット（＠１.００）　　　１００ドル
［残存日数］　　　７９９日
［必要証拠金］　　３００ドル
［期待利回り］　　２２.８４％（年率）

コメント　この銘柄はIVの水準が高く面白いので取り上げました。
　　　　　　　株価が半値になっても大丈夫なように資金に余裕を持ちます。

LEAPS-11　PFE
（ファイザー製薬会社）

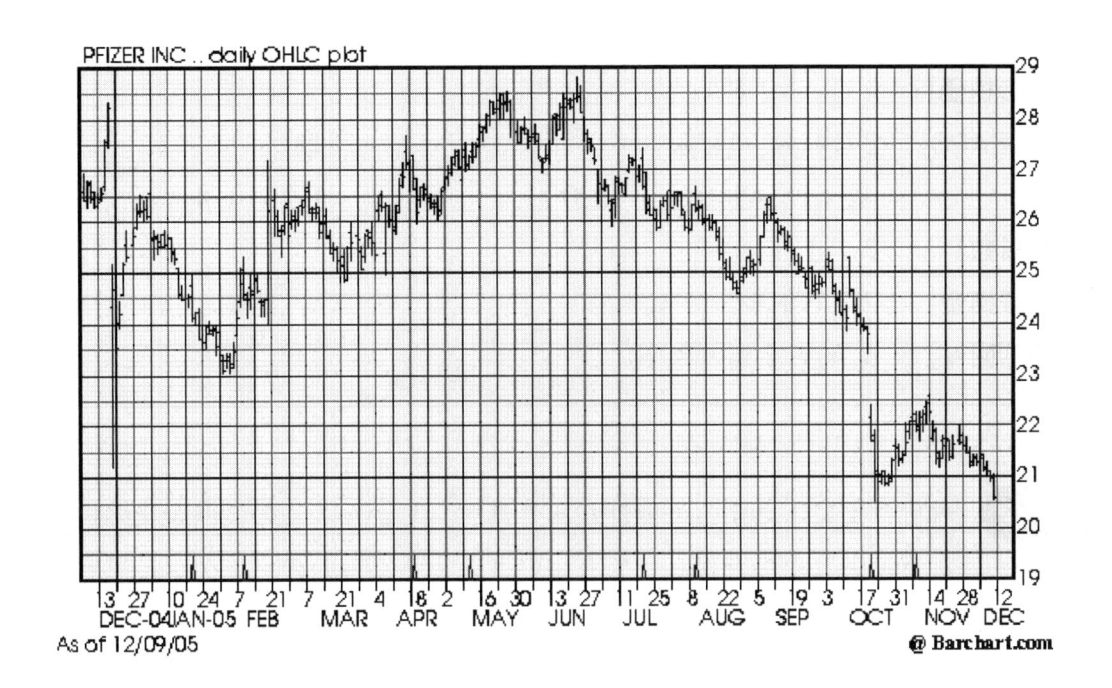

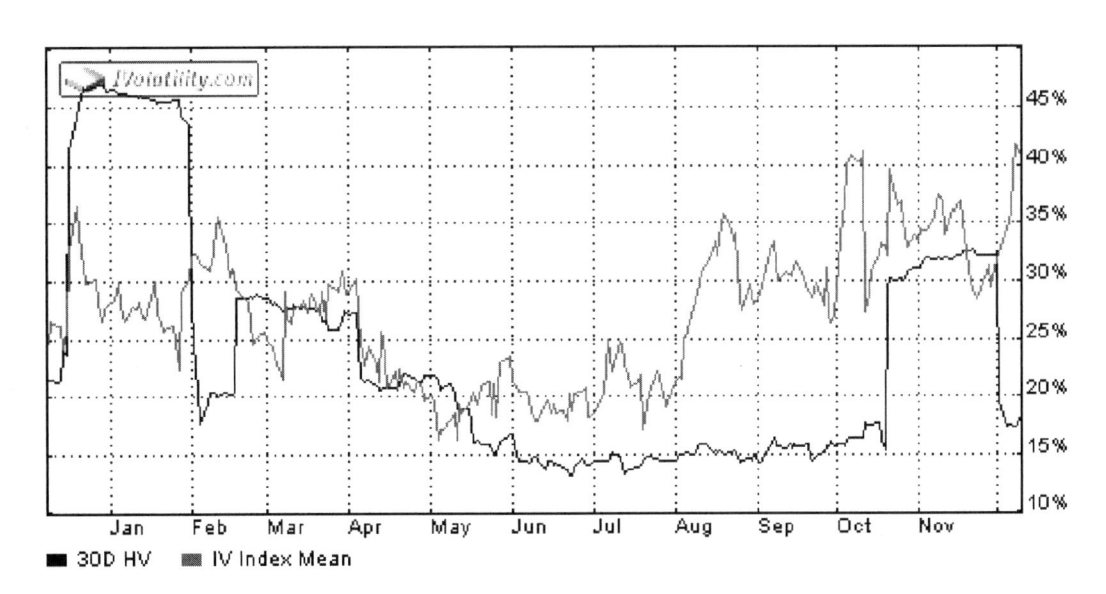

[2005.12.9]
＊＊株価の位置＊＊
　1年間のレンジを下に突き抜けて下落しています。

[現在の株価]　　２０．６０ドル
[対象LEAPS]　　２００８．1月限　　　　　　受取プレミアム
　　　　　　　　　　１５プット（＠１．２０）　　　１２０ドル
[残存日数]　　　７７１日
[必要証拠金]　　２７０ドル
[期待利回り]　　３７．８７％（年率）

コメント　株価は更に下落する可能性があります。しかし！この名門企業の株はプットが権利行使された場合保有してもいいと思えるくらいのバーゲンと思われます。分割でLEAPS・プットを売りたいと考えます。

LEAPS-12　VTRX（Vertex Pharmaceutical）
（ナスダック上場の薬品会社）

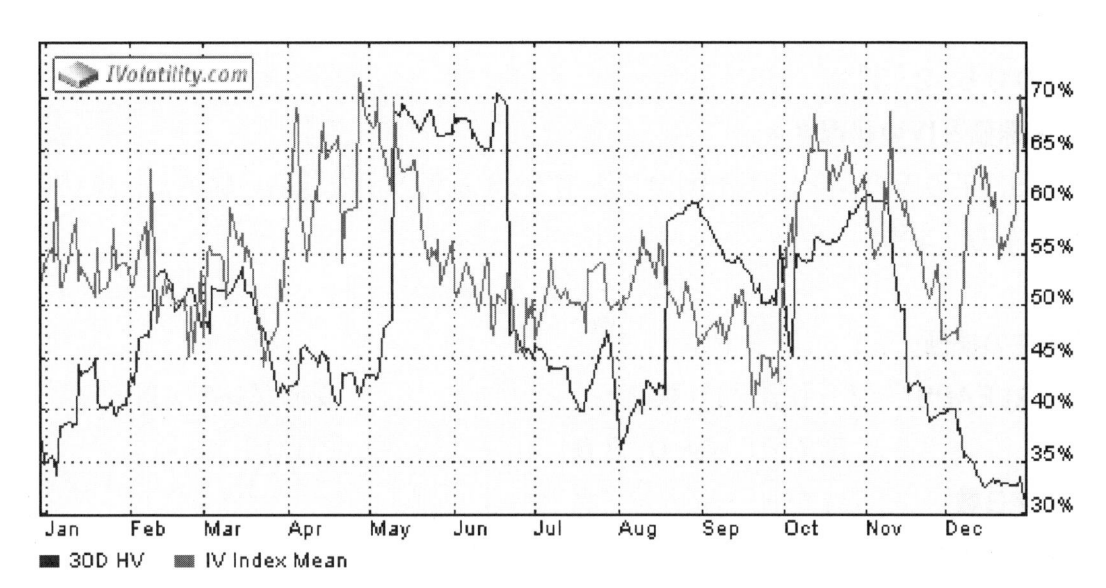

[２００５.１２.３０]

＊＊株価とIVの状況＊＊

IVは高くなっています。

[現在の株価]　２７.６７ドル
[対象LEAPS]　２００８.１月限　　　　　　受取プレミアム
　　　　　　　１０プット（＠０.７５）　　　７５ドル
[残存日数]　７５０日
[必要証拠金]　１７５ドル
[期待利回り]　３６.５０％（年率）

コメント　当戦略は完全にリスクと無縁ではありません。LEAPSプット売り戦略は、短期オプション売り戦略と異なり、ポジション調整を行わないので、分散（複数銘柄のポジション）が大切です。ファンダメンタルズについてはE＊TRADEでご確認ください。

LEAPS-13　HMY（Harmony Gold Mining Ltd.）
　　　　　　（金の鉱山発掘会社）

[２００６.２.３]
＊＊株価とIVの状況＊＊
　過去１年のIVのレンジは３９.４３〜６５.１６％とかなり高い銘柄で、現在も５２％あります。

[現在の株価]　　１７.７９ドル
[対象LEAPS]　　２００８.１月限　　　　　　受取プレミアム
　　　　　　　　　５プット（＠０.３０）　　　　３０ドル
[残存日数]　　　７１５日
[必要証拠金]　　８０ドル
[期待利回り]　　３０.６３％（年率）

コメント　金相場が盛り上がっているので取り上げました。

LEAPS-14　VRX（Valeant Pharmaceuticals）
　　　　　（薬品会社）

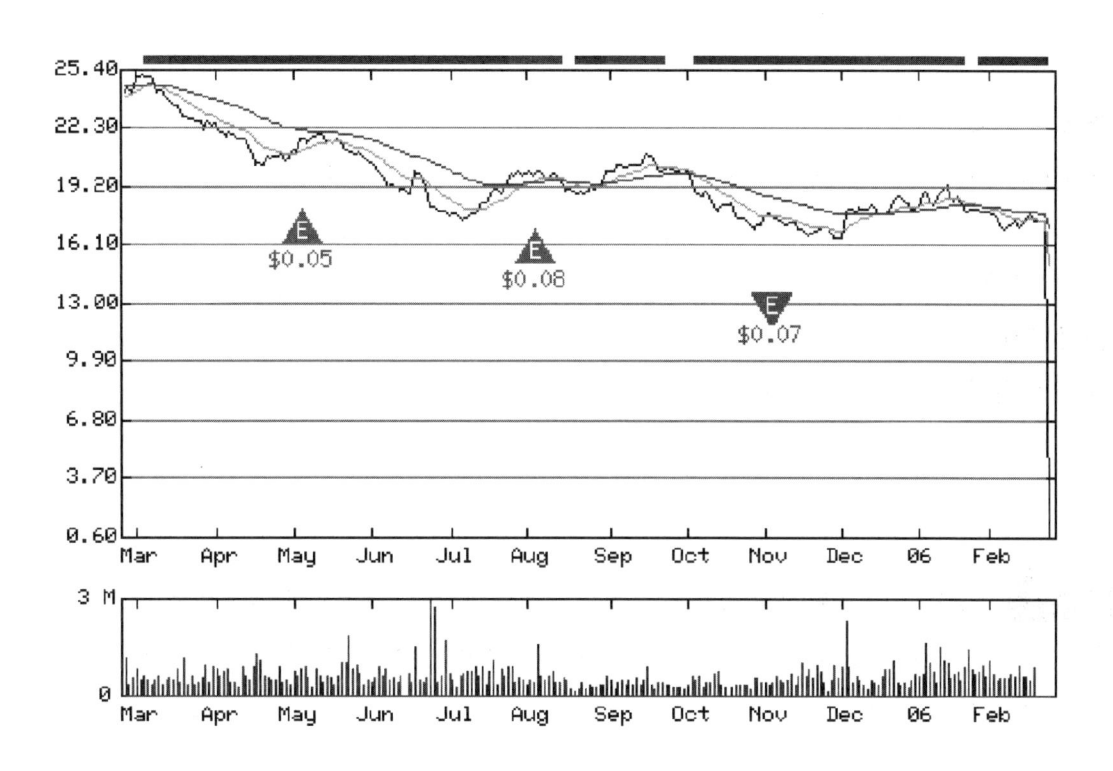

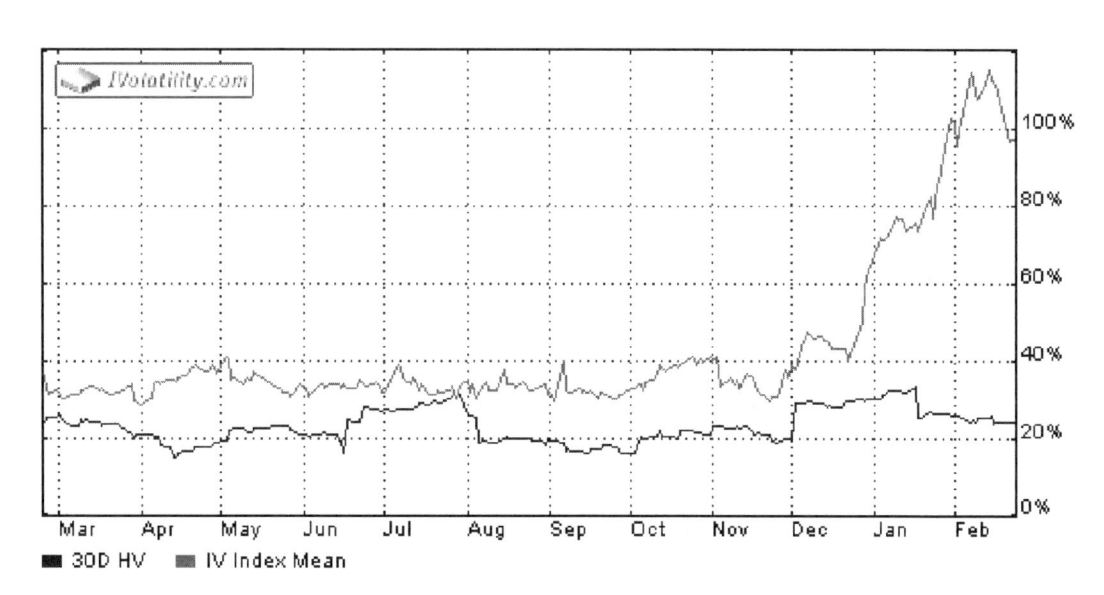

[2006.2.24]
＊＊株価とIVの状況＊＊

1月頃よりIVが非常に高くなっています。

[現在の株価]	１７．２０ドル	
[対象LEAPS]	２００８．１月限	受取プレミアム
	１０プット（＠１．１０）	１１０ドル
[残存日数]	６９４日	
[必要証拠金]	２１０ドル	
[期待利回り]	５７．８５％（年率）	

コメント　　ＶＲＸはＩＶが非常に大きく、魅力があり、再度の推奨ですが、それ相応のリスクがありますのでご注意ください。＊証拠金についてはＥ＊ＴＲＡＤＥで確認してください。

LEAPS-15　LEA（Lear Corporation）
（米国ミシガン州に本社のある自動車のインテリアデザイン関係の会社）

[２００６．３．３]
＊＊株価とIVの状況＊＊
現在のIVが６８．９４と高く魅力があります。

[現在の株価]　　１８．８６ドル
[対象LEAPS]　　２００８．１月限　　　　　　受取プレミアム
　　　　　　　　　１０プット（＠２．９５）　　　　２９５ドル
[残存日数]　　　６８７日
[必要証拠金]　　３９５ドル
[期待利回り]　　１５６％（年率）

コメント　2004年までは黒字でしたが、2005年に赤字転落です。ファンダメンタルズは良好とはいえません。当銘柄をあげたのはＩＶの高さから魅力度があるからです。ファンダメンタルズ的には相応のリスクがあります。「倒産リスク」を考慮しながらも長期戦略でLEAPSプット売りを実行したいと思います。

LEAPS-16　SIL（APEX SILVER MINE）
（シルバー（銀）の鉱山発掘会社）

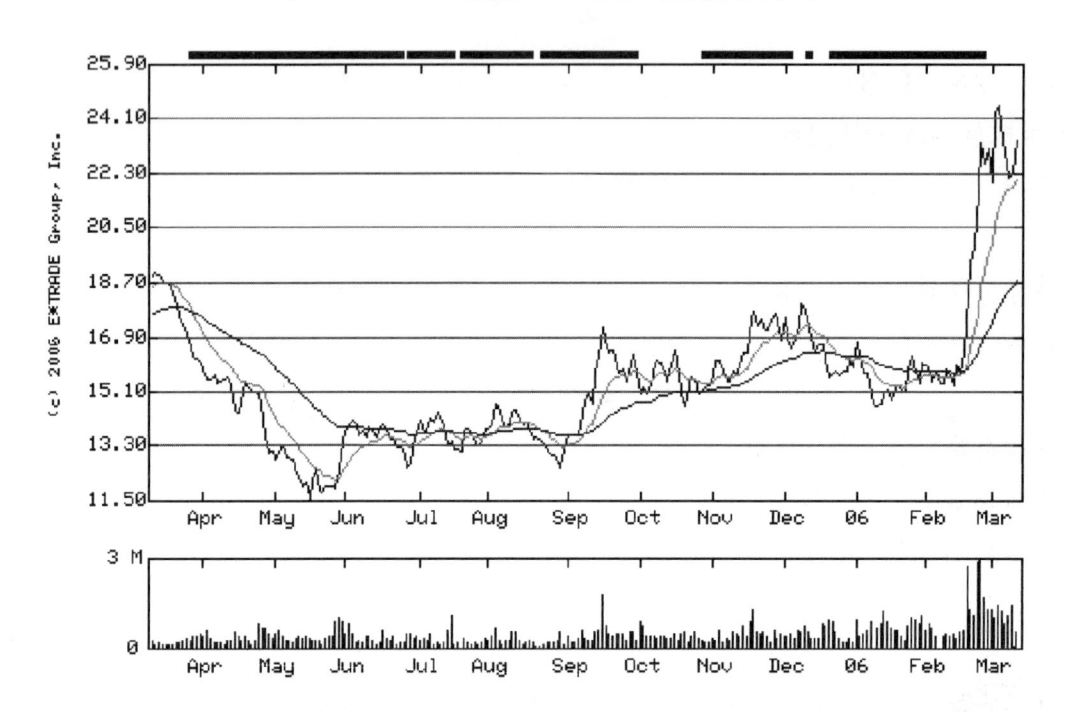

[２００６.３.１０]

＊＊株価とIVの状況＊＊

IVが５８.７１％あり魅力があります。

[現在の株価]　　２３.４０ドル
[対象LEAPS]　　２００８.１月限　　　　　　受取プレミアム
　　　　　　　　　１５プット（＠１.５０）　　１５０ドル
[残存日数]　　　６８０日
[必要証拠金]　　３００ドル
[期待利回り]　　５３.６８％　（年率）

コメント　相応のリスクがあります。

LEAPS−17　MYTAG CORP（MYG）
（NY証券取引所上場の家庭用品の製造販売会社）

Consensus EPS Estimate	This Qtr 03/2006	Next Qtr 06/2006	ThisFiscal Year 12/2006	Next Fiscal Year 12/2007
Avg Estimate (mean)	$-0.07	$-0.06	$0.14	$0.09
# of Estimates	4	4	4	3
Low Estimate	$-0.15	$-0.15	$-0.39	$-0.18
High Estimate	$0.01	$0.04	$1.00	$0.30
Year Ago EPS	$0.14	$0.07	$-0.22	$0.14
EPS Growth	−148.21%	−189.29%	165.91%	−35.63%
Consensus EPS Trend	This Qtr 03/2006	Next Qtr 06/2006	ThisFiscal Year 12/2006	Next Fiscal Year 12/2007
Current	$-0.07	$-0.06	$0.14	$0.09
7 days ago	$-0.07	$-0.06	$0.14	$0.09
30 days ago	$-0.07	$-0.06	$-0.14	$0.09
60 days ago	$-0.05	$-0.05	$0.14	$0.29
90 days ago	$-0.05	$-0.05	$0.42	$0.29
EPS Revisions − Last Week	This Qtr 03/2006	Next Qtr 06/2006	ThisFiscal Year 12/2006	Next Fiscal Year 12/2007
# estimates revised up	0	0	0	0
# estimates revised down	0	0	0	0
EPS Revisions − Last Month	03/2006	06/2006	12/2006	12/2007
# estimates revised up	0	0	0	0
# estimates revised down	0	0	0	0
Upcoming Earnings Release	This Qtr 03/2006	Next Qtr 06/2006	This Fiscal Year 12/2006	Next Fiscal Year 12/2007
Dates (approximate)	04/21/2006	07/21/2006	02/09/2007	00/00/0000

Quarterly Earnings	12/2004	03/2005	06/2005	09/2005	12/2005
Estimate EPS	$0.17	$0.21	$0.10	$0.00	$-0.10
Actual EPS	$0.08	$0.14	$0.07	$-0.21	$-0.31
Difference	$-0.09	$-0.07	$-0.03	$-0.21	$-0.21
% Surprise	−52.94%	−33.33%	−30.00%	na%	−210.00%

Earnings Growth	Last 5 years	This Fiscal Year	Next Fiscal Year	Avg Est Next 5 years	P/E (FY 12/2006)	PEG ratio
MYG Industry Rank: 2 of 4	−158.9%	165.9% (12/2006)	−35.6% (12/2007)	7.5%	120.1	16.01
INDUSTRY (APPLIANCE−HSHLD)	4.9%	13.9%	−4.6%	7.6%	40.9	6.41
SECTOR (CONSUMER DISCRETIONA)	−9.92%	92.10%	22.35%	16.73%	34.64	2.38
S&P 500	5.9%	11.9%	7.0%	na%	17.2	na

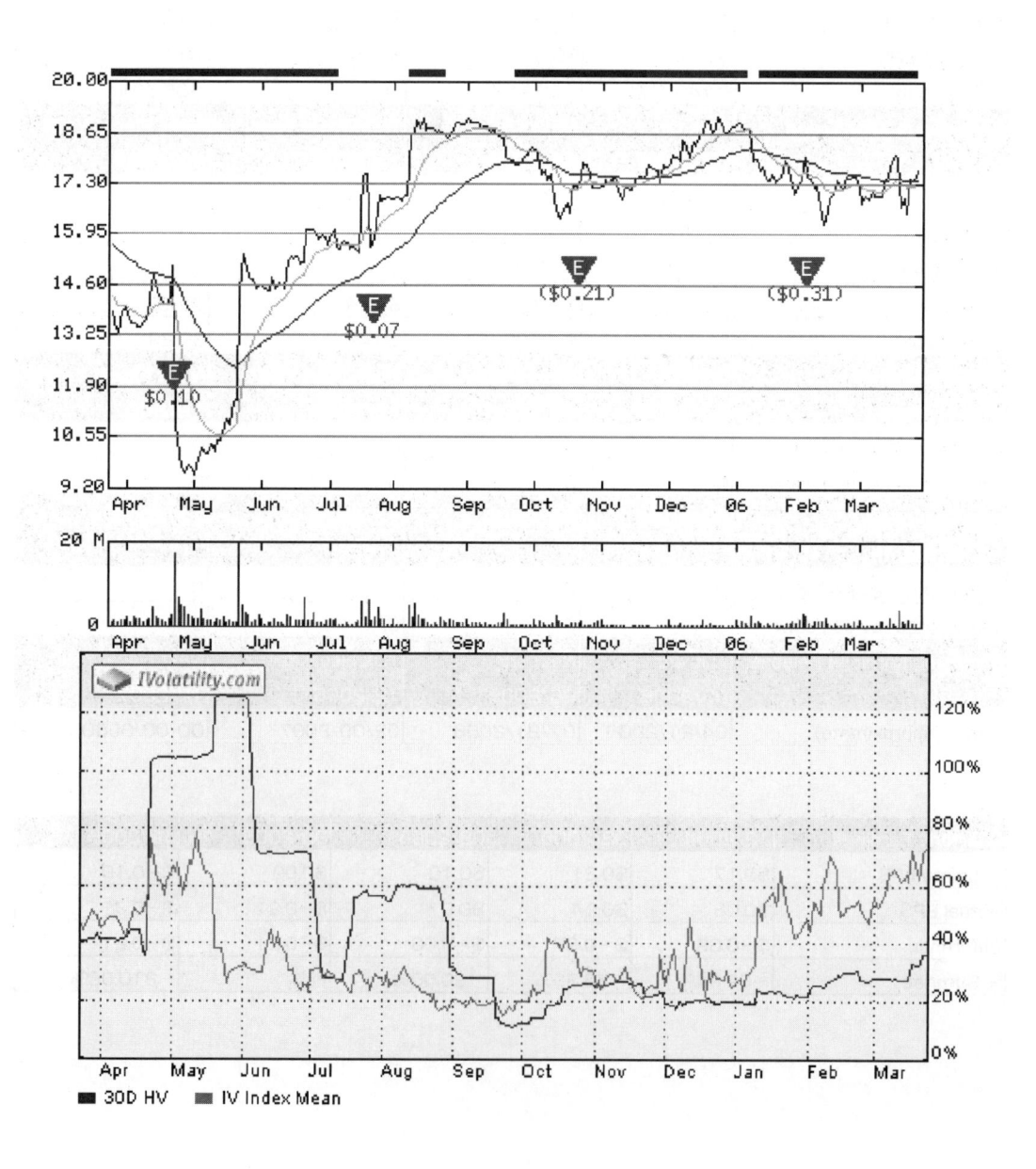

[２００６.３.２０]
＊＊株価とIVの状況＊＊
　IVが大きく７３．２６％です。

[現在の株価]　　１７．６４ドル
[対象LEAPS]　　２００８．１月限　　　　　　　受取プレミアム
　　　　　　　　１２．５プット（＠１．００）　　　１００ドル
[残存日数]　　　６７０日
[必要証拠金]　　２２５ドル
[期待利回り]　　４３．５８％（年率）

コメント　この四半期は赤字に転落ですが、前期までは利益をあげていました。その後、この会社はニューヨーク証券取引所上場会社Whirpool　Corporationに買収され、株価が急騰、プットオプションのプレミアムはあっという間に剥げました。

LEAPS-18　GFI（GOLD FIELDS LTD)
（金鉱山採掘会社）

Quarterly Earnings	12/2004	03/2005	06/2005	09/2005	12/2005
Estimate EPS	$0.06	$0.08	$0.05	$na	$0.10
Actual EPS	$0.03	$0.00	$0.07	$0.01	$0.08
Difference	$-0.03	$-0.08	$0.02	$na	$-0.02
% Surprise	-50.00%	-100.00%	40.00%	na%	-20.00%

Earnings Growth	Last 5 years	This Fiscal Year	Next Fiscal Year	Avg Est Next 5 years	P/E (FY 06/2006)	PEG ratio
GFI Industry Rank: 31 of 44	na%	218.3% (06/2006)	99.8% (06/2007)	30.5%	51.2	1.68
INDUSTRY (MINING -GOLD)	15.8%	32.6%	22.2%	16.6%	27.0	3.84
SECTOR (BASIC MATERIALS)	2.97%	22.37%	58.30%	12.92%	17.23	1.89
S&P 500	5.9%	12.2%	8.0%	na%	17.3	na

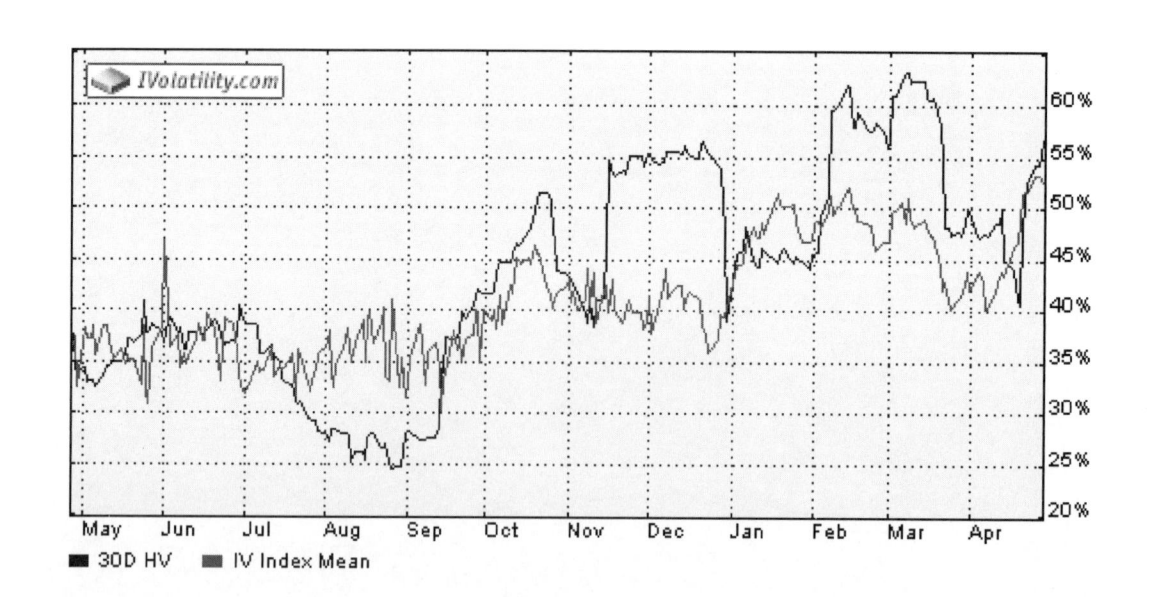

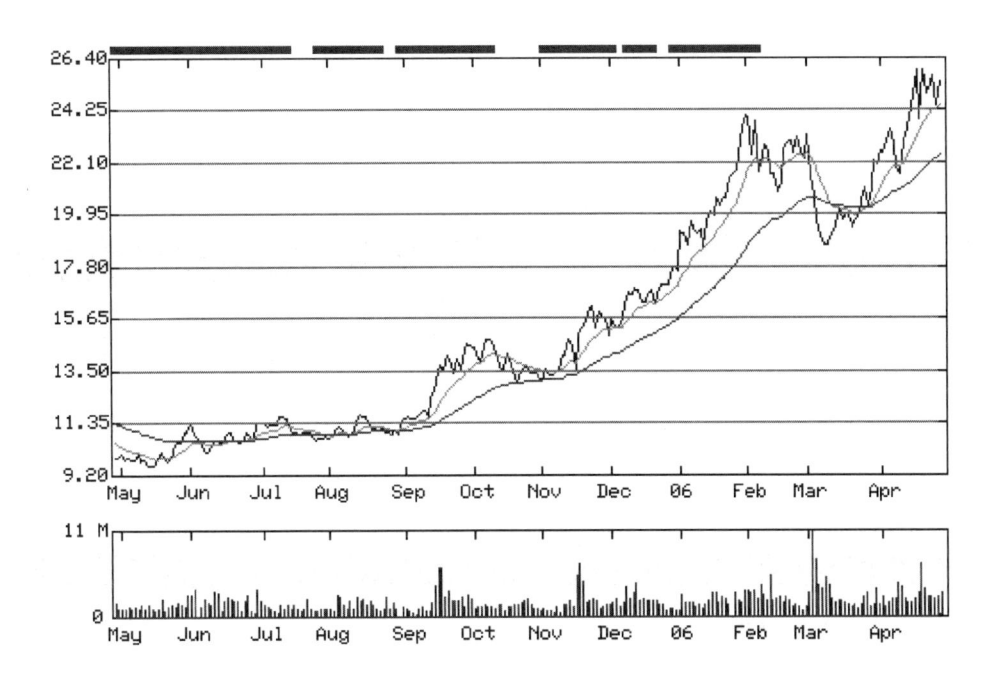

[２００６．４．２８]

＊＊株価とIVの状況＊＊

　株価は高値圏でのもみ合いが続いています。

　過去1年のIVのレンジは３９．４３～６５．１６％とかなり高い銘柄で、現在も５２．５９％あります。

[現在の株価]　　　２５．３９ドル
[対象LEAPS]　　　２００８．１月限　　　　　　　受取プレミアム
　　　　　　　　　　１７．５プット（＠１．４０）　　　１４０ドル
[残存日数]　　　　６３１日
[必要証拠金]　　　３１５ドル
[期待利回り]　　　４６．２８％（年率）

コメント　　金価格上昇により業績が改善しており、商品市況が堅調であることから取り上げました。

LEAPS-19 ENZO Biochem Inc. (ENZ)
(NYSE上場のバイオ化学会社)

Price History

	2006	2005	2004	2003	2002
High Price	13.95	19.55	20.66	27.30	22.59
Low Price	11.55	12.35	11.14	10.43	10.06
Year End Price	—	12.42	19.47	17.06	12.70
Dividend Yield	—	0.00	0.00	0.00	0.00

Growth Ratws

	1Year	3Years	5Years
Sales%	4.222	−7.032	0.258
EPS%	148.972	−23.313	−14.608
Dividend%	—	—	—

Revenue

Quarters	2006	2005	2004	2003
Q1	10.165	10.301	10.273	17.356
Q2	10.116	11.235	11.028	13.112
Q3	—	11.00	11.765	11.64
Q4	—	10.867	8.578	10.659
Totals	20.281	43.403	41.644	52.767

Earning Per Shere

Quarters	2006	2005	2004	2003
Q1	−0.102	0.213	−0.01	0.115
Q2	−0.138	−0.016	−0.046	−0.045
Q3	—	−0.047	−0.015	0.039
Q4	—	−0.063	−0.104	−0.079
Totals	−0.24	0.088	−0.175	0.12

第3章　LEAPS成功のコツ

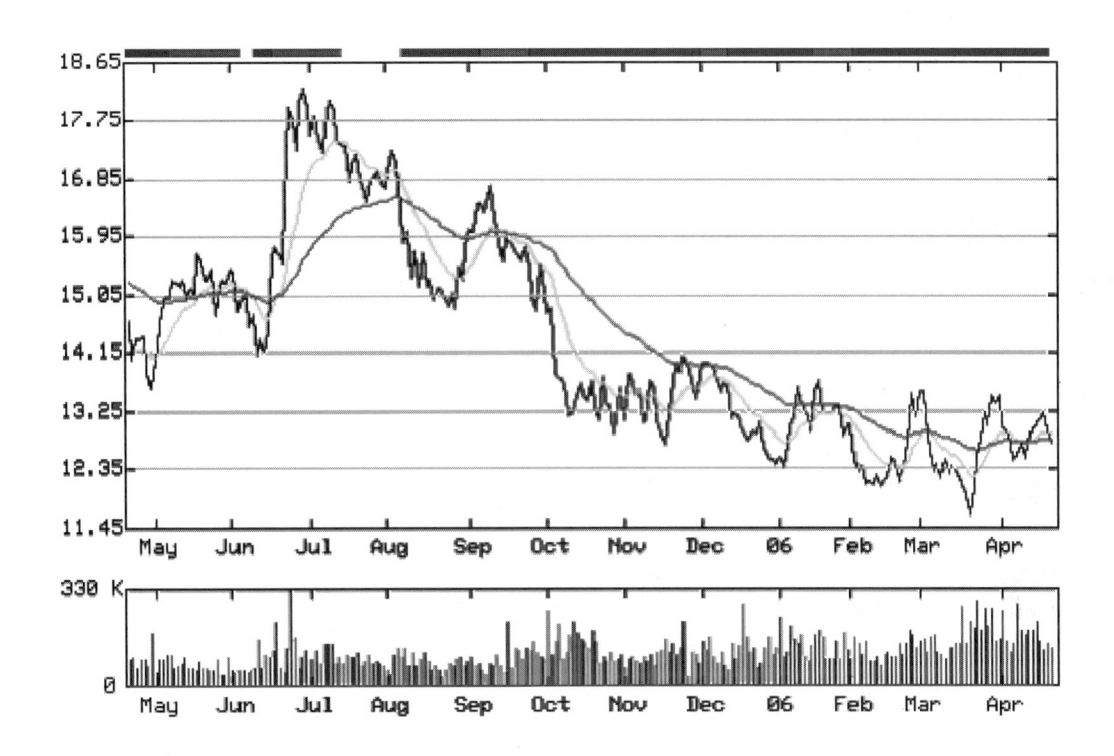

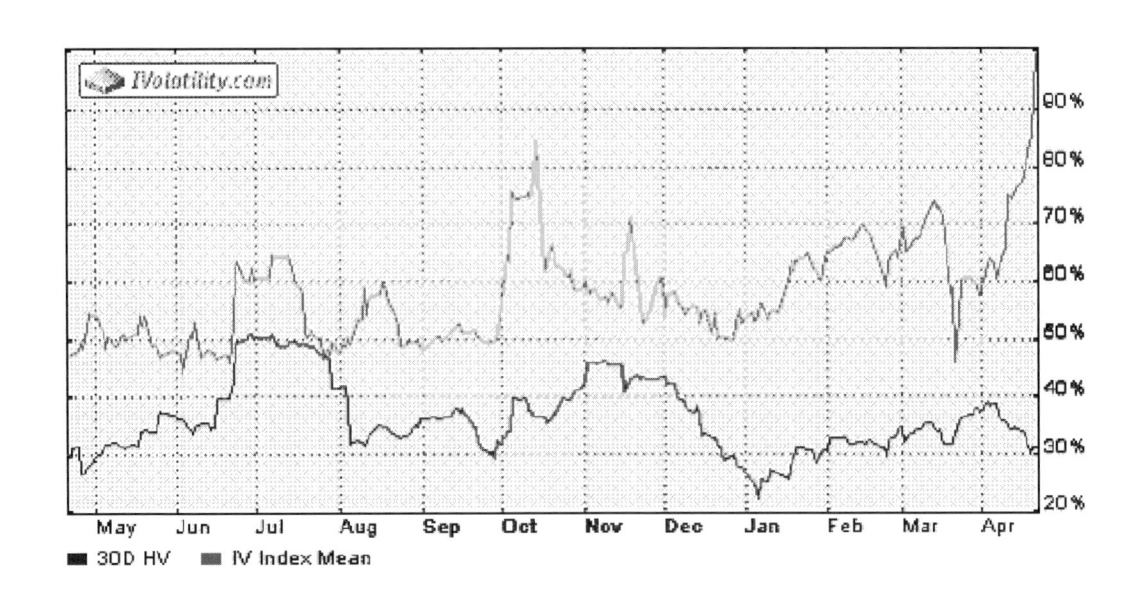

171

[２００６．４．２１]
＊＊株価の位置＊＊
1年間のレンジのほぼ最低レベルでのもみ合いです。

[現在の株価]　　１２．７６ドル
[対象LEAPS]　　２００８．１月限　　　　　　受取プレミアム
　　　　　　　　　１０プット（＠１．４５）　　　１４５ドル
[残存日数]　　　６３８日
[必要証拠金]　　２５２ドル
[期待利回り]　　７７．６７％（年率）

コメント　この銘柄はIVが異常に高く、過去30日間のHVは30％台です。株価の水準が低く、しかも上下によく動くことが、IVが高い理由だと思います。本来、このようにIVが異常に高い銘柄は倶楽部の趣旨に反するのですが、あえて取り上げてみました。実際にトレードする方は、それ相応のリスクがあることを認識してください。

LEAPS-20　GFI（GOLD FIELDS LTD）
　　　　　（金鉱山採掘会社）

※金価格上昇により業績が改善しており、商品市況が堅調であることから取り上げました。

Quaterly Earnings	12/2004	03/2005	06/2005	09/2005	12/2005
Estmate EPS	$0.06	$0.08	$0.05	$na	$0.010
Actual EPS	$0.03	$0.00	$0.07	$0.01	$0.08
Difference	$-0.03	$0.08	$0.02	$na	$-0.02
% Suprise	-50.00%	-100.00%	40.00%	na%	-20.00%

Earnings Growth	Last 5 Years	This Fiscal Year	Next Fiscal Year	Avg Next 5 Years	P/E	PEG ratio
GFI Industry Rank:31of44	na%	218.3%	99.8%	30.5%	51.2	1.68
INDUSTRY (MINING-GOLD)	15.8%	32.6%	22.2%	16.6%	27.0	3.84
SECTOR (BASIC MATERIALS)	2.97%	22.37%	58.30%	12.92%	17.23	1.89
S&P 500	5.9%	12.2%	8.0%	na%	17.3	na

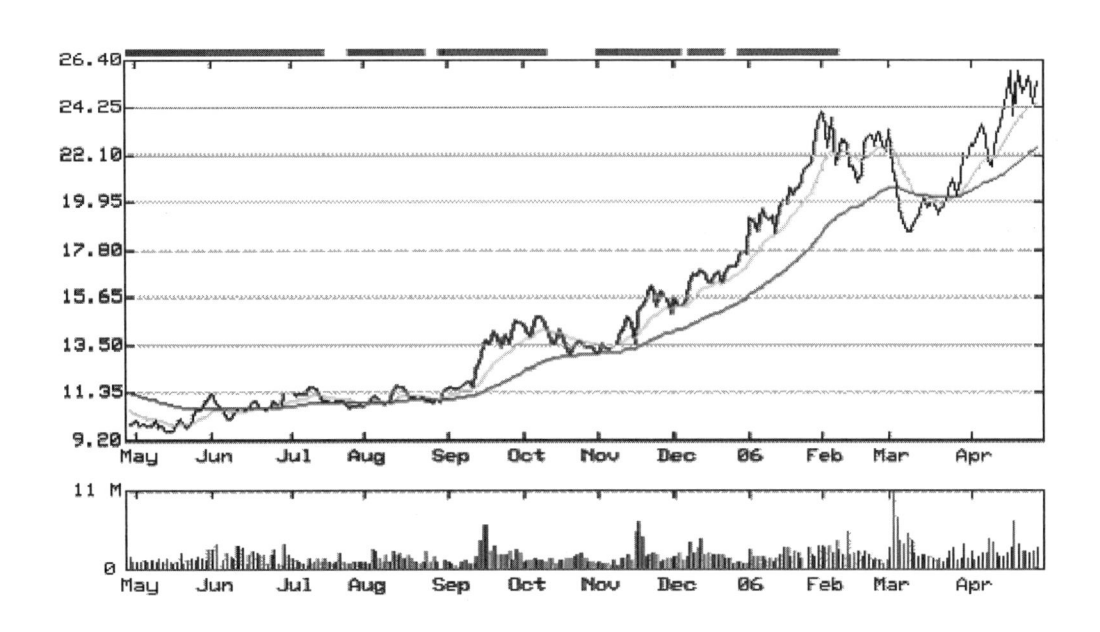

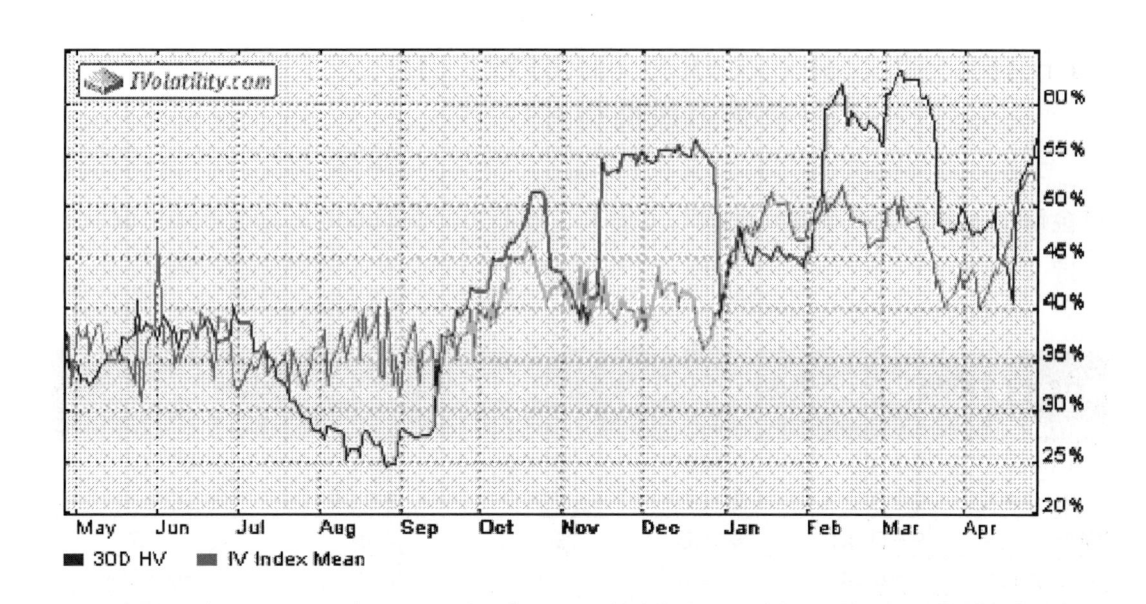

[２００６．４．２８]
＊＊株価の位置＊＊
　　１年間のレンジの最高値付近でもみ合っています。

[現在の株価]　　２５．３９ドル
[対象LEAPS]　　２００８．１月限　　　　　　　受取プレミアム
　　　　　　　　　　１７．５プット（＠１．４０）　　　　１４０ドル
[残存日数]　　　６３１日
[必要証拠金]　　３１５ドル
[期待利回り]　　４６．２８％（年率）

コメント　　金相場の影響を受け易い銘柄です。

LEAPS-21　APEX SILVER MINES（SIL）
　　　　　（銀採掘会社）

　現在、銀相場がにぎわっており、商品相場の活況のサイクルに入ってこの流れは当分続くであろうという想定の下に当銘柄を取り上げました。

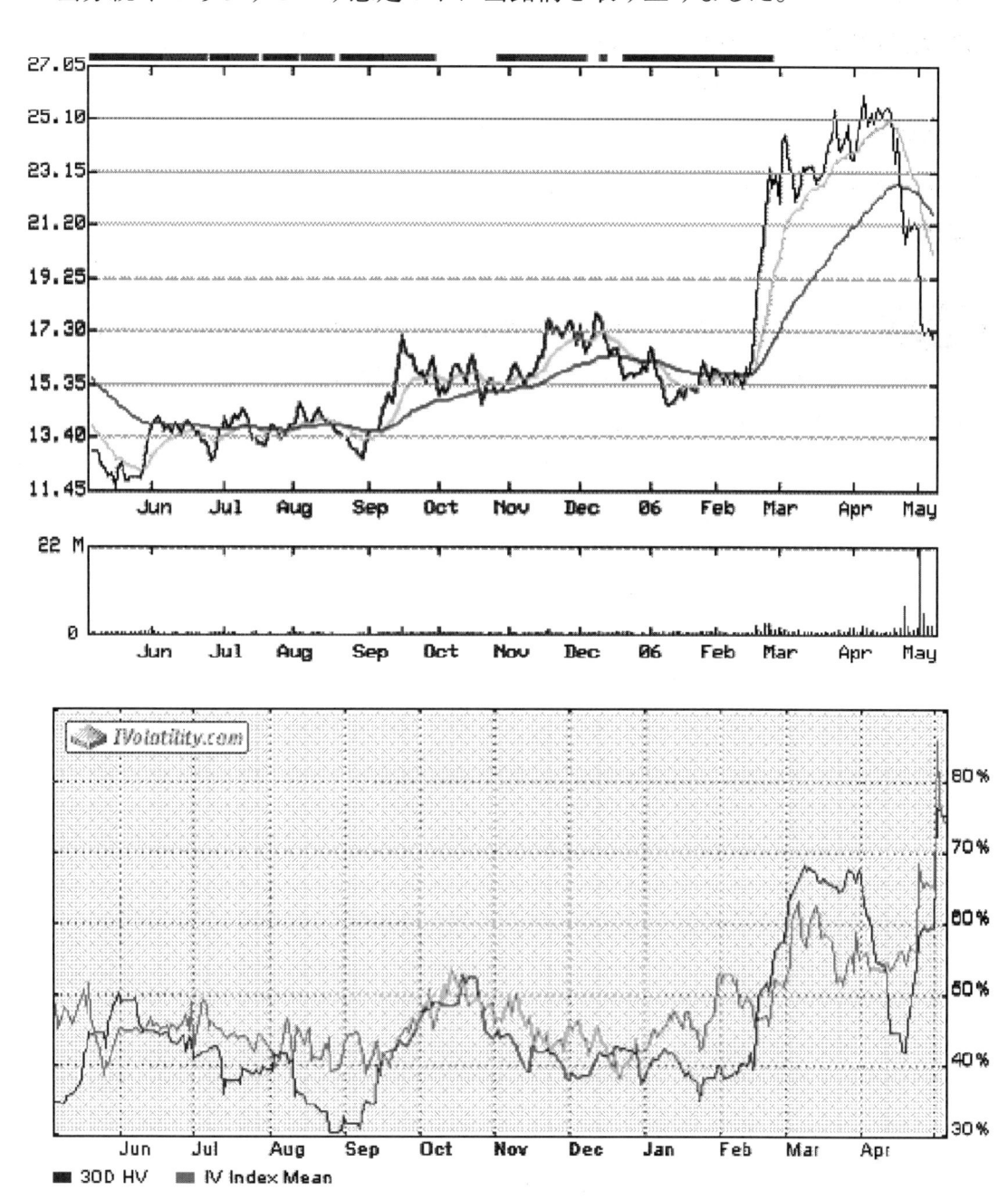

[２００６．５．５]
＊＊株価の位置＊＊
　４月の高値から3割強下げています。

[現在の株価]　　１７．１５ドル
[対象LEAPS]　　２００８．１月限　　　　　　受取プレミアム
　　　　　　　　　１０プット（＠１．００）　　　　１００ドル
[残存日数]　　　６２４日
[必要証拠金]　　２００ドル
[期待利回り]　　５８．４９％（年率）

コメント　IVが非常に高く、相応のリスクがありますのでご注意ください。会社は現在「赤字」ですが、市況により回復が期待されているようです。E＊TRADEの業績でご確認ください。

LEAPS-22　HPQ（ヒューレッドパッカード）
（PCや計算機で知られる米国名門企業）

Conensas EPS Estimate	This Qtr 04/2006	Next Qtr 07/2006	This Fiscal Year 10/2006	Next Fiscal Year 10/2007
Avg Estimate (mean)	$0.48	$0.42	$1.94	$2.21
# of Estimates	20	17	21	21
Low Estimate	$0.44	$0.36	$1.80	$2.00
High Estimate	$0.50	$$0.46	$2.01	$2.40
Year Ago EPS	$0.37	$0.36	$1.62	$1.94
EPS Growth	29.73%	17.16%	19.64%	13.81%
Consensus EPS Trend	This Qtr 04/2006	Next Qtr 07/2006	This Fiscal Year 10/2006	Next Fiscal Year 10/2007
Current	$0.48	$0.42	$1.94	$2.21
7 days ago	$0.48	$0.42	$1.94	$2.21
30 days ago	$0.48	$0.43	$1.94	$2.21
60 days ago	$0.48	$0.43	$1.94	$2.20
90 days ago	$0.45	$0.41	$1.83	$2.12

[２００６．５．１２]
＊＊株価の位置＊＊
1年間のレンジでは高値圏でのもみあいの中で下がったところです。

[現在の株価]　　３２．００ドル
[対象LEAPS]　　①２００８．１月限　　　　　　受取プレミアム
　　　　　　　　　２５プット（@１．５０）　　　　１５０ドル
　　　　　　　　②２００８．１月限
　　　　　　　　　２０プット（@０．６０）　　　　　６０ドル
[残存日数]　　　６１７日
[必要証拠金]　　①４１０ドル
　　　　　　　　②３５０ドル
[期待利回り]　　①３４．１３％（年率）　②４４．３７％（年率）

コメント　名門企業のLEAPSの一つはポートフォリオに入れておきたい。

LEAPS-23　ナスダック100（Q's）

今回指数のナスダック100（Q's）をLEAPSに取り上げます。株価が急落してLEAPSに魅力が出てきました。

[２００６．５．１９]
＊＊株価の位置＊＊
　株価が急落してLEAPSの魅力が増しました。

[現在の株価]	３９．３０ドル	
[対象LEAPS]	２００８．１月限	受取プレミアム
	２８プット（＠０．５０）	５０ドル
[残存日数]	６１０日	
[必要証拠金]	３３０ドル	
[期待利回り]	１０．６９％（年率）	

コメント　LEAPSは株価変動予測に基づいていません。淡々と仕掛けて長期に保有し、時間価値の減少を待つだけです。しかし、プレミアムは当然株価変動の影響を受けます。資金に余裕があれば何もしません。しかし、資金をフルに回転させているなら証拠金不足になることもありますので、いったん損切して建て直します。オーソドックスな手ではありませんが、一時的にコールを売って急場をしのぐ手もあります。

第4章 OPS

Option Purchase Spread

オプションを用いて異なる銘柄（市場）のコールとプットを買い、そのスプレッドをとる優れた買い戦略

■**株式サヤ取り、との違いは**
- ●リスクが限定されている
- ●小資金で始められ、先物よりリスクが低い

■**適している取引対象**
- ●株式オプションITMの買いの組み合わせ
- ●TボンドとTノート・オプション買いの組み合わせ
- ●ＣＢＯＴ小麦とコーンオプション買いの組み合わせ
- ●ユーロドル金利先物オプション買いの組み合わせ

■**先物と大きく異なる点**
- ●スプレッドの方向と逆を仕掛けても、相場が大きく変動すれば利益を得ることできる

ポイント①

ポジションをとるときに想定していたレンジが崩れてしまった場合
⇒ただちにポジションを解消するか、
別のポジションをとる

コメント 積極的に大きなトレンドを追いかけるのではなく、消極的に大きなトレンドに逆らわない、という**リスク管理**のためです。

ポイント②

ポジションをとる時点で利食い、損切りにかかわらず、どのポイントでポジションを解消するか、あるいはポジションを変更するかを決めておく。

コメント あらかじめ想定したレンジラインを参考に決めるのが妥当です。

ポイント③

ポジションをとるとき、リスクが同じなら収益の高い方を選び、収益が同じならリスクの低いポジションをとる。

コメント 自分のリスク許容度を認識し、それに見合ったリスクとリウォード（収益）をあらかじめ決めておくことが必要です。

ETFオプションを用いたスプレッド取引

OPS-1　SPY(S&P500)とQQQQ(ナスダック100)(1:3)

[2006.1.6]
　下図の棒グラフはSPY（S&P500）とQQQQ（ナスダック100）のスプレッドを表しています。
　比率はSPY：QQQQ=1：3、つまり、SPYの株価－QQQQの株価×3です。

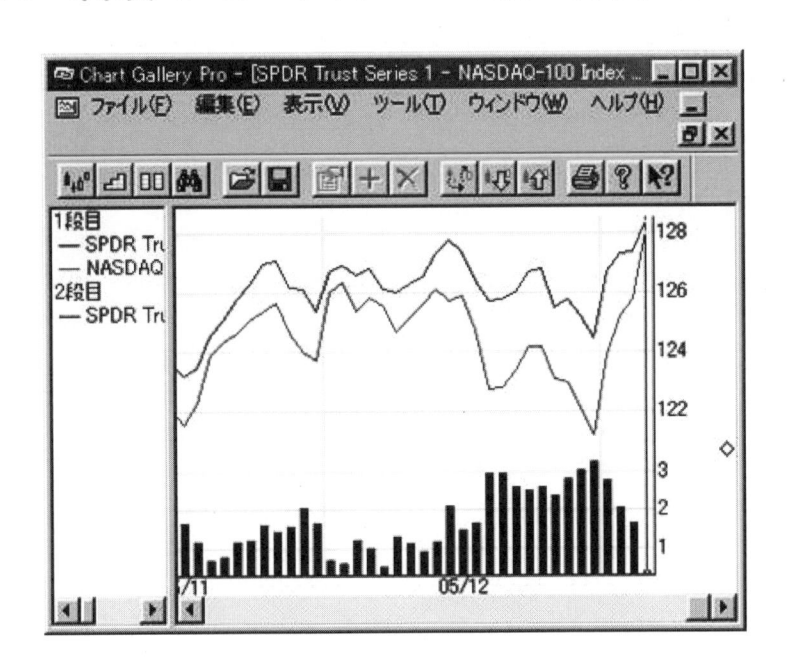

［状況］
　スプレッドが3ドル超（ピーク）から1ドル以下に縮小しました。
［戦略］
　今後拡大する方向に仕掛けます。
［仕掛けの内容］
　SPYコールの買い──QQQQプットの買い（1枚：3枚）
　選択する限月⇒2006年2月限を選択←当限は2006年1月限で残存日数が少ないため
　権利行使価格⇒"デルタ"の高いITMが対象

[例]
　　2月限SPY120－コール買い1枚＠9.20ドル
　　2月限QQQQ45－プット買い3枚＠2.40ドル×3＝7.20ドル
　　　　　　合計支払いプレミアム：16.40ドル

[利益になるのは]
合計プレミアムが16.40ドルを超えたとき
（但し、手数料は省いて計算しています。）

コメント　通常の株式サヤ取りと異なり、このオプションを用いたスプレッド取引は「リスク限定型」

OPS-2　ＳＰＹ-ＱＱＱＱ（１：３）

[２００６.３.３]

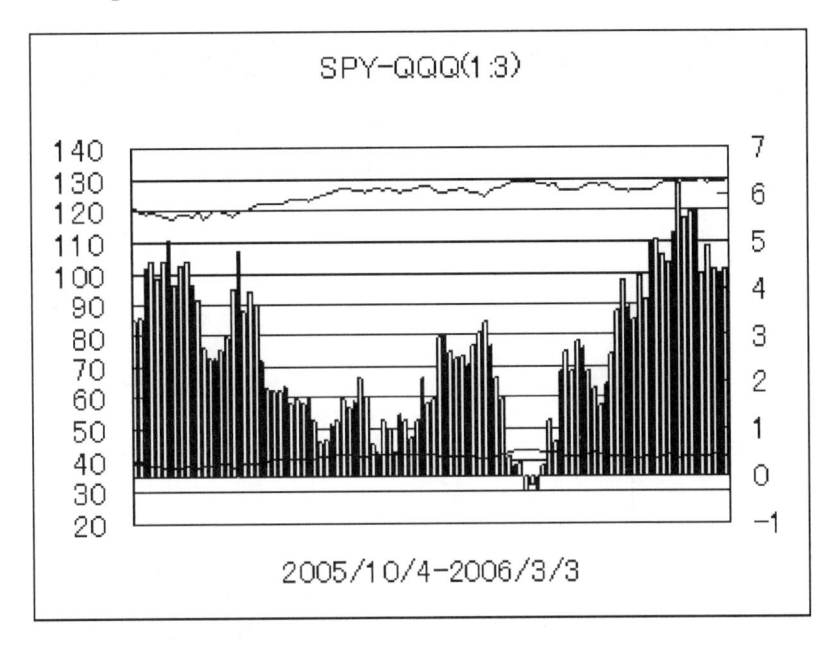

```
          SPY-QQQ(1:3)
    2005/10/4-2006/3/3
```

[状況]

　スプレッドがまだ高値近辺に止まったままです。

[戦略]

　今後縮小する方向に仕掛ける

[仕掛けの内容]

　SPYプットの買い──QQQQコールの買い（1枚：3枚）

　選択する限月⇒2006年４月限を選択

　権利行使価格⇒"デルタ"の高いITMが対象

OPS-3　SPY-QQQQ（1：3）

[2006.3.23]

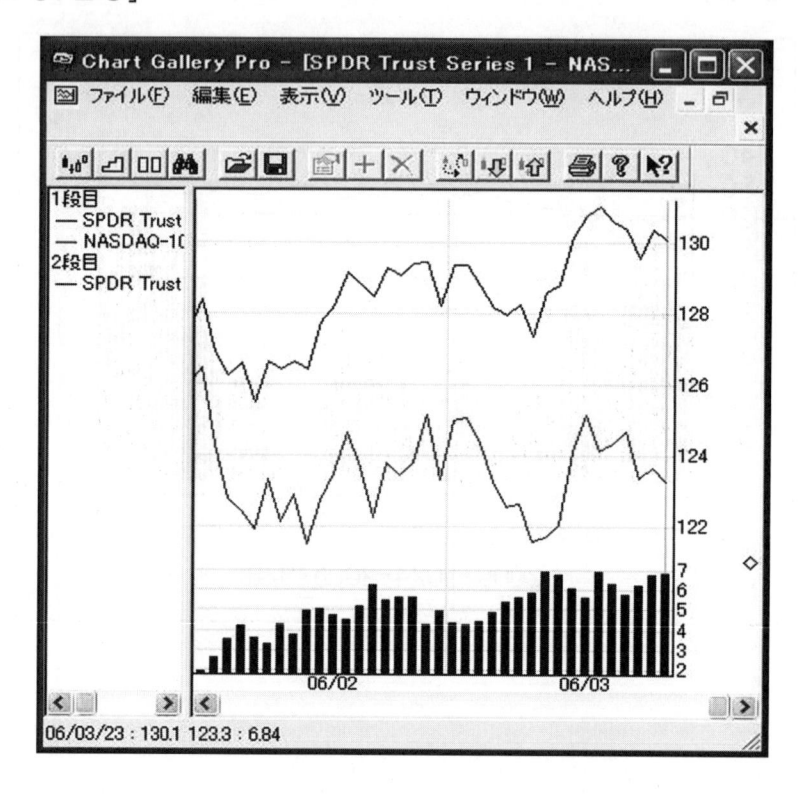

[状況]

　　スプレッドは引き続き7ドル近くに張り付いています。

[戦略]

　縮小方向に仕掛けます。

ポジションを保有している人は継続です。

[仕掛けの内容]

SPYプットの買い──QQQQコールの買い（1枚：3枚）

選択する限月⇒2006年4月限を選択←当限は2006年3月限で残存日数が少ないため

権利行使価格⇒"デルタ"の高いITMが対象

コメント　やや長期戦の様子に見えます。

[2006.3.30]
1週間後
ＳＰＹ－ＱＱＱＱ（１：３）

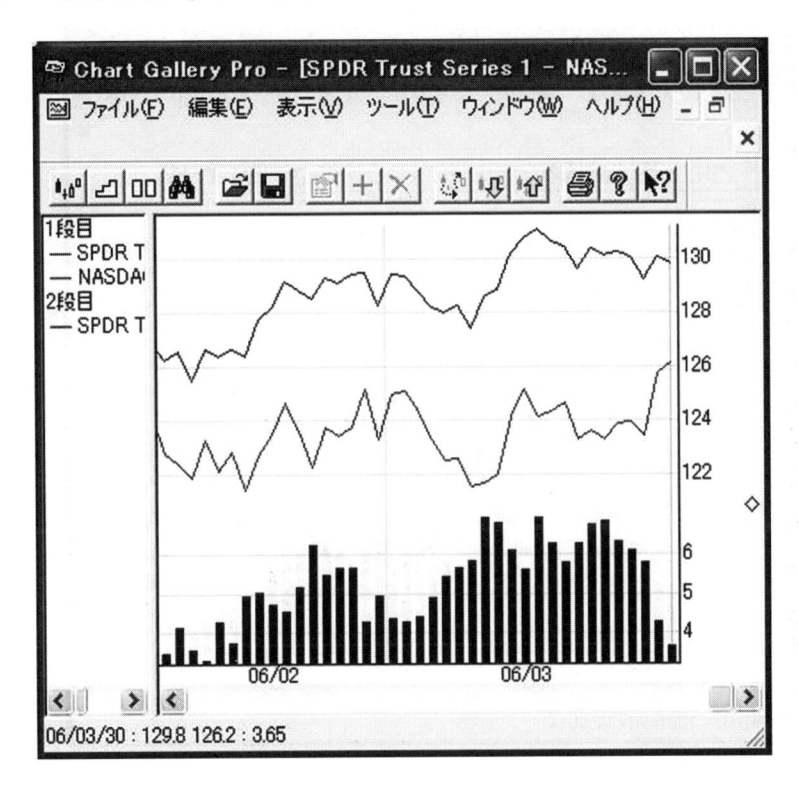

[状況]

スプレッドが予想どおり縮小しました。

[戦略]

利益を確定

コメント　先週やや長期戦になりそうだと申し上げましたが、あっと言う間に縮小しました。

この組合せはＳＰＹプット――ＱＱＱＱコール（スプレッド拡大）の方が仕掛けやすいのです。

OPS－4　ＳＰＹ－ＱＱＱＱ（１：３）

［２００６.４.７］

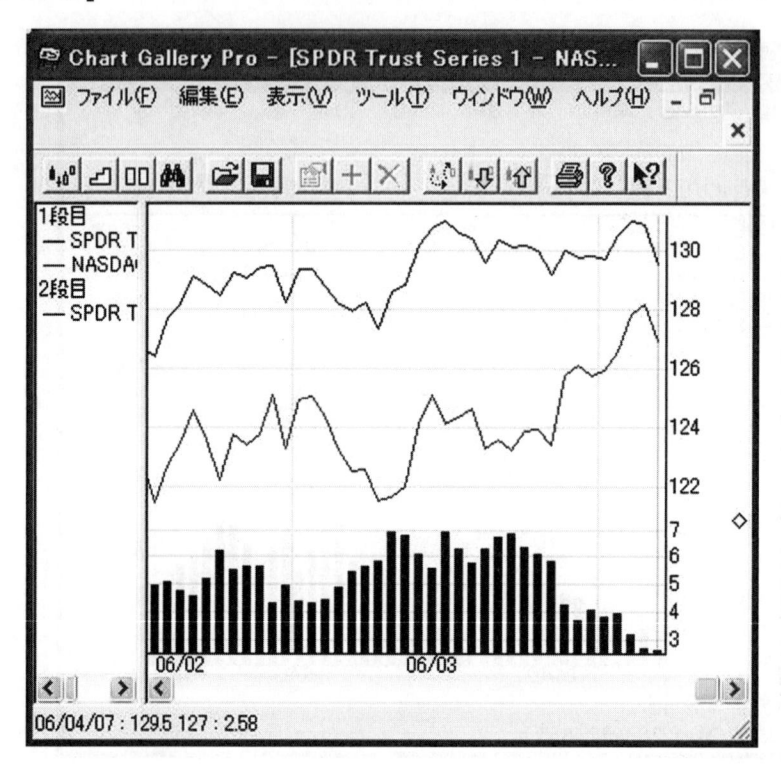

[状況]

スプレッドが３ドル以下に縮小しました。

[戦略]

反転確認後、今後拡大する方向に仕掛けます。

[仕掛けの内容]

SPYコールの買い――QQQQプットの買い（1枚：3枚）

選択する限月

⇒2006年5月限を選択

権利行使価格

⇒"デルタ"の高いITMが対象

コメント　スプレッドが反転してからで間にあいますので、じっくりチャンスを待ちましょう。

OPS-5　ＳＰＹ-ＱＱＱＱ（1：3）

[２００６.４.１３]

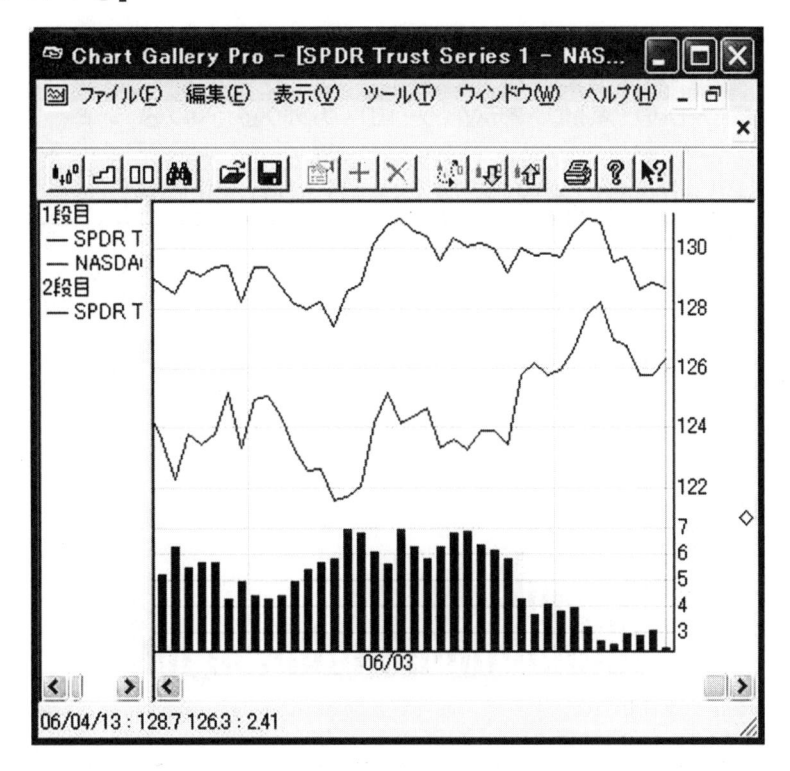

[状況]

　スプレッドが過去の推移と較べて小さくなっています。

[戦略]

　今後拡大する方向に仕掛けます。

[仕掛けの内容]

　ＳＰＹコールの買い――QQQQプットの買い（1枚：3枚）

　選択する限月⇒5限月

　権利行使価格

　⇒"デルタ"の高いITMが対象

コメント　スプレッドの縮小がとまらないうちは仕掛けません。反転するまで待ちましょう。

OPS-6　SPY-QQQQ（1：3）

[2006.4.27]

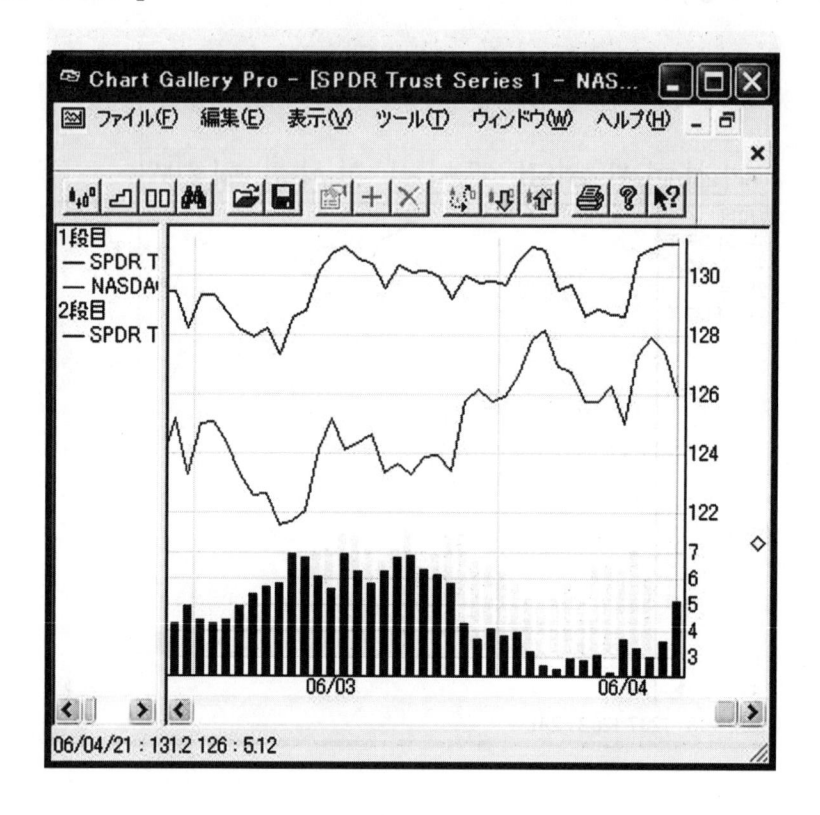

[状況]

　スプレッドが中途半端な位置にあります。

[戦略] ①

　スプレッドが7ポイントに向かったら確認後、逆張りで仕掛けます。

[仕掛けの内容]

　SPYプットの買い──QQQQコールの買い（枚数は1：3）

　選択する限月⇒5限月

　権利行使価格⇒"デルタ"の高いITMが対象

[戦略] ②
　スプレッドが2ポイントに向かったら確認後、仕掛けます。
[仕掛けの内容]
　ＳＰＹコールの買い──ＱＱＱＱプットの買い（枚数は1：3）
　選択する限月⇒5限月
　権利行使価格⇒"デルタ"の高いITMが対象

債券先物オプションを用いたスプレッド取引

OPS-7　Tボンド──Tノート

[2006.1.27]
　下のチャートは、米国Tボンド先物3月限価格からTノート先物3月限の価格を指し引いたスプレッドの動きを示したものです。

■通常の先物のサヤ取りの場合

［予想］⇒［戦略］
　スプレッドが低い方向に変動する（縮小する）
⇒Tボンド先物を売ってTノート先物を買う
　スプレッドが高い方向へ変動する（拡大する）
⇒Tボンド先物を買ってTノート先物を売る

■オプションで仕掛ける場合⇒仕掛けの基本は"順張り"

[予想] ⇒ [戦略]
　スプレッドが低い方向に変動する（縮小する）
→Tボンド・プットの買い＋Tノート・コールの買い
　スプレッドが高い方向へ変動する（拡大する）
→Tボンド・コールの買い＋Tノート・プットの買い
＊通常当限のATMまたはITMを選ぶ

コメント　オプション買い戦略を用いたスプレッド取引なので、先物よりリスクが低く、心理的に仕掛けやすい。また、スプレッドが思惑の方向に動かない場合は、オプションを売却し損切りを行います。

OPS-8　Ｔボンド──Ｔノート

[２００６.３.１０]
＊チャートは2006年6月限度Ｔボンド先物価格とＴノート先物価格のサヤを表しています。

USM06 - TYM06 Daily Spread

[状況]
　スプレッドが5ドル超（直近のピーク）から3ドル半に接近してきました。

[戦略]
　今後拡大する方向に仕掛けます。

[仕掛けの内容]
　Ｔボンド・プットの買い──Ｔノート・プットの買い（枚数は1：1）
　選択する限月
　⇒2006年4月限を選択←当限は2006年3月限で残存日数が少ないため
　権利行使価格
　⇒"デルタ"の高いITMまたはＡＴＭが対象

OPS-9　Tボンド──Tノート

[２００６．３．１７]

USM06 - TYM06 Daily Spread

[状況]

　スプレッドはまだ下降気味

[戦略]

　しばらく様子を見ます。反転すれば仕掛けます。

[仕掛けの内容]

　Tボンド・コールの買い──Tノート・プットの買い

　選択する限月

　⇒同限月で３０～４５日間の残存期間のあるもの

　権利行使価格

　⇒"デルタ"の高いITMが対象

コメント　反転が近く、そうなればチャンス到来。あくまで反転を確認してからの仕掛けです。

OPS-10　Tボンド──Tノート

[２００６．３．２４]

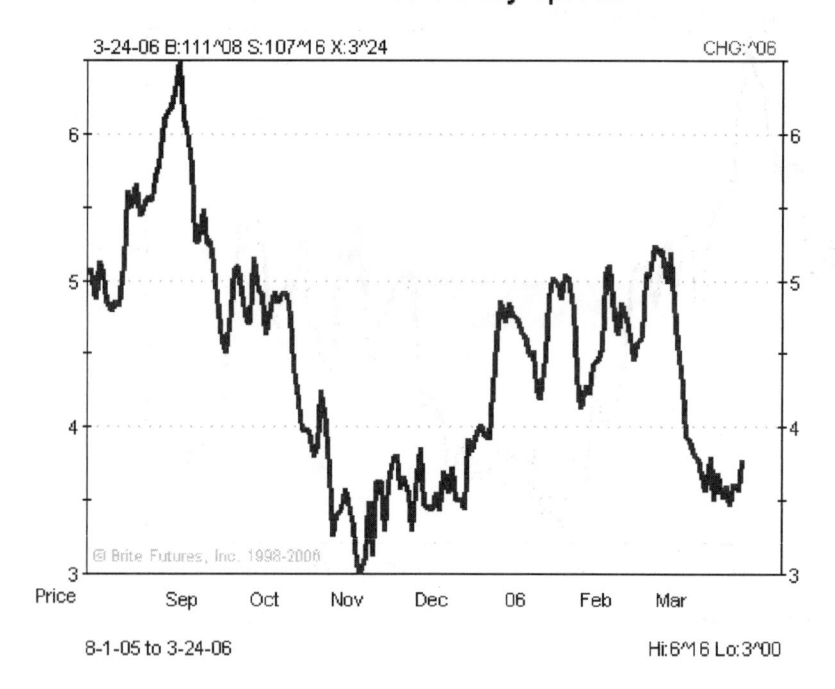

[状況]

　スプレッドが直近安値をつけて切り返しと見られます。

[戦略]

　今後拡大する方向に仕掛けます。

[仕掛けの内容]

　Tボンド・コールの買い──Tノート・プットの買い

　選択する限月

　⇒2006年5月限を選択

　権利行使価格

　⇒"デルタ"の高いITMまたはATMが対象

コメント　完全に切り替えしたかどうか微妙なので、とりあえず打診程度で。4ドルを超えれば拡大方向にさらに仕掛けます。

OPS-11　Tボンド――Tノート

［２００６.４.７］

USM06 - TYM06 Daily Spread

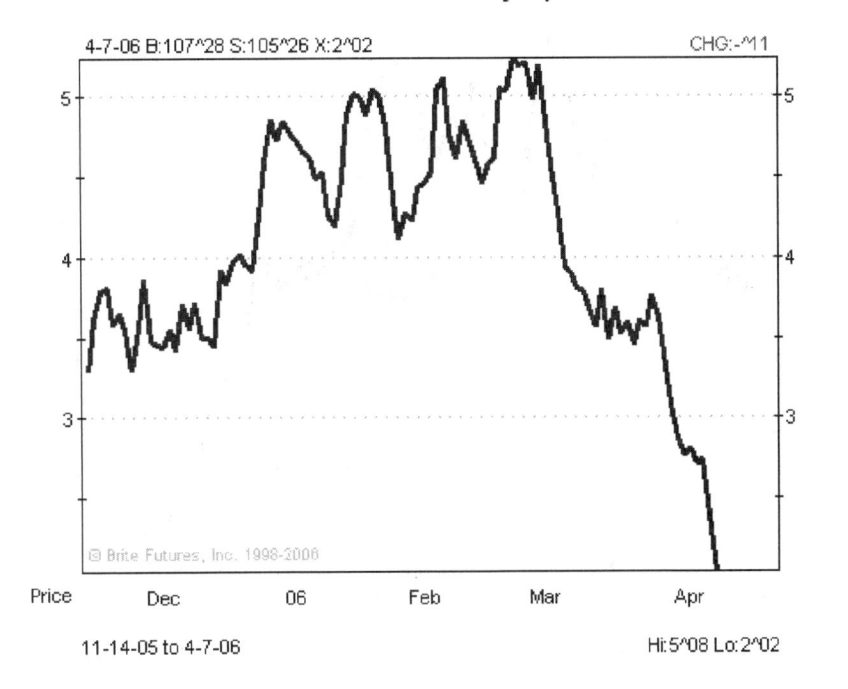

[状況]

下落が止まりません。縮小トレンドのままです。

[戦略]

反転するまでじっくりと待ちます。

コメント　レンジを信じすぎてはいけないこと、必ず反転を確認してから仕掛けることの重要性がわかるチャートです。

OPS-12　Tボンド――Tノート

[２００６.４.２１]

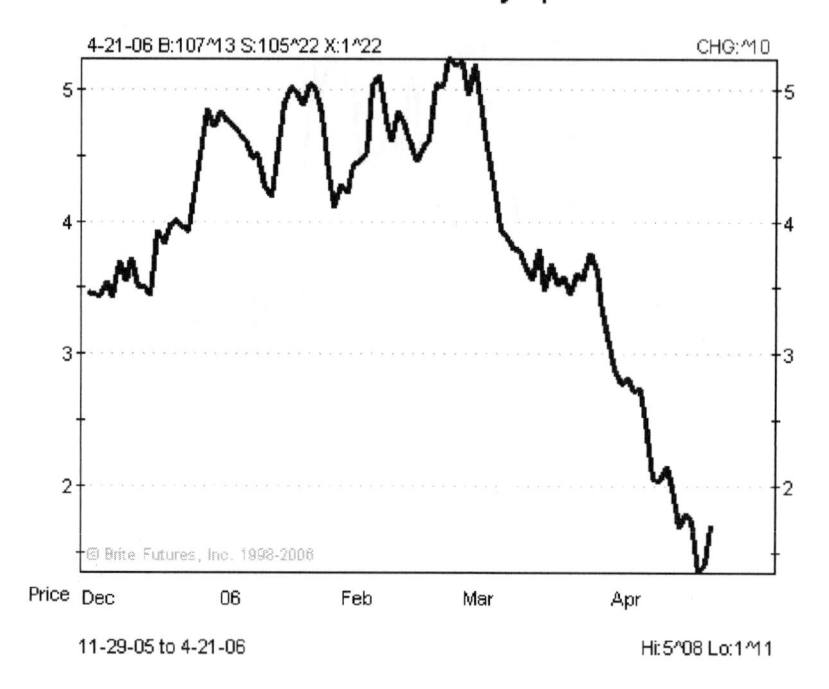

[状況]

完全に下抜けてしまいました。戻りを見せるかどうかがポイントです。

[戦略]

しばらく様子を見ます。

コメント　スプレッドが戻ったところを、転換しないことに賭けて、逆に仕掛けてみるのも一つの方法です。

OPS特有のもう一つの戦略

[状況] ⇒ [戦略]

完全に下抜けてしまい戻りを見せるかどうか⇒様子見、あるいは仕掛けたとして

[仕掛けの内容]

　Tボンド・コールの買い――Tノート・プットの買い（枚数は１：１）

　選択する限月⇒同限月で３０～４５日間の残存期間のあるもの

　権利行使価格

　⇒"デルタ"の高いＩＴＭまたはＡＴＭ

コメント　Tボンド・コールは損失限定なので、相場が大きく下落すれば、Tノート・プットの利益でカバーできるので、利益になります。つまり1週間前にスプレッドの方向を間違えてTボンドのコール買い――Tノートのプット買いを行い、今までもっていたら利益になっていたということです。先物と大きく異なる点です。

OPS-13　Tボンド──Tノート

[２００６.４.２８]

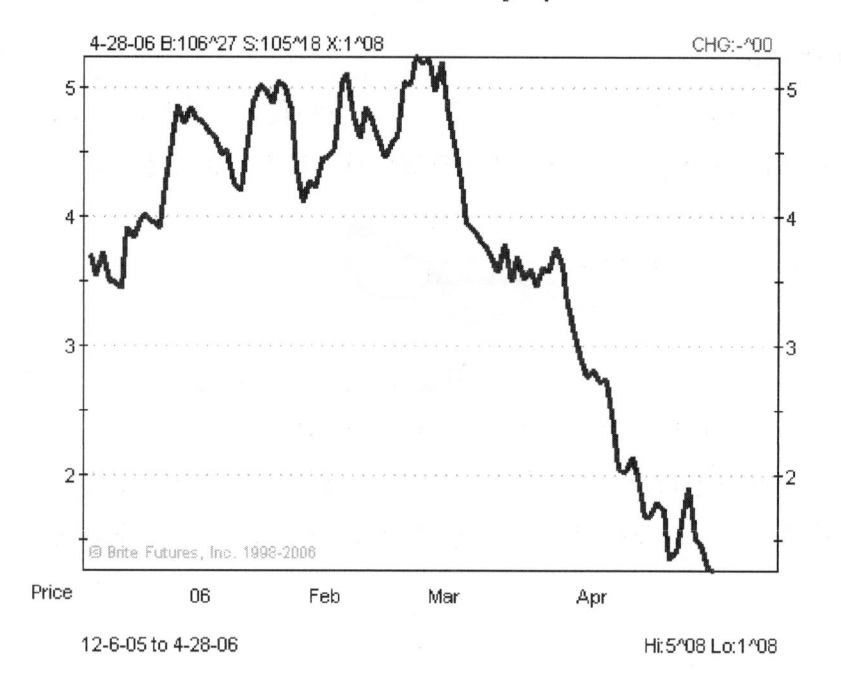

[状況]

スプレッドのトレンドは転換しないまま、縮小状態です。

[戦略]

しばらく様子を見ます。スプレッドが戻ったら仕掛けます。

[仕掛けの内容]

　Tボンド・プットの買い──Tノート・コールの買い（枚数は１：１）

　選択する限月⇒5限月

　権利行使価格⇒ATM

コメント　先物オプションのＯＰＳですので、十分なリスクが取れる方のみが対象です。

コモディティオプションを用いたスプレッド取引

OPS-14　ＣＢＯＴ小麦──コーン

［２００６．３．１０］

下記チャートは2006年5月限小麦とコーンの先物価格のスプレッドです。

[状況]

スプレッドはまだ上昇トレンドに見えますが、かなり高い位置にきています。

[戦略]

分割で今後縮小する方向に仕掛けます。

分割のポイント＊１４０を切ったらさらにチャンス

[仕掛けの内容]

　ＣＢＯＴ小麦プットの買い──コーン・コールの買い

　選択する限月

　⇒2006年４月限を選択←当限は2006年３月限で残存日数が少ないため

　権利行使価格

　⇒"デルタ"の高いＩＴＭまたはＡＴＭ

OPS-15　CBOT小麦──コーンの1週間後

[2006.3.17]

コメント　現在の状態は中途半端なので様子を見ます。

CBOT小麦プット──コーンコールの仕掛けは先週取り上げましたが、「大正解」となりました。

　実行した方はコールとプットを売却し、利益を確保します。

OPS-16　ＣＢＯＴ小麦――コーン

[２００６.３.２４]
　以下のチャートはＣＢＯＴ小麦2006年5月限と同限月コーンのスプレッドの動きを示したものです。

WK06 - CK06 Daily Spread

[状況]
　スプレッドはまだ下向きで反転の兆しが見えません。

[戦略]
　ポジションはこのまま継続保有

コメント　スプレッドがこのまま縮小するか戻るかを見極めます。それまでは仕掛けません。無理に仕掛けることはありません!!

OPS-17　ＣＢＯＴ小麦──コーン

[２００６.３.３１]

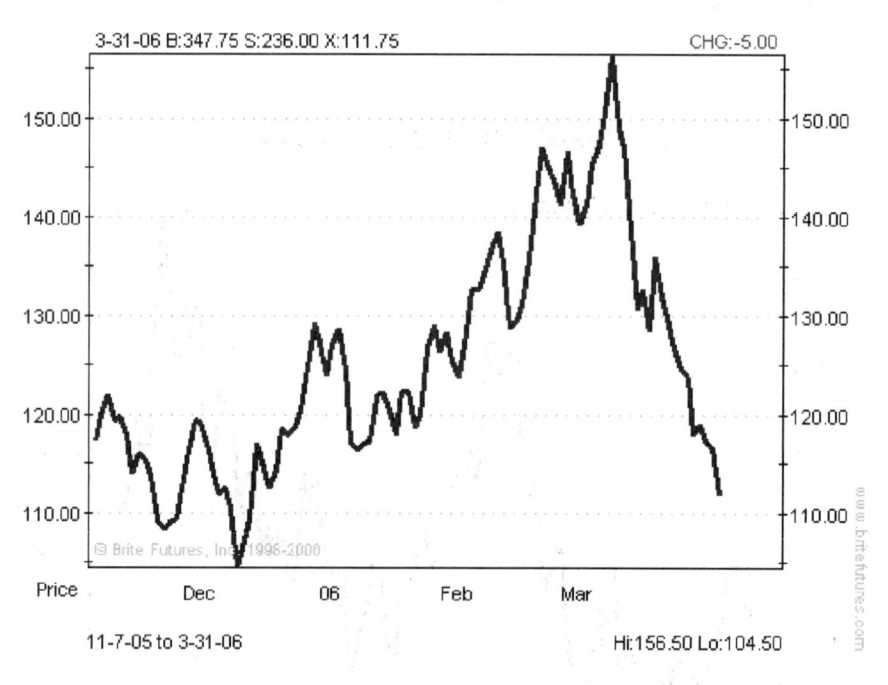

[状況]

スプレッドが大きく縮小してきました。

[戦略]

ＣＢＯＴ小麦プット──コーン・コールをもっている方は売却して利益を確定してください。

コメント　新たに仕掛けるのは、実際に反転してスプレッドが戻ってからです。じっくりと待ちましょう。

OPS-18　ＣＢＯＴ小麦──コーン

[２００６.４.７]

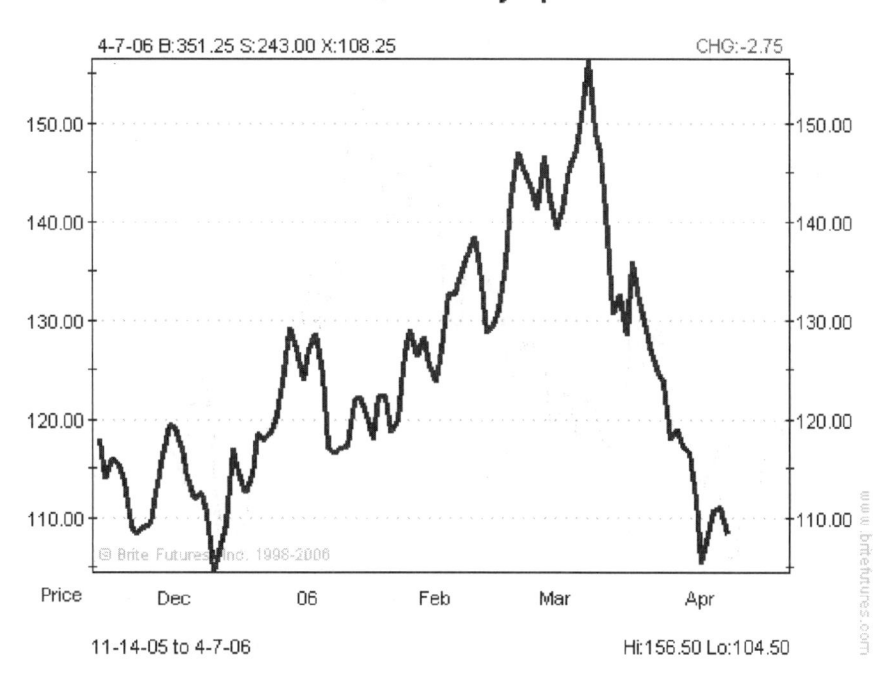

[状況]

　一度切り返していますが、完全に反転したようには見えません。

[戦略]

　今は様子を見ます。反転が確認できたら拡大方向に仕掛けます。

[仕掛けの内容]

　ＣＢＯＴ小麦コールの買い──コーン・プットの買い（枚数は１：１）

選択する限月

⇒同限月で３０～４５日間の残存期間のあるもの

権利行使価格

⇒ＩＴＭまたはATM

コメント　必ず反転を見極めてから仕掛けます。

OPS-19　ＣＢＯＴ小麦——コーン

[２００６.４.２１]

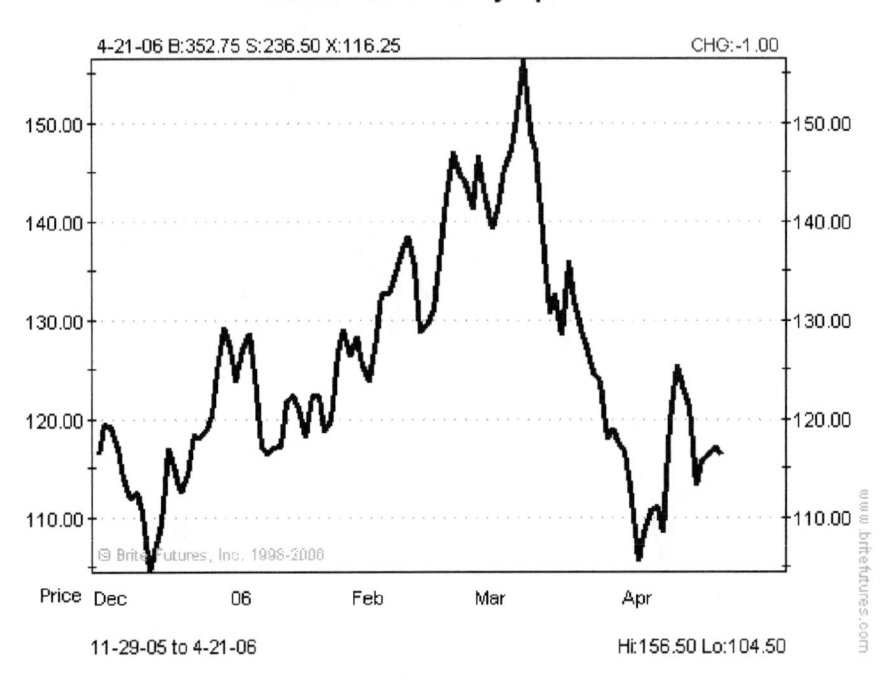

```
WK06 - CK06 Daily Spread
4-21-06 B:352.75 S:236.50 X:116.25    CHG:-1.00
Hi:156.50 Lo:104.50
11-29-05 to 4-21-06
```

[状況]

　スプレッドは反転したように見えますが、断定できない状況です。

[戦略]

　スプレッドの向きはまだ転換しないと判断して仕掛けてみます。

[仕掛けの内容]

　ＣＢＯＴ小麦プットの買い——コーン・コールの買い（1枚：1枚）

選択する限月

⇒5限月

権利行使価格

⇒"デルタ"の高いITMが対象またはATM

OPS-20　ＣＢＯＴ小麦──コーン

[２００６．４．２８]

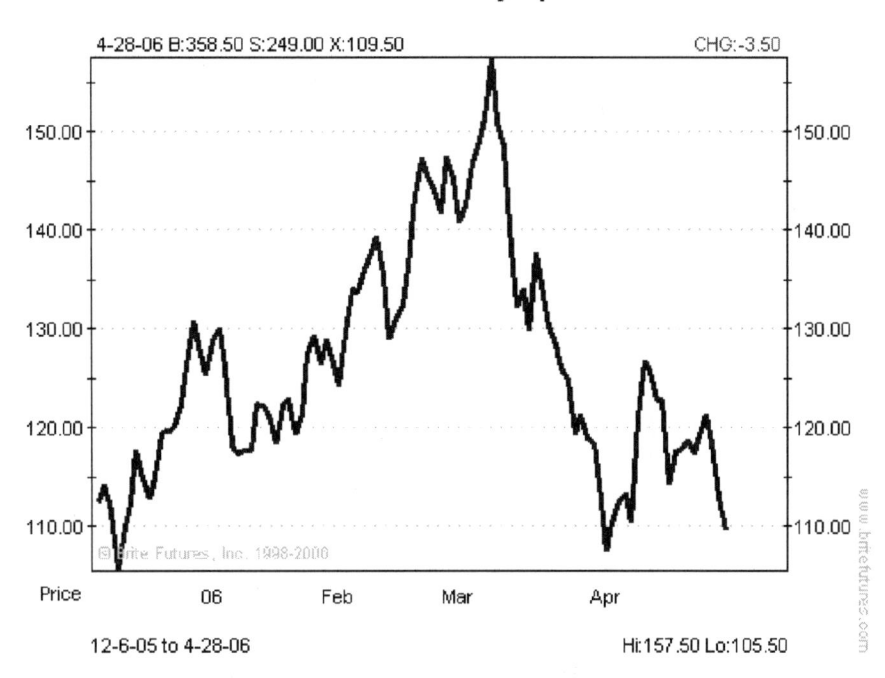

[状況]

　スプレッドが縮小したまま反転の兆しが見えません。

[戦略]

　しばらく様子を見ます。

コメント　このような形では反転、拡大へ仕掛けたいところですが、反転を見極めるまでじっくり待ちます

株式オプションを用いたスプレッド取引

OPS-21　DELL（デル）　MSFT（マイクロソフト）

[2006.3.23]

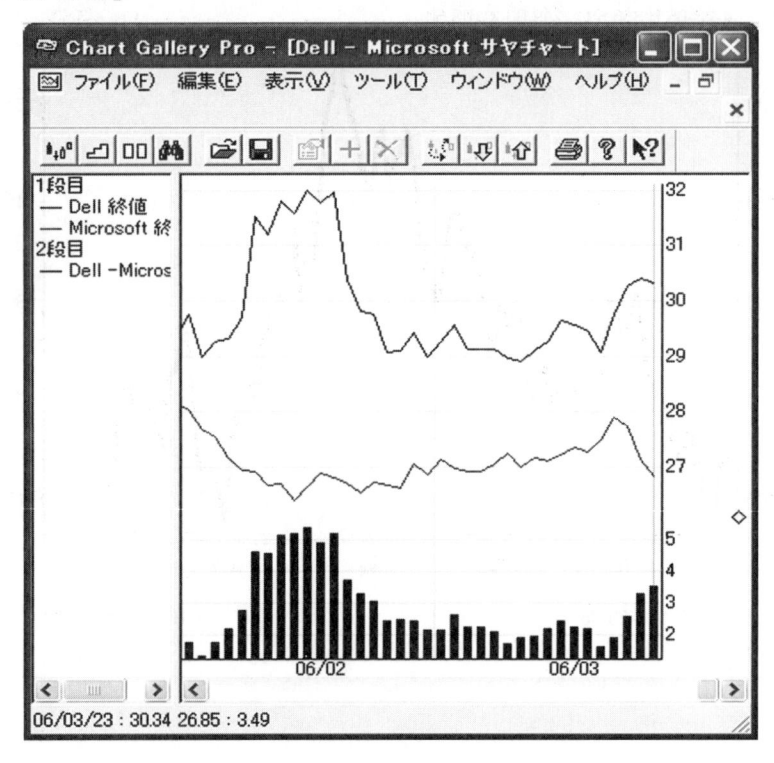

[状況]

　スプレッドはリズムよく動いていていい感じの組み合わせです。

[戦略]　①

　中途半端な位置にありますが、今仕掛けるとすると①の内容です。

[仕掛けの内容]　①

　DELLのコール買い──MSFTのプット買い（1枚：1枚）

　選択する限月

　⇒2006年4月限を選択←当限は2006年3月限で残存日数が少ないため

　権利行使価格

　⇒"デルタ"の高いITMが対象

[戦略] ②
　このまま拡大を続け、スプレッドが5ポイントを超えてきたら①とは逆に仕掛けます
[仕掛けの内容]
　DELLのコール買い——MSFTのコール買い（1枚：1枚）
　選択する限月
　⇒2006年4月限を選択←当限は2006年3月限で残存日数が少ないため
　権利行使価格
　⇒"デルタ"の高いITMが対象

OPS-22　DELL──MSFT

[2006.4.27]

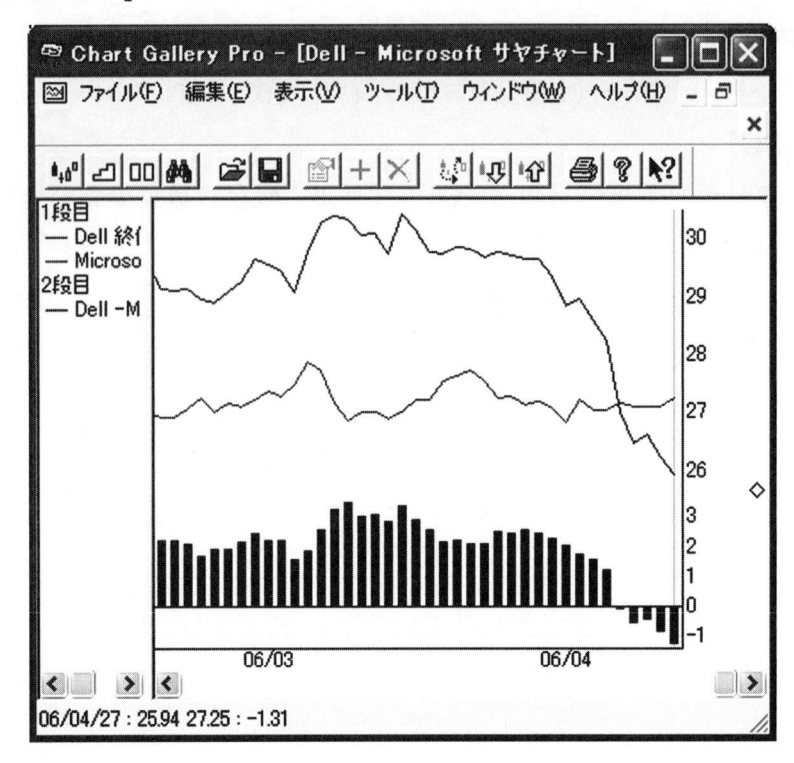

[状況]

　DELLとMSFTの株価が逆転しました。

[戦略]

　逆サヤ拡大の動きが止まるのを待ってから仕掛けます。

[仕掛けの内容]

　DELLプットの買い──MSFTコールの買い（1枚：1枚）

　選択する限月

　⇒5限月

　権利行使価格

　⇒ATM　または"デルタ"の高いITMが対象

コメント　"逆サヤ"が定着するか、"順サヤ"に戻るかを見きわめることが大切です。

OPS-23　ＡＭＺＮ-ＹＨＯＯ

［２００６.３.３］

以下のチャートはＡＭＺＮ（アマゾンドットコム）とヤフー（ＹＨＯＯ）のサヤをあらわしています。

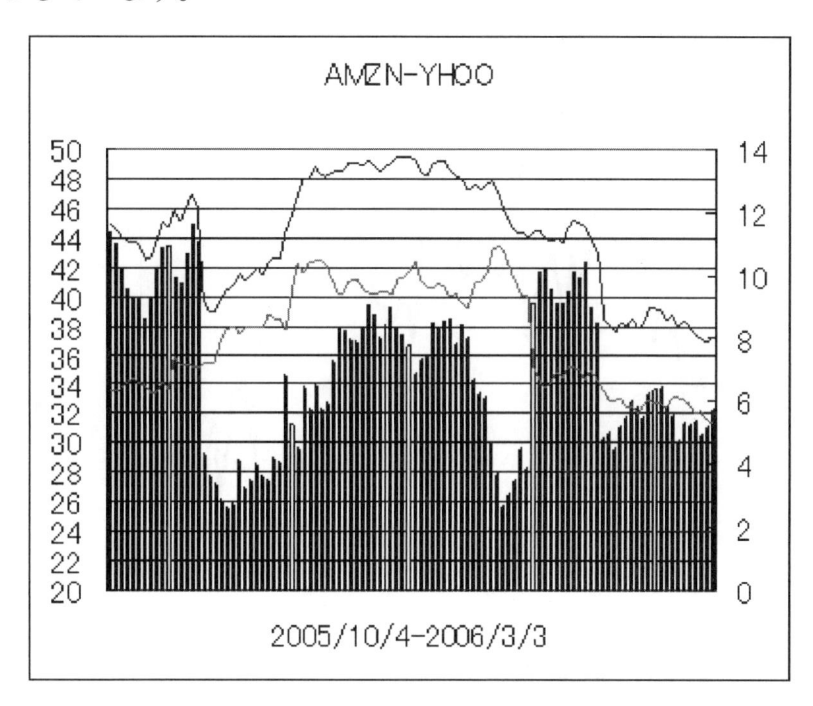

［状況］

スプレッドが過去と比べて小さく、中途半端な位置にとどまっています。

［戦略］

将来の拡大を期待して仕掛けます。

［仕掛けの内容］

　　ＡＭＺＮコールの買い──ＹＨＯＯプットの買い（1枚：1枚）

　　選択する限月⇒４限月

　　権利行使価格

　　⇒ＡＴＭまたは"デルタ"の高いＩＴＭが対象

コメント　いずれもナスダック銘柄で、株価の変動が比較的大きくＯＰＳには向いています。

金利先物オプションを用いたスプレッド取引

OPS-24　ユーロドル（2006年9月限－2006年6月限）

[２００６.３.３１]
ユーロドル（短期金利先物）の限月間スプレッドです。

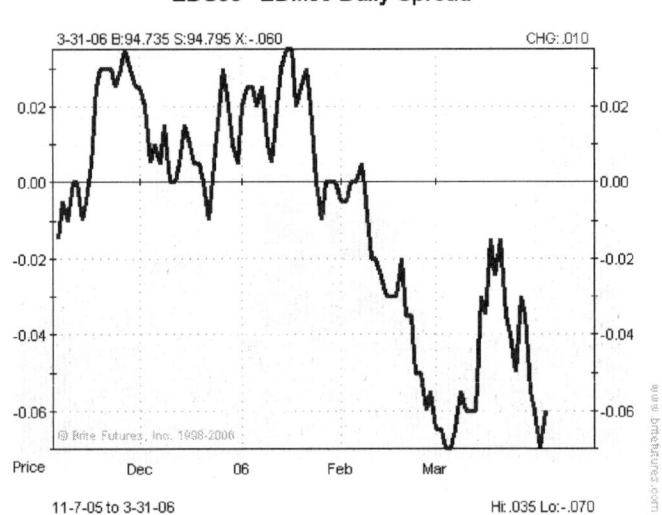

■オプションで仕掛ける場合
[予想] ①
　スプレッドが高い方向へ変動する（拡大する）
[仕掛けの内容]
　9月限コール買い＋6月限プット買い（1枚：1枚）
[予想] ②
　スプレッドが低いまま推移する（縮小したままが続く）
[仕掛けの内容]
　9月限プットの買い＋6月限コールの買い
　権利行使価格⇒ATMを選ぶ←ほとんどの取引がATMに集中しているため

コメント　もう少し方向性がはっきりするまで様子を見たほうがよいでしょう。

OPS-25　ユーロドル（短期金利先物）

[２００６.４.１３]
以下のチャートは９月限－６月限（2006年）のスプレッドを表しています。

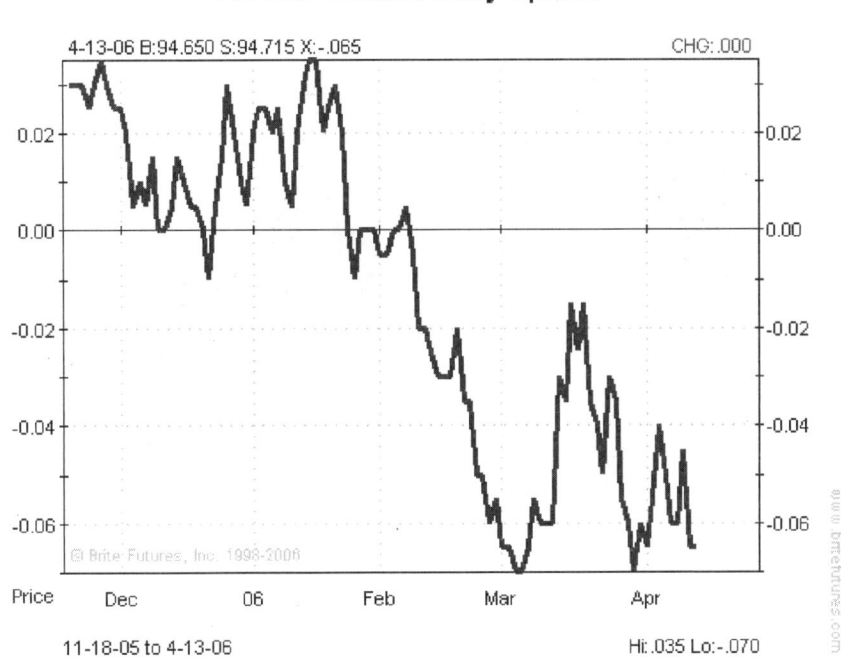

[状況]
　金利上昇傾向によりスプレッドが縮小（低下）傾向にあります。
[戦略]
　この傾向に乗るなら
[仕掛けの内容]
　９月限プットの買い──６月限コールの買い（1枚：1枚）
　権利行使価格⇒ATM

コメント　ユーロドルは（金利）先物オプションです。

OPS-26　ユーロドル（2006年12月限──2006年9月限）

［２００６.４.２８］

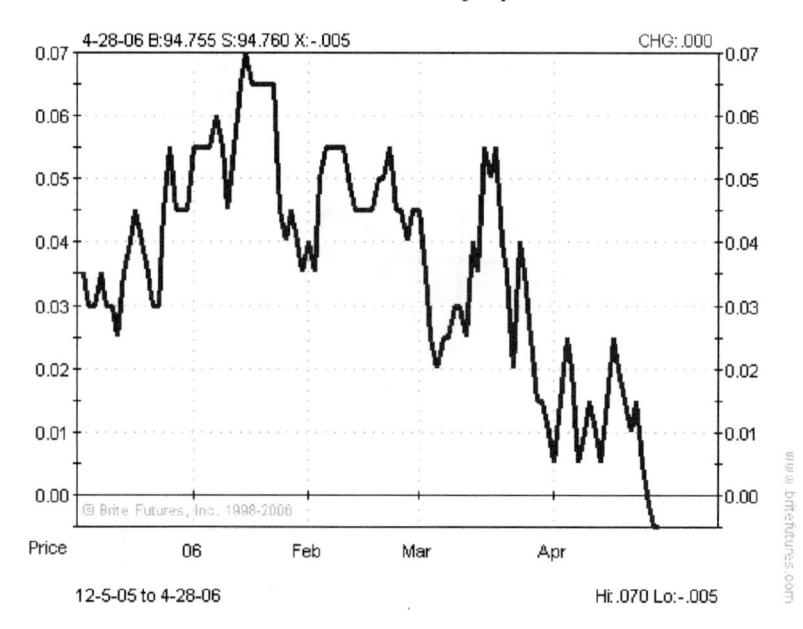

［状況］

金利の先高観から、12月限が9月限より売られています。

［戦略］

このトレンドが続くことを想定して仕掛けるなら

［仕掛けの内容］

12月限プットの買い──9月限コールの買い（1枚：1枚）

権利行使価格⇒ATM

コメント　ユーロドルは短期金利先物です。オプションは流動性は十分ですが、取引はATMに集中しています。

チャートはユーロドルの9月限──6月限のスプレッドを表しています。短期金利の先高観のため、スプレッドは縮小傾向にあります。このトレンドに乗るなら、［9月限プット：6月限コール］を仕掛けることができます。ストライクプライスはATMです。

通貨オプションを用いたスプレッド取引

OPS-27　ユーロ・円（通貨）

[２００６.４.１３]

　下のチャートはユーロ・円（通貨）の動きを示したものです。これをユーロと円のクロススプレッドとみなしてＯＰＳを仕掛けます

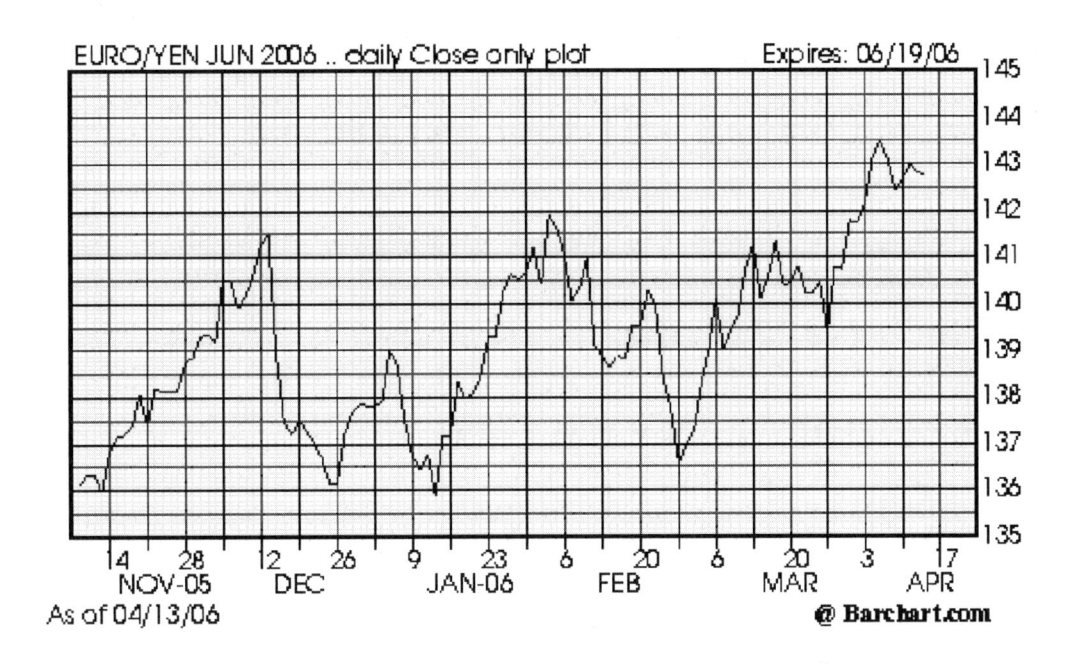

[状況]

　スプレッドはかなり高い位置まで上昇しています。

[戦略]

　今後縮小する方向で仕掛けます。

[仕掛けの内容]

　ユーロ・プットの買い──円コールの買い（1枚：1枚）

　選択する限月⇒限月で３０～４５日間の残存期間のあるもの

　権利行使価格⇒ATM

コメント　　ＣＭＥの通貨先物オプションを用いたＡＴＭのトレードです。

chapter
5

第5章　その他の取引戦略
Other Strategies

コモディティオプション

コモディティOP-1　NYMEX原油

[2006.3.6]

※原油先物オプションの倍率は1000倍です。

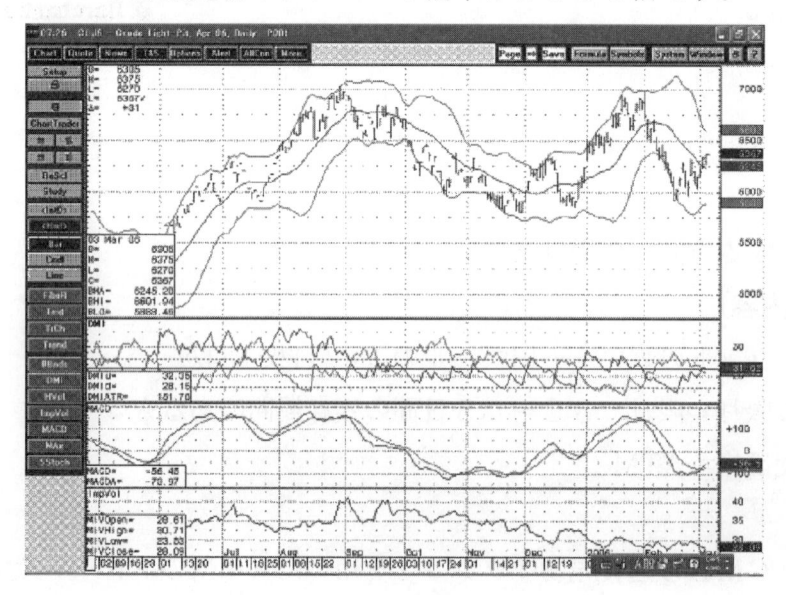

■現在の原油の価格　６３.６７ドル

[状況]
　目先６５ドルを目指す動きです。
[戦略]
　あと2週間程度の4月限の時間価値を取りながら、相場が上伸すれば5月限コールで利益を上げるスプレッド戦略です。
[仕掛けの内容]
　◎４月限と５月限の先物価格のスプレッドを考慮してストライクをずらします。
　　４月限　７０コール　売り
　　５月限　７２コール　買い

コメント　「リスク限定型」のカレンダースプレッドです。オプションスプレッド取引における最も有効でポピュラーな戦略の一つです。

コモディティ OP-2　NYMEX原油

[２００６．４．１３]

＊現在の原油の価格＊　７０．８２ドル

[状況]

７０ドル超の"３度目"のチャレンジです。トリプルトップになるかどうか注目です。

[戦略]

反落に転じれば（７１ドルの上場来高値を超えて上伸しなければ）下落に賭けたプット買い戦略が考えられます。これは先物取引に代わるリスク限定型の「投機」です。

[仕掛けの内容]

　　◎ATMに近いITMを選ぶ
　　　　６月限　７０プット（@1.89ドル）　買い　１８９０ドル/枚（支払い）
　　　　６月限　６８プット（@0.73ドル）　売り　　７３０ドル/枚（受け取り）

コメント　７０プットの買いだけで仕掛けるとすると１８９０ドルかかります。が、同時に６８プットを売ることで１１６０ドルにコストを抑えるわけです。

コモディティOP-3　NYMEX原油

[２００６．４．１７]

＊現在の原油の価格＊　７５．１７ドル

[状況]

地政学的な背景から、原油は市場高値を更新しています。この先反落するか上伸するか、まったく予断を許さない状況です。

[戦略]

過去と比べてIVが低いので、上伸しても反落しても利益を上げることできるストラングル（OTMコールとプットの買い）を実行することができます。

[仕掛けの内容]

◎ストラングル（同一権利行使価格のコールとプットを同数買うあるいは売る）

　　OTMコール　買い

　　OTMプット　買い

コメント　「ストラングルの買い戦略」は乱高下の激しい市場で有効な戦略です。特に「市場の方向性はわからないがいずれかの方向に大きく変動するであろう」と思われる時には非常に有効な武器になります。

コモディティOP-4　NYMEX原油

[２００６.４.２１]《週足》

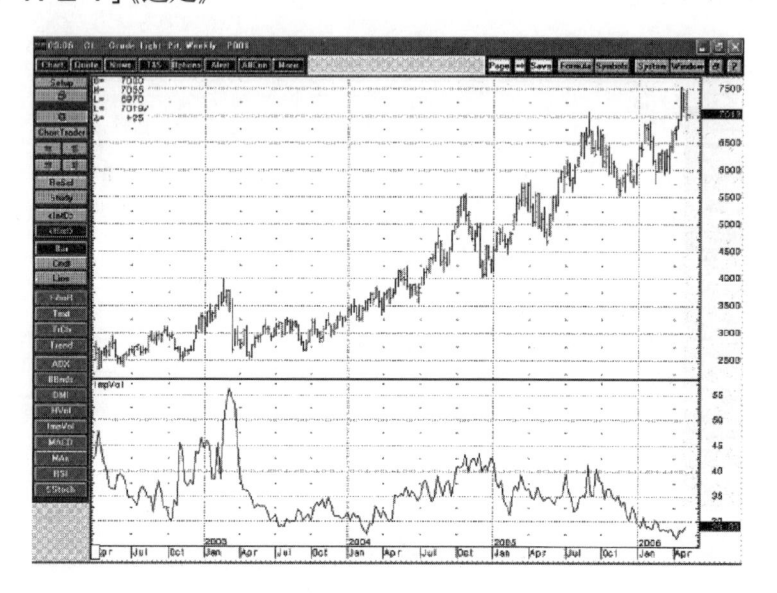

＊現在の原油の価格＊　７０．１９ドル

[状況]

　目先75ドルで天井を打ったように見えますが、まだ大きな流れは「上向き」です。55ドルを下に抜けるまでは、この上昇トレンドはなかなか終わりそうに見えません。

[戦略]

　やや中期的な戦略ですが、目先の上げ下げに翻弄されずに、大きなトレンドが変わるまでプット売りを継続したいと思います。

[仕掛けの内容]

　　例えば

　　　＊＊当面のレンジを５５～７０と想定＊＊

　　　　８月限　５５プット　(@0.10)　売り　１００ドル/枚（受け取り）

コメント　原油オプションのIVは低水準ですので、急激なIVの上昇には注意が必要です。分割で丁寧に建て玉をしていくことが大事です。

コモディティOP−5　NYMEX原油

[２００６.４.２８]《週足》
※チャートは週足チャートとIVです。今後の動向を確認します。

＊現在の原油の価格＊　７２.０４ドル

[状況]
　原油相場は高値の乱高下が続いていますが、中長期的には依然上昇トレンドです。

[戦略]
　中期のプット売りはまだ有効な戦略です。

[仕掛けの内容]
　例えば
　　◎トレンドに沿って
　　　９月限５５プット（@0.11）　売り　１１０ドル/枚（受け取り）

コメント　IVは引き続き低水準ですので、急激なIVの上昇には注意が必要です。分割で丁寧に建て玉をしていくことが大事です。コモディティオプションは、通常、原市場が上昇した時にＩＶが上昇します。

コモディティOP−6　NYMEX原油

[2006.5.12]

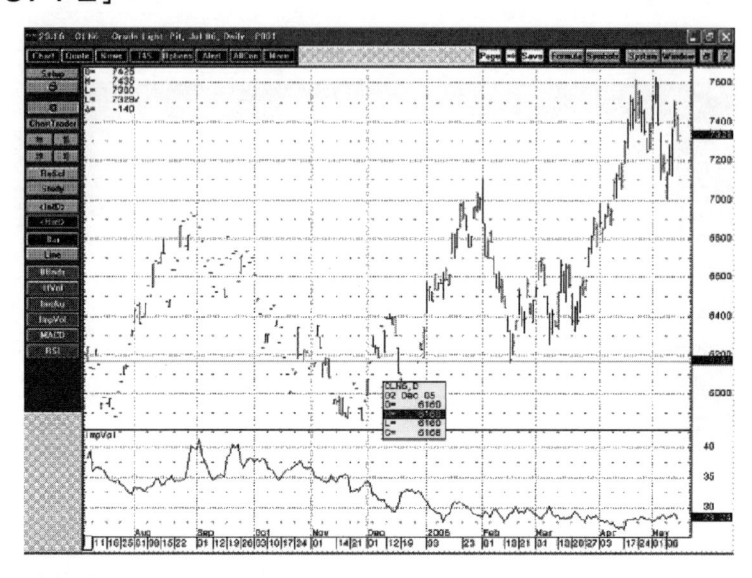

＊現在の原油の価格＊　73.28ドル

[状況]

中長期的の上昇トレンドに変化はありませんが、短期的には乱高下を繰り返しています。

[戦略]

短期の乱高下を利用するならストラングルの買い戦略が考えられます。

[仕掛けの内容]

　例えば

　　　7月限　84コール（＠0.29）　買い　290ドル/枚（支払い）
　　　7月限　65プット（＠0.30）　買い　300ドル/枚（支払い）

コメント　コールとプットのプレミアム合計が当初の合計（0.29＋0.30）を超えると利益になります。

コモディティOP－7　NYBOTコーヒー

[２００６．３．１０]

＊現在の株価＊　１０７．５０セント

[状況]

　１１５ドル近辺でもみ合ったあと下げており、この先2/16の安値１０６．５０ドルを下に抜けるかどうかがポイントです。IVは低水準です。

[戦略]

　１１６．５０ドルを下に抜ければプットの買い戦略です。

[仕掛けの内容]

　①トレンドに沿って

　　　４月限　　　プット　買い

　②狭いレンジのブレークにかけるならストラングルの買い

　　　４月限　１１５コール　買い

　　　４月限　１０５プット　買い

コメント　ＮＹＢＯTコーヒーも乱高下の激しい市場なので多くのケースでリスク限定型のオプション買い戦略が有効です。

コモディティOP−8　NYBOTコーヒー

[２００６．３．１７]

＊現在の価格＊　１０５．２５ドル

[状況]
2/16の直近の安値を下抜けてきました。

[戦略]
先週仕掛けたポジションは、そのまま保持です。ここで反転する可能性もあり、新たに仕掛けるには中途半端な位置です。様子を見ます。

コメント　コーヒーオプションはIVが低水準なので「売り戦略」は現在のところ妙味がありません。
様子を見るのも大事な戦略です。

コモディティOP－9　CBOT大豆

[２００６.３.２４]

＊現在の価格＊　５７３セント

[状況]

　先物価格は５月限で５７３セント台で安値圏にありますが、天候相場の季節（5月以降）に向かってIVが毎年高くなる傾向があります。このように一定の周期や季節ごとに上げ下げを繰り返す相場変動性向をアノマリーと言います。

[戦略]

　このアノマリーを見込んで仕掛けます。IVが低いうちに長期戦略で仕込むコール買い戦略です。現在のIVは２０％台と低水準です。

[仕掛けの内容]

　２００６年７月限　コール（OTM）　買い

コメント　コール買い戦略は長期戦です。これはなくなってもいい余裕資金で「仕込み」を行います。一般的に穀物相場は秋の収穫期には値が安く、春の需要期には値が高いという季節性があります。

コモディティOP-10　COMEXシルバー（銀）

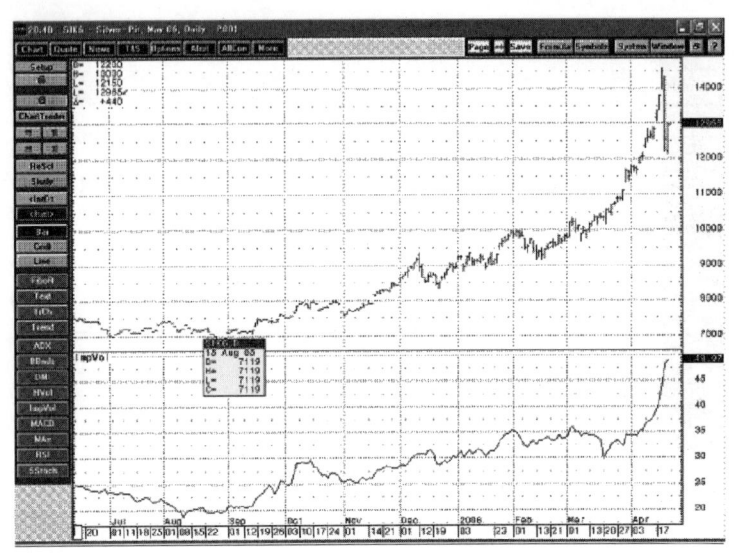

[２００６.４.２４]

＊現在の価格＊　１２９.６５ドル

[状況]
　NY銀相場は異常とも言える乱高下の展開を見せています。
[戦略]
　参加するなら、リスク限定型の戦略すなわち、オプション買い戦略です。
[仕掛けの内容]
　◎ストラングルの買いが無難です。
　　　同一権利行使価格コール　買い
　　　同一権利行使価格プット　買い

コメント　　IVが非常に高く、オプション売りが魅力的に見えますが、オプション売りは、コールにせよ、プットにせよ、リスクが高すぎます。このような相場展開ではオプション売りは**「禁じ手」**です。

コモディティ OP-11　COMEXゴールド（金）

[２００６．４．２８]

＊現在の価格　６５４．５０ドル

[状況]
　美しいまでの上昇トレンドを続けています。

[戦略]
　基本戦略は、中期の「プット売り戦略」です。

[仕掛けの内容]
　◎上昇トレンドに沿って
　　　中期限月プット（ファーOTM）　売り

コメント　　上級レベルの方のみが対象です。

コモディティ OP-12　COMEXゴールド（金）

[２００６.５.５]

＊現在の価格　６８４.３０ドル

[状況]

さらに大きな上昇トレンドを描いています。

[戦略]

この流れに沿って中期のプット売りを仕掛けたいと思います。

[仕掛けの内容]

◎例えば

８月限５５０プット（@1.20）　売り　１２０ドル（受け取り）

コメント　上級レベルの方のみが対象です。

コモディティOP-13　COMEXゴールド（金）

[２００６.５.１０]

＊現在の価格　７１１.８０ドル

[状況]

さらに高いところに止まっています。前回のプット売りは大正解でした。

[戦略]

大きな上昇トレンドに変わりはありませんが、「プット売り」はいったん利食いの買戻しを行います。

コメント　金相場は十分に高い位置まで来ました。ＩＶも非常に高いです。コール売りをしかけたくなりますが、控えます。相場の下落に賭けるなら「リスク限定型」のプットの買いです。

債券先物オプション

債券先物OP-1　Tボンド

※Tボンド先物オプションのプレミアムは64分の1刻みとなります。
（0-01＝1／64＝1ティック）倍率は１０００倍です。
[２００６.３.３]

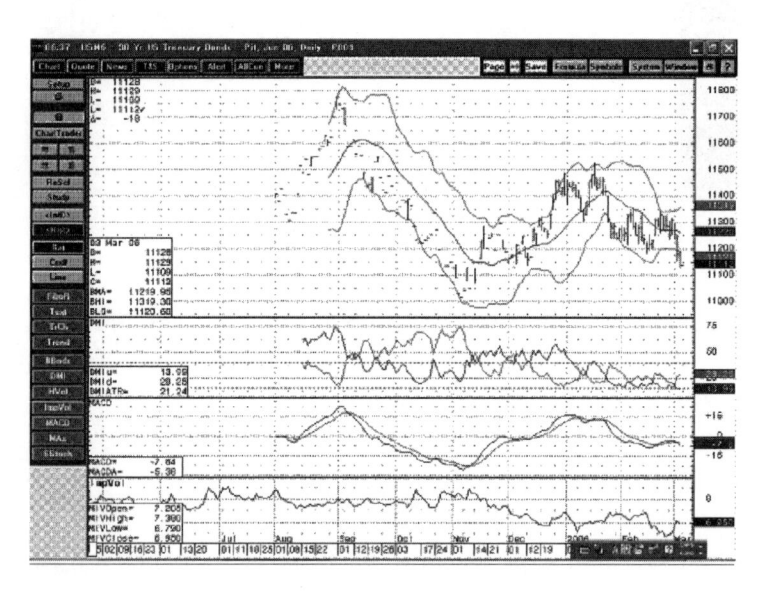

＊現在値＊　１１１-１２

[状況]
　短期トレンドは下降で、方向性指数も下を示しており、IVは7％を切っています。

[戦略]
　以下の2つが考えられます。

[仕掛けの内容]　①
　◎トレンドに沿って
　　　4限月１１４コール　売り
　◎１１３－１６を上抜けそうな動きならば
　　　コールの売り玉　買い戻す

[仕掛けの内容] ②NOPSを実行している場合調整が必要

＊＊１０５〜１１８　レンジ内で動くと想定して＊＊

◎売り玉を調整する（ロールダウンする）

　　４月限１１０プット　　　売り　　　買い戻す
　　４月限１０９プット　　　　　　　新規売り
　　４月限１０８プット　　　　　　　新規売り
　　４限月１１４コール売り　　　　　増し玉をする
　　４月限１１５コール売り　買戻す　　（利食い）

コメント　原市場の動きに敏感に反応して、すばやい調整等が必要です。

債券先物OP－2　Tボンド

［２００６.３.２４］

＊現在値＊　１１１－０３

[状況]

下げ止まっているように見えます。引き続きダウントレンドですが、IVが非常に低水準です。

[戦略]

以下の2つが考えられます。

[仕掛けの内容] ①

　◎トレンドに沿って　　　　　　　　　　　　　　　　６月限コール　売り

[仕掛けの内容] ②NOPS

　　＊＊１１０～１１５のレンジ内で動くと想定して＊＊

　　６月限１１６コール（＠０-０５）　売り（δ：－６.１０％）　－６１％

　　６月限１０６プット　（＠０-０６）　売り（δ：６.０８％）　６０.８％

　　　　　　　　　　　　　　　　　　　　　　　デルタ総和　－０.２％

コメント　ＮＯＰＳはポジション調整に備えます。

債券先物OP-3　Tボンド

[２００６.３.３１]

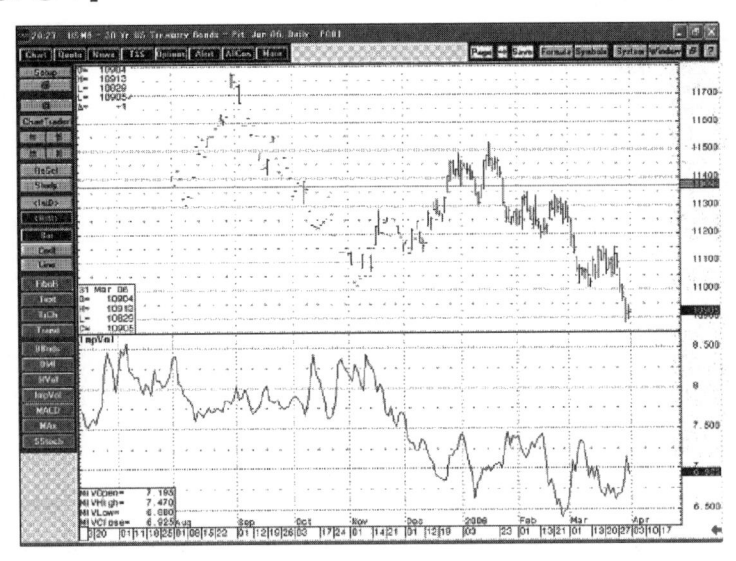

＊現在値＊　１０９－０５

[状況]

先週の動きの中で収まっているので下げ止りに来ているようにも思われます。がまだ様子を見ます。基本的にまだダウントレンドです。

[戦略]

トレンドはダウンですので、転換が確認できるまでは、コール売りが中心となります。

[仕掛けの内容]

　２００６年６月限　１１２コールの売り
　６月限　１１１コールの売り

コメント　TボンドはIVの水準に関係なく変動は大きいので注意してください。IVが5～9％程度でもその動きは想像以上に大きいときがあります。したがって、オプション売りではTボンドの先物の動きを重視します

債券先物OP-4　Tボンド

[２００６.４.３]《週足》

＊現在値＊　１０７-２０

[状況]

　下げが止りません。下値のポイントは１０６です。

[戦略]

　トレンドが反転するか、下げ止まるまで、引き続きコール売りを継続します。

[仕掛けの内容] ①

　２００６年６月限　１１２コールの売り

　６月限　１１１コールの売り

[仕掛けの内容] ②NOPS

　＊＊当面１０４～１２０のレンジ内で動くと想定して＊＊

　　◎すでにロールダウンされているポジションは

　　　　　　　　　　　６月限プット　全て買い戻す

　　　　　　　　　　　６月限コール　増し玉をする

コメント　下げ止まりが確認できるまで、コール売りを継続します。

債券先物OP-5　Tボンド

[２００６.４.１３]

＊現在値＊　１０７－０３

[状況]

　金利の先高感が強く、債券先物価格の下落がどうにも止まりません。

[戦略]

　引き続きコール売りです。

[仕掛けの内容]

　２００６年６月限　１１２コールの売り

　６月限　１１１コールの売り

　◎十分に下げているので急反発の可能性に注意する

　◎このまま下げ止まらない場合はプット売りはしない

　◎１１０まで戻らなければ、このままコール売りを保有継続

コメント　トレンドに逆らわない、ことが大事ですが、このケースでは十分に下げているので急反発の可能性に注意します。

債券先物OP－6　Tボンド

[２００６.４.１７]

※今回は相場の方向性を見る意味でテクニカルチャートを掲げてみました。

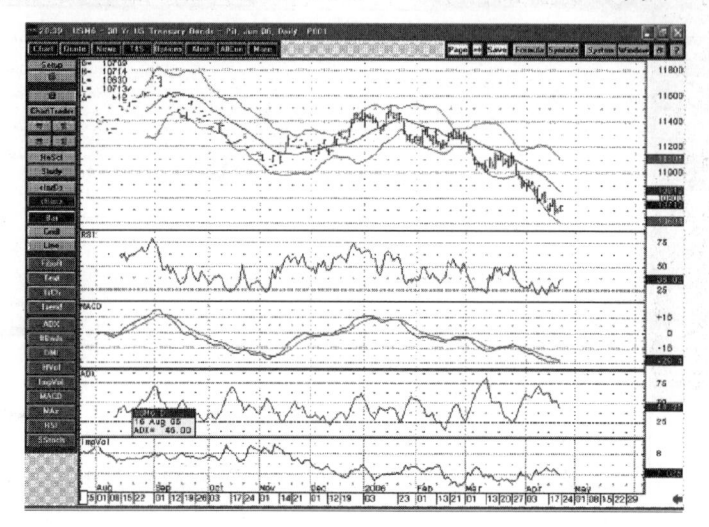

＊現在値＊　１０７－１３

[状況]

相場は依然ダウントレンドですが、RSI、MACDから判断すると十分に相場が下げて、ここから下げの余地が低いか、やや反転する兆しが見えます。IVは依然低水準です。

[戦略]

相場が上昇に転換しないと想定して、戻りをコール売りです。目先仕掛けるならファーOTMのプット売りができます。

[仕掛けの内容]

◎少し戻ったところで

２００６年６月限　１１１コール　売り

◎目先仕掛けるなら

２００６年６月限１０２プット売り

コメント　トレンドの反転の可能性に最大の注意を払います。

債券先物OP-7　Tボンド

[２００６.４.２４]

＊現在値＊　１０６―２７

[状況]

金利先高観から依然として、債券先物相場は下降トレンド形成中です。　ＩＶは7.63％です。

[戦略]

引き続き基本戦略はコール売りです。

[仕掛けの内容]

７月限１１１コール（＠０―０６）　売り（　δ：－7.33％）　－73.3％

コメント　１１０まで戻らなければ、このままコール売りを保有継続です。

債券先物OP-8　Tボンド

[２００６.４月中旬]

＊週足で中期の流れを確認してください。

＊現在値＊　１０６―１６

[状況]

週足で中期の流れを確認すると、流れは依然として「下向き」です。ＩＶは中レベルで安定しています。

[戦略]

基本戦略は「コール売り」で変わりません。ただコールのプレミアムが小さいので、売りを仕掛けるのは、先物価格が十分に戻ってからの方がよいでしょう。７月限１１１コールのプレミアムは＠０―０４ですから、新規に仕掛けるには小さすぎますので、こういう時はお休みです。

コメント　休むことも大事な戦略の一つです。また時々週足で中期的なトレンドを確認することも必要です。

債券先物OP-9　Tボンド

[２００６.５.１０]

＊現在値＊　　　　１１５－１０

[状況]

　依然下げ基調に変わりはありません。IVはわずかですが、上向きになっています。

[戦略]

　基本戦略は「コール売り」で変わりません。コール売りを仕掛けている方はプレミアムが既にかなり剥げていると思います。権利行使価格を下げて増し玉を行なうことができます。

[仕掛けの内容]

　◎仕掛けている場合、新規に仕掛ける場合、共に
　　　７月限　１０９コール（＠０－０７）　売り

コメント　以上見てきたように、Tボンドは一度明確にトレンドが形成されると、その方向がしばらく続きます、その流れに乗るように「売り戦略」を実行します。

通貨オプション取引について

　通貨オプションは上級者向けです。他の取引よりも多額の資金が必要であること、この市場は決して甘くないということを肝に銘じてください。また株式オプションや債券オプションなどと一緒に取引はせず、通貨オプションだけに絞ってください。取引ブローカーは、数少ないオンラインによる通貨オプション取引を扱うSAXO BANK（デンマークの投資銀行）です。www.saxobank.comをご覧ください。

※CME通貨先物オプションの倍率は１２．５倍です。

通貨OP－１　ユーロ

［２００６．３．３］

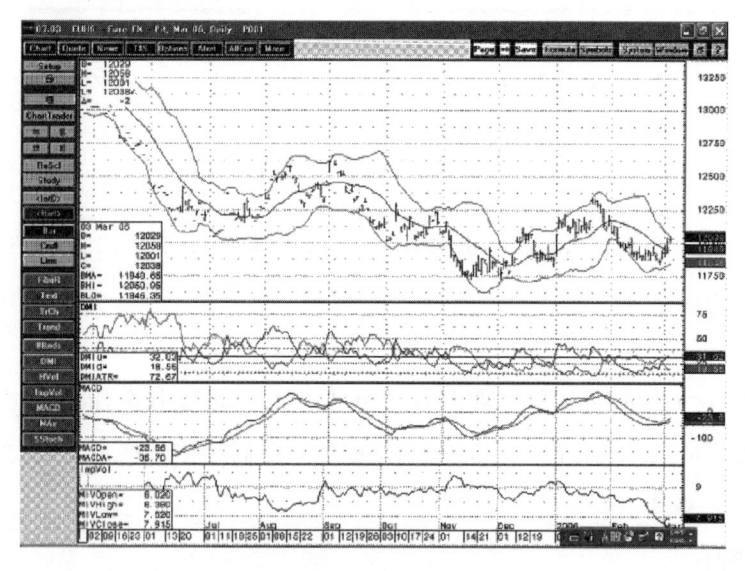

＊現在値　１ユーロ＝１．２０３８ドル

[状況]
　直近の底値から反転し、短期上昇トレンド形成中ですが、まだレンジ相場の中にあります。

[戦略]
　ゼロコスト・オプションがオススメです。単に売り戦略を実行する場合は注意してください。基本的にCME上場のユーロ通貨先物オプションでは、単純な売り戦略はお勧めできません。理由は、通貨先物原市場（GLOBEX）が24時間取引である一方、オプション取引はCMEの時間外（GLOBEX）での取引がほとんどないからです。

[仕掛けの内容]　＜参考＞
◎想定レンジ内（1.1500～1.2900）であれば利益が出るポジションとして
　　4月限　12500コール　1枚　買い　@170
　　4月限　12900コール　10枚　売り　@20
　　4月限　11700プット　1枚　買い　@130
　　4月限　11500プット　10枚　売り　@50

コメント　CMEの取引はシカゴ時間7：20～14：30に限られています。原市場の通貨取引は24時間取引で、いつ大きな変動があるか予測できません。「売りのみ」を行う方はこのリスクを十分に考慮してください。

短期取引

売り戦略　AMZN　（アマゾン・ドットコム）

［2006.5.15］

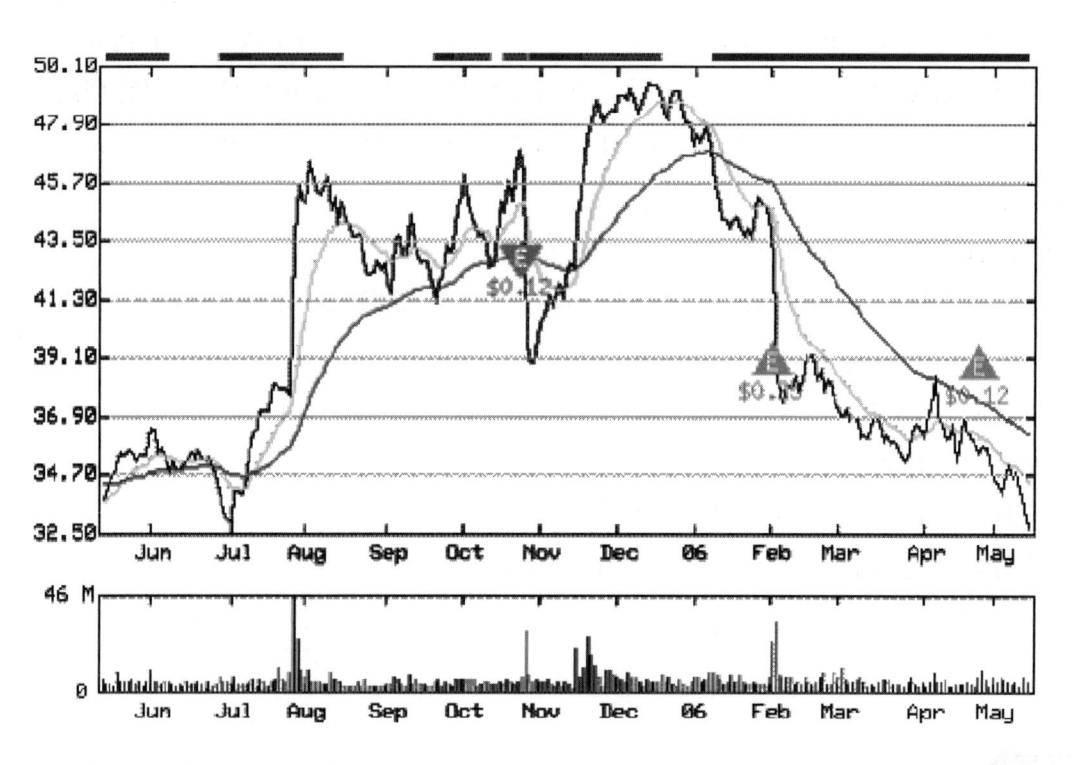

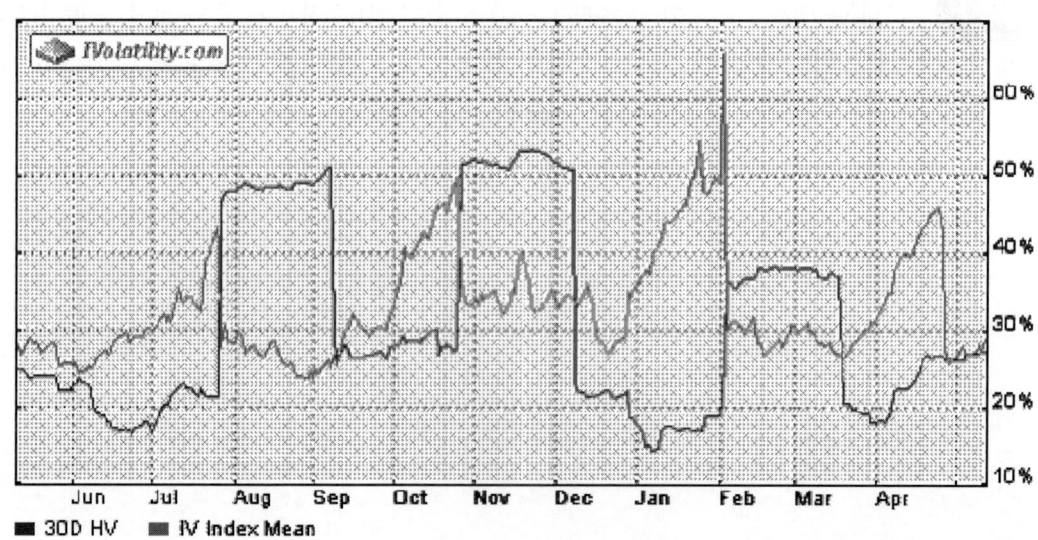

現在の株価　３２．６０ドル　想定レンジ・株価　＊３２．５〜５０ドル＊
現在のIV　２９％

＊＊現状分析＊＊
　株価はまだ下げていますが、これは「想定レンジ内」です。

[戦略]
　基本戦略は変わりません。LEAPSではないプット売り戦略です。株価の反発によって利益が期待できるか、株価が一定のレンジ内であれば、タイムディケイによって利益を上げることができる「コールのカレンダースプレッド」も可能です。以下はその例です。

[仕掛けの内容]
　　６月限　　　３５コール（＠０．４０）　　　　売り
　　７月限　　　３５コール（＠２．４０）　　　　買い
　　■スプレッド：２．００ドル

コメント　１０セット以上で仕掛けます。それ以下ですと、手数料に食われてしまいます。

買い戦略　SRZ（Sunrise Assisted Living）

[２００６.５.１２]

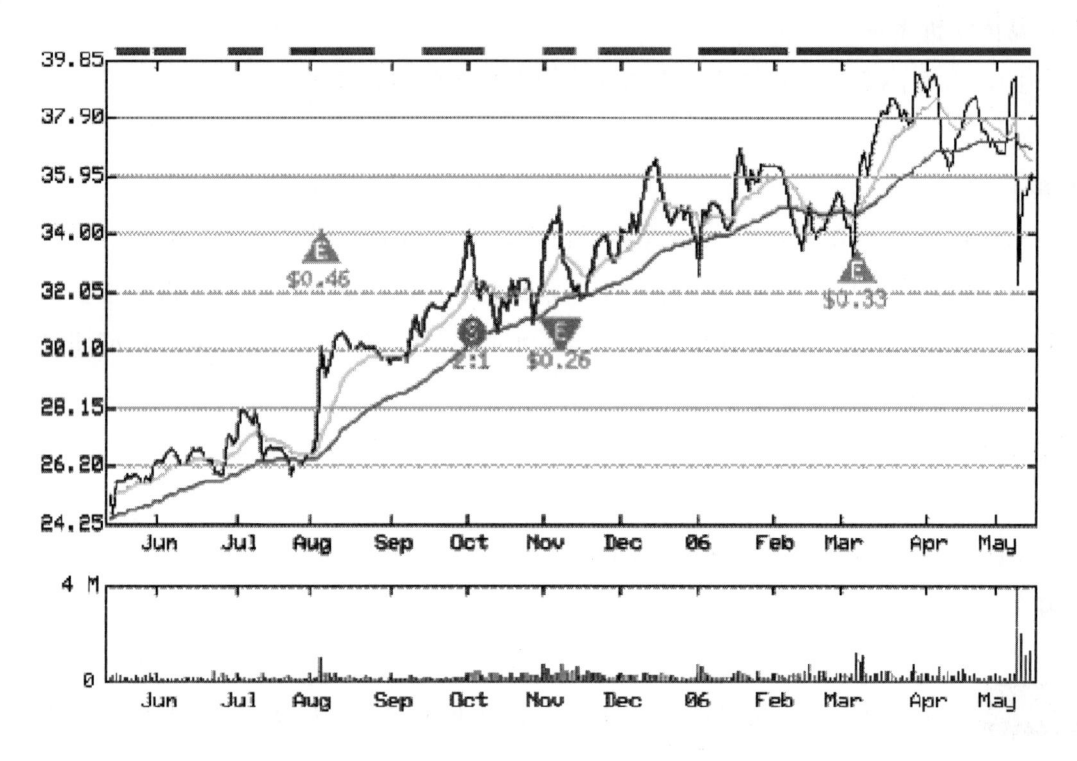

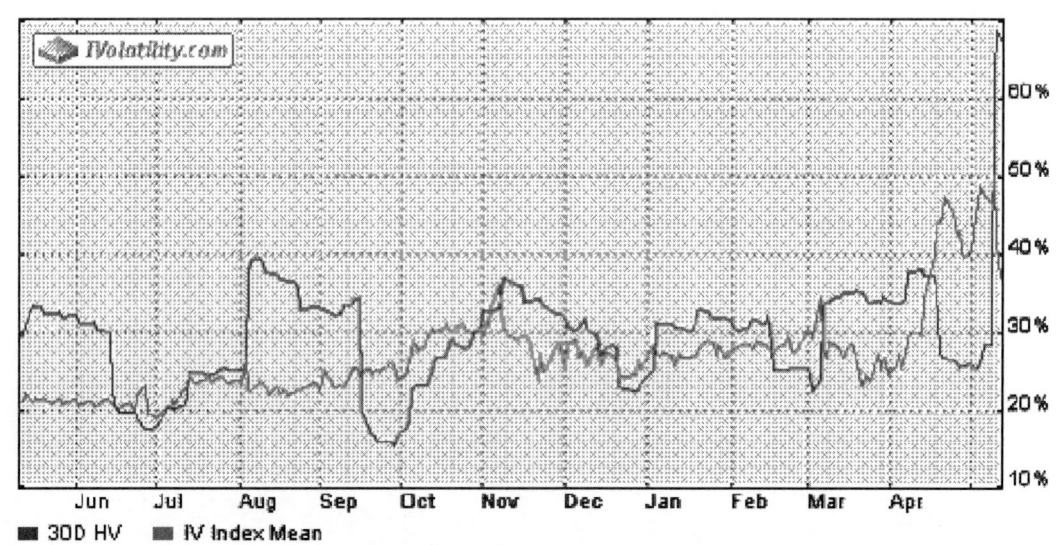

現在の株価　３５．９５ドル　想定レンジ・株価　＊３０〜４０ドル＊
現在のIV　４０％台

＊＊現状分析＊＊
　NYSE上場の銘柄です。チャートの通り、ずっと右肩上がりできたこの銘柄は、最近、乱高下が激しくなっている状況です。

[戦略]
　この動きを利用して「ストラングルの買い戦略」(OTMのコートとプットを買う戦略)を仕掛けたいと思います。

[仕掛けの内容]
　６限月　　　４０コール（＠０．３５）　　　　OTM　買い
　６限月　　　３０プット（＠０．２０）　　　　OTM　買い
　■合計コスト：０．５５ドル

＊期日まで保有せず、０．５５ドルのコストを抜けばいつでも売却して利益を確保する。

コメント　相場の方向性を予測せず、上下いずれかに大きく変動することに賭ける時は「ストラングル買い」はいつでも有効な戦略です。

第５章　その他の取引戦略

買い/売り戦略　AMZN

[２００６．５．５]

※LEAPSで何度か取り上げていますが、今回は短期取引用として取り上げます。

以下のチャートをご覧ください。

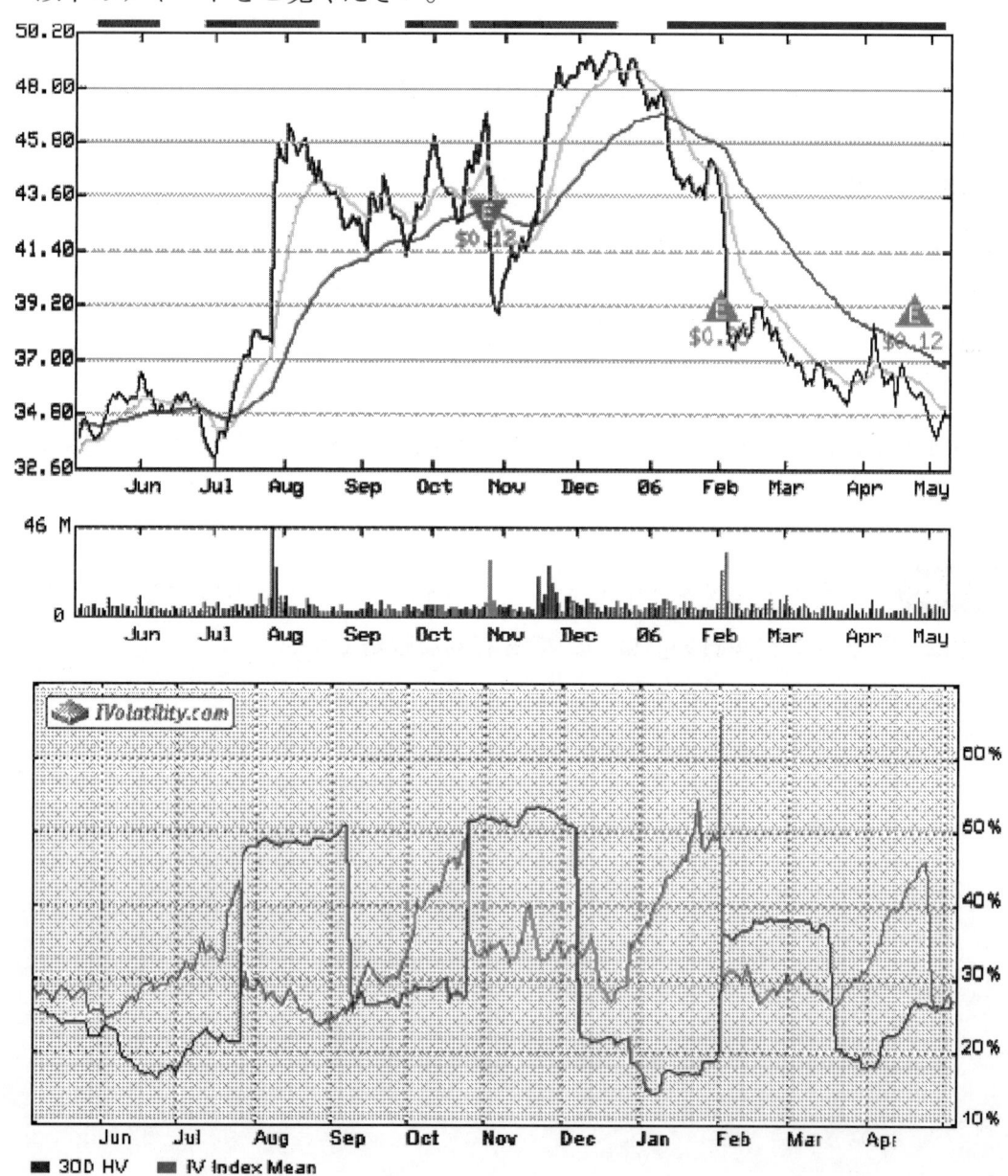

◆短期取引にあたってのスタンスは、短期取引ですからファンダメンタルズ無視です。企業業績など一切気にしません。テクニカル指標なども見ません。株価の動きとIVの動きだけで判断します。

＊＊現状分析＊＊

株価は低水準です。高値からかなり下げました。IVのレンジの下限です。

[戦略]

IVは株価指数と比べるとはるかに高い水準（26.86％）です。

◆ではここで、どのような戦略をとるか考えてみてください。

　①株価は1年前の水準に戻ってしまっています。安くなっているので、買いたいですか？

　②でも当倶楽部は株式倶楽部ではありません。ただ株を買うだけの、そんな味気ない戦略をとるわけにはいきませんね。

　③では、どうしたらよいでしょう。

　④考えられるのはコールの買いかプットの売りです。これはこの株にどれだけのリスクを取れるかの、それぞれの選択の問題です。

[仕掛けの内容]　①売り戦略

　　6月限　　35プット　　（＠1.20）売り
　　6月限　　32.5プット（＠0.40）売り
　　6月限　　30プット　　（＠0.10）売り

■万一さらに株が下がった場合、権利行使されて株式を購入してもいいと思う人は損切りせずにプットを売ったままにします。どの株価なら買ってもいいと判断で、権利行使価格を選択します。

②買い戦略

　◎ATMかITMを選びます。OTMは勧めません。

　　　6月限　32.5コール（＠3.10）買い
　　　6月限　35コール　　（＠1.40）買い

■相応のリスクがあります。これ以上株価は下がらないだろうと、断言することはできません。注意してください。

買い/売り戦略　ナスダック１００（Q's）

［２００６.４.２１］

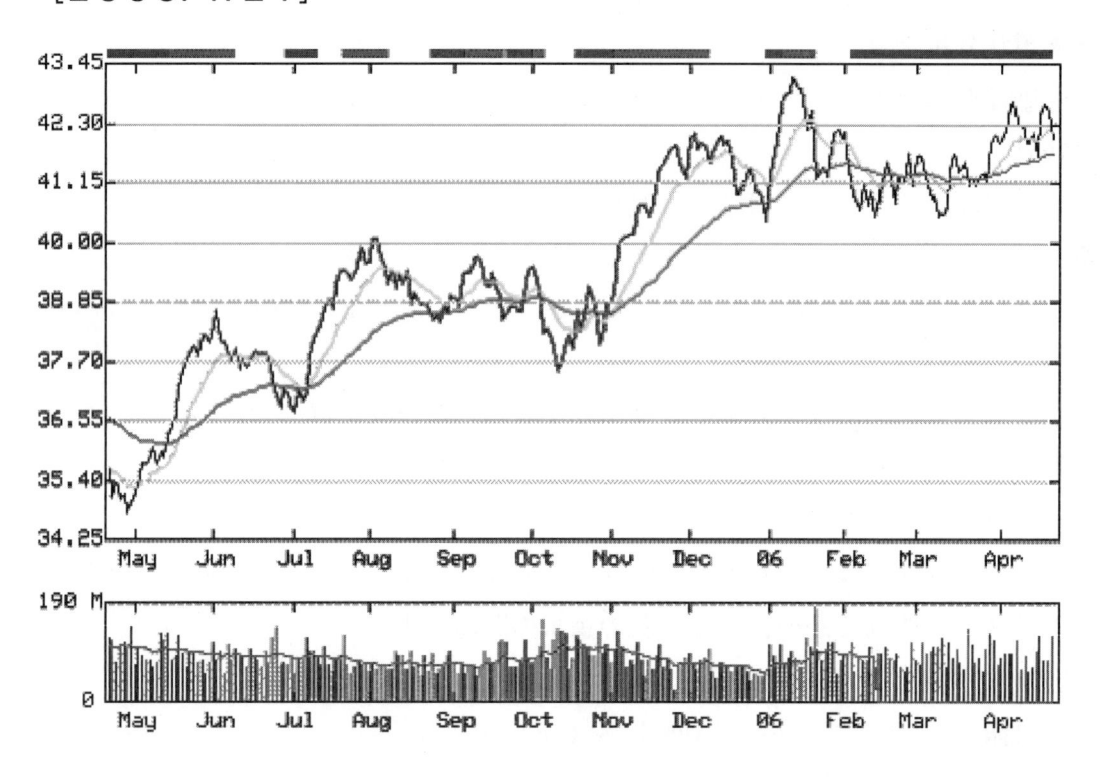

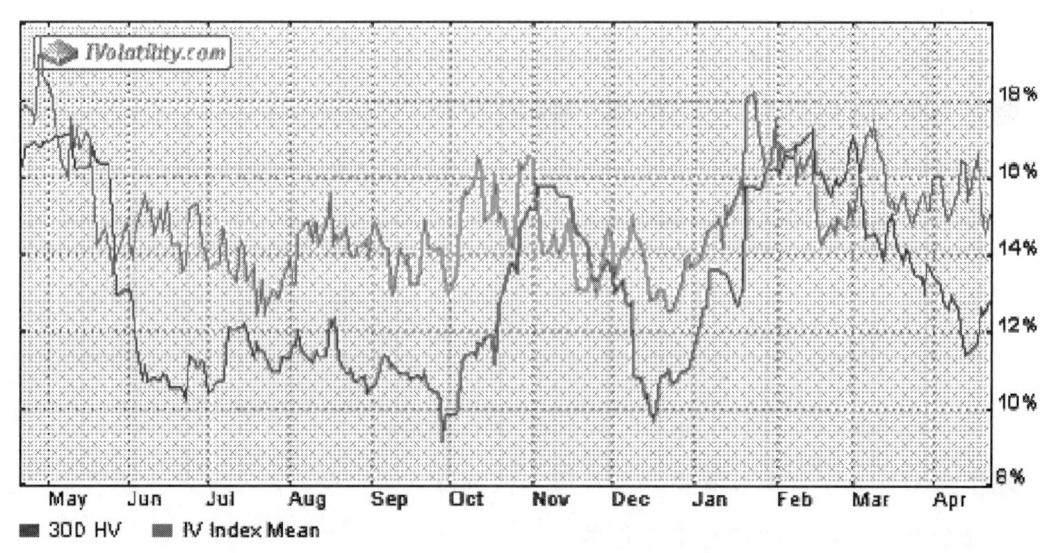

現在値　４２．００ドル　想定レンジ・株価　＊３７〜４５ドル＊
現在のIV　１５．１０％

＊＊現状分析＊＊
　株価は高値圏でのもみ合いです。
[戦略]
　IVが低水準なのでクレジットスプレッドは現在お勧めできません。売り戦略を主体とするスプレッドを組むなら、リバース・カレンダースプレッドをお勧めします。
[仕掛けの内容]
　◎３７〜４５のレンジ内で動くと想定して（プットが割高なので）
　　　６限月　　３７プット　　売り
　　　６限月　　３８プット　　売り
　　　６月限　　３９プット　　売り
　　　６月限　　４５コール　　売り
■リバース・カレンダースプレッドを行う場合には、権利行使価格は同じものを選び、５月限と６月限、６月限と７月限を選択します。

コメント　Q'sでできるだけ収益を多くしようと試みるならば、やや長めの限月を選択する方がよいと思われます。株価の急落時には、プットを即買い戻しポジションを調整します。

カレンダースプレッド　ユーロドル（短期金利）

[２００６.５.１２]

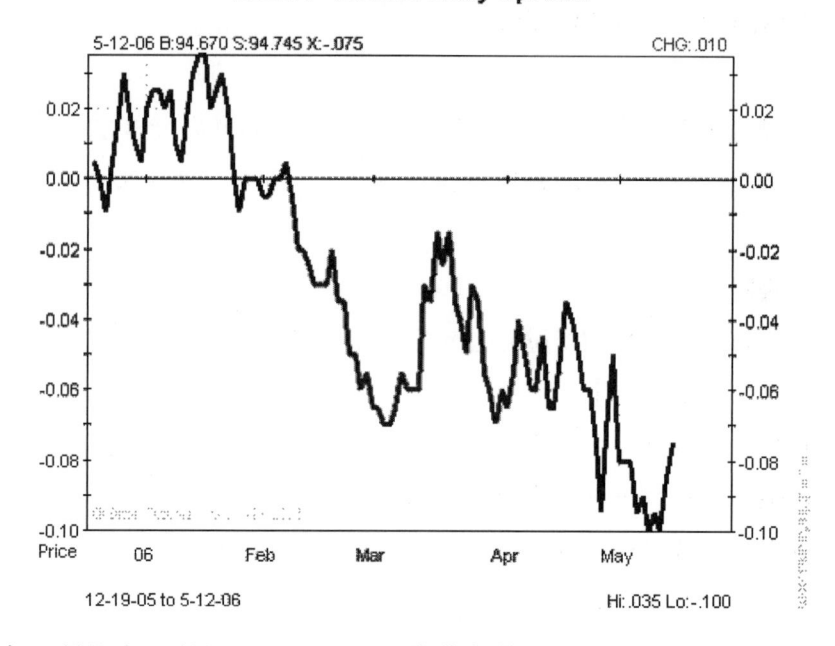

２００６年９月限と６月限のユーロドル先物価格のスプレッドチャート

＊＊現状分析＊＊

　　スプレッドは金利の先高観を反映してダウントレンドです。

[戦略]

　　金利の先高観に沿って仕掛けるプットのカレンダースプレッドです。ATMを対象として、６月限プット売り－９月限プット買いです。

[仕掛けの内容]

　　６月限　９４７５プット（＠４５）　ATM　売り

　　９月限　９４６２プット（＠９０）　ATM　買い

■プレミアムスプレッドは４５です。

コメント　カレンダースプレッドではプレミアムスプレッドが拡大すると利益になります。

第6章 Q＆Aの重要性
Importance of a Questions & answers

　セミナーを終えてアンケートをとりますと、かなり多くの方が「よく分かった」とおっしゃってくれます。ところが、皆さんが実際に取引をしようとすると、混乱して分からなくなると思います。セミナーで聞いたはずで、そのときはとてもよく分かったのに、実際に自分が行動しようとすると混乱して分からなくなるのです。

　では、なぜ分かったとお答えになったのでしょう。自分だけが分からないと格好が悪いから、分かったふりをしたのでしょうか。

　いいえそうではないと思います。説明は順を追って論理的に進められますから、分かるのです、そのときは。どなたでも分かった気になるものなのです。
すでに取引経験が長く、しかもご自分のやり方が確立されている方にとっては、

再確認となり、本当の知識になるでしょう。でもセミナーに来る方は、まだ取引に慣れてらっしゃらない方々が大半だと思います。
とうとうとなめらかに説明されると、何となく分かった気がします。でもいざ実際に取引になると混乱するのです。

　セミナーでも本でも、知識を伝えようとするとき、どうしても一方的にならざるをえません。そして当然のことですが、私のもつ知識のレベルと、これからオプション取引で資産を形成しようと考えている皆さんとのレベルの差がはるかに大きいために、私がお伝えする知識が、すぐには皆さんに浸透しないという状況が生まれてくるのです。

　このQ&Aは、まさに皆さんの声を聞く場です。
ここには皆さんの生の疑問がいっぱいつまっています。プロの知識と皆さんの実践との間にあるギャップを解消するヒントがあふれています。
本を読んで分かったような気になっても、実際に始めてみると分からないことだらけ、それがふつうです。単に困ったときだけ読むのではなく、実践する前にぜひ目を通していただきたいと思うのです。
そしてそれぞれの疑問を、ご自分なりに考えてみてください。
ここからかなりの生の知識を得ることができます。

　そして実践に実践を重ねてオプションセンス（感覚）を養っていってください。

◆◆手続き・その他◆◆

──最低口座資金はいくらからですか？

　オプション取引の場合は最低口座資金 $2000からです。

※レベル4の単独のCALL売りをする場合は最低口座資金 $50,000からになります。
（利用しなくても問題なしです）

https://us.etrade.com/e/t/estation/help?id=1304010000#View

──入金後、何日ほどでオプションの取引は可能になるのでしょうか？

　通常2週間程度では出来るようですが、場合によっては時間がかかる場合もあるようです。

──申請書を出してからどのくらいで手元に届きますか？

　通常二週間前後で届くようですが、中には一カ月かかったという方もいるようです。

──オプションの「レベル3」と「レベル4」の違いは？

　レベル3はネイキッドコール売りはできません。
組み合わせの売買はできます。
ほとんどの場合、レベル3までは許可が下ります。

──オプションレベルの問い合わせの英語を教えてください。

　Is my new account open?（私の口座はできましたか?）
How is the situation on my request for option level 4?（オプションレベル4の申請はどうなっていますか？）

──最初の資金はもう少し勉強してから電信送金する予定ですが、入金の期限というのはあるのでしょうか？

　期限はありませんが、「つもり売買」では 練習にはなりません。

——2つの口座を持つと便利であるとよくレターに書かれていますが、同じ証券会社に複数の口座を開設できるのでしょうか？

　同じ証券会社で2つ口座をもつことはできません。その場合は、倶楽部ではE＊TradeとXpresstradeをお勧めしています。ご自分の取引を短期と長期の取引などきちんと管理できるのであれば、口座は1つでもかまいません。

——海外送金でお勧めの銀行が良いですか？

　どこでも良いですが、一般的な都銀は海外送金が慣れていないため、外資（citybankなど）が良いかと思います。

——米国のオプション取引で得た所得に対する税制について、何か参考になる資料等はないでしょうか？

　オプション取引は雑所得で総合課税です。ご自分の給与所得、自営業者の方はご自分のそのほかの所得と合算で申告してください。法務上のリスクがありますので、税理士や税務署にご相談ください。

——欧州市場などはオプション倶楽部で取り上げますか？

　欧州市場の情報が一般投資家にはほとんど入りませんので米国市場だけを取り上げています。欧州市場は取り上げていません。しかしながら、ＤＡＸやＥＵＲＯＳＴＯＸＸ５０はＳ＆Ｐ５００との連動率が非常に高いのでＳ＆Ｐ５００を参考にしていただいてけっこうです。注意点は、ＤＡＸやＥＵＲＯＳＴＯＸＸの方がＳ＆Ｐ５００よりボラティリティが高いので慎重にトレードすることです。

E＊TRADE関連

——Naked Putのマージンの計算方法およびLEAPSの証拠金について教えてください。

　証拠金規定は定期的に変わります。
株式オプションの証拠金
例えば株価が３０ドルで２５プットを売る場合、プレミアムを１ドルとします。

　３０ドル（株価）×３０％＋１ドル（プレミアム）－５ドル（３０ドルと２５ドルの差）＝５ドル

　これに１００を乗じた値＝５００ドル（１枚あたりの証拠金）
もしくは
　２５ドル（権利価格行使価格）×１０％＋１ドル（プレミアム）＝３．５０

　これに１００を乗じた値＝３５０ドル（１枚あたりの証拠金）

　このうち大きい方ですから５００ドルが１枚あたりの証拠金です。
他の取引にもこれを応用してください。
またPUTの場合は最少額で２０００ドル、コールの場合は５００００ドルが口座に必要です。

——E＊TradeとXpresstradeに口座を開設しましたが、E＊Tradeのoptionレベルの 設定がlevel1となってしまいました。変更するにはどうすればよいのでしょう。今１万ドルを入れていますが、投資額を大きくすれば、レベルが上がるものでしょうか？

　オプション売買のグレードUP版は提出しましたか？
オプション倶楽部のHPの中にも記載方法があります。あまり正直に記載しすぎると許可がおりないことがありますので、ご注意ください。最近はグレードUPまでお時間がかかる場合があるようです。

もし申請書を提出したということであれば、「よくある質問」にある通り、以下の英文をメールしてみてください。
How is the situation on my request for option level?
（わたしのオプションレベルはどうなっていますか？）

――電子取引は出来高が少ないのでしょうか？
　ＴボンドとＴノートのオプションの電子取引市場での流動性はかなり増してきています。ＥＣＢＯＴ（ＣＢＯＴの電子取引市場）はユーレックスに対抗して、特に、債券先物とオプションにおいて電子取引に力を入れ、現在ではＰＩＴ取引以上に電子取引の出来高があります。
　問題は、volatilityです。これはＰＩＴ取引が始まるメイン取引の時間帯において、経済指標の発表があったりすると、為替市場あるいは株式市場が動き、その影響を受けて債券市場が大きく変動することが多いからです。つまり電子取引はその間も継続して行われており、メイン取引時間帯の様子をウォッチできないと、その影響をもろに受けてしまうことになるわけです。

――カバードコールのポジションを持っています。株価が上昇し権利行使された場合、売り手側が行わなければならない手続きはありますか？
　カバードコールにおいて権利行使された場合は、原資産を権利行使した相手（コールの買い手）に引き渡します。これはブローカー（取引会社、証券会社）がやってくれますので何も手続きはいりません。権利行使のお知らせが来るだけです。カバードコールの場合は、権利行使価格より上昇した値幅（得べかりし利益）を失うだけで株価上昇によるリスクはありません。

――以前ニュースレターでも取り上げていた書籍「STOCK TRADER'S ALMANAC」は日本の書店で手に入りますか？また、値段はいくらですか？
　残念ながら日本では販売しておりません。以下のサイト（amazon.com）をご覧になってください。
http://www.amazon.com/gp/product/0471709565/ref=pd_bxgy_text_b/002-3728103-1852813?%5Fencoding=UTF8

——ニュースレターの最初からの過去ログは閲覧可能ですか？
　過去ログは削除しています。
　会員様の公平性を出すためですので、よろしくご理解ください。

——E＊TRADEとXPPEESTRADEの違いは？
　E＊TRADEは株式オプションで、XPPEESTRADEは、先物オプションです。

　また、以下の本はオプション取引を行う上でとても役に立ちますのでご参照ください。
会員ページからお申込みできます。
「海外投資実践マニュアル（2）アメリカ U.S.A」

◆◆LEAPS◆◆

――銘柄を選別する際に、Volatilityの高いものが良いですか？
　IVの高いものだけを選ぶならwww.ivolatility.comなどで銘柄を選ぶことは可能です。LEAPSの投資基準はIVの高さではありません。期待利回りは低くなりますが、できれば倒産の可能性が著しく低い優良銘柄の方がよいでしょう。あまりにも欲に走りすぎ、リスクを軽視していると感じます。

――LEAPSはどのくらいの期間で結果がでるのですか？
　LEAPSは３カ月から半年で威力を発揮すると思いますので、資金があるうちは分散でおおく思っているといいと思います。目先の損益は気にしないでほしいと思います。１カ月ごとに利益をあげたいポジションをお持ちになるなら短期の株式オプションと債券先物オプションはよろしいかと思います（売り戦略のケースです）。

――利食いは、どのくらいで行えばよいでしょうか？
プレミアムが半分くらい？それとも、2年間持ち続けるのでしょうか？
　プレミアムの７５％が剥げたら、翌限月に乗り換えます。

――損切りは必要ですか？必要な場合、いくらくらいの金額で逆指値をすべきでしょうか？
　プレミアムが２倍以上になったら考えてください。
売りすぎていると追証ということになるかもしれません。その場合には即買い戻してください。

――損切り、買戻しのポイントはプレミアム（又はポジションを建てたときのデルタ）の何倍、何割といった決まったポイントを設けるべきでしょうか？
　半分以下になったらいつでも買戻してけっこうですが、できれば７割以上剥げるまでもってもいいかと思います。半分で利益確保した場合は、また別のLEAPSを売るというように回転させていくと、最終的に利回りはアップします。

——LEAPSの流動性について、ホームページで見るとLEAPSの銘柄では、Volumeが30や多くて100程度（0の権利行使価格も多くある）なので取引時の流動性が気になったのですが、問題ないのでしょうか？

　LEAPSは短期トレードをするわけではなく、投資感覚なので問題ないです。トレードもちゃんと成立します

——プットの売りポジションを持っていて権利行使された時には、具体的には株を購入する資金をどのくらいの期間に用意する必要があるのでしょうか。

　権利行使された場合は翌日には資金を用意しなければ差金決済されます。LEAPSのプット売りは権利行使して株を保有することを前提にした戦略ではないので、ITMになるまえに損切り（買戻し）乗り換えをお勧めします。資金効率を高めるためです。

——100万円の資金でトレードしていますが、LEAPSに資金を全部使っても良いのですか？

　資金は全てLEAPSの資金としては良いですが、銘柄は分散してください。

——ＬＥＡＰＳのプット売りのポジションを立てる場合、コミッション以外ではどのようなコストがかかるのでしょうか？

　通常のオプション取引と他の株式や先物取引のコストの違いは、スリッページ、すなわち、買値と売値の差です。成行で買えば相手の売値で、成行で売れば相手の買値で約定せざるを得ないわけですから、これが最大のコストになります。このスリッページは流動性のない銘柄や市場ほど大きくなり、LEAPSでは一般的にどの銘柄でも比較的大きいので、成行では取引しないでください。通常、ビッド（買い）とアスク（売り）の中間をとって指値します。

——初心者はどの銘柄をウォッチすればよいでしょうか。今から場帳をつけようと思いますが、やはりQQQQかSPYをつけていけばよいでしょうか？

　どの戦略をモノにしたいかによります。NOPSを覚えたいなら、QQQQをお勧めします。

LEAPSは特に場帳はいりませんが、練習として一つくらい場帳をつけてみると勉強になるかもしれませんね。取り上げたことがあるITNCはナスダックの優良企業ですから、これでもよいかと思います。

——Q'sにも2008月1月限のオプションがありますが、これを LEAPSとして乗り換え運用していく手法はどうでしょうか。指数こそ長期的にみて安定的に上昇していくのではないかという観点から、指数への直接投資より安全ではないでしょうか？

　株価指数や株価指数連動型ETF（例：Q's）をLEAPS銘柄にするというアイデアはいいですね。目のつけどころがいいです。ただ現時点で言うなら、株価指数のボラティリティがあまりにも低いため、利回り的に魅力的とは言えません。それを除けば、リスクは非常に低く良いと思われます。

——ＬＥＡＰＳでは分散投資が重要とのことですが、米国の個別株式のファンダメンタルズを調べるのはなかなか難しいように思います。どのように考えたらよいのでしょうか？

　LEAPSのプット売りにおいては銘柄分散を重視していますが、FUNDAMENTASは参考程度です。そもそも値上がりによって利益をとる戦略ではないからです。IVの高さと勝つ確率がもっとも重要視されるポイントです。しかしだからと言って倒産してしまっては元も子もありませんので、倒産リスクが限りなく低い優良銘柄を選ぶことです。

——米国でのオプション取引に資産の大半を使おうと考えていますが、将来的な為替リスクが気になりますが。

　本当に長期で運用をされるなら、少々の為替ヘッジなら考えなくてもよいのでは、と思っています。年率８％で資産は１０年で倍になります。１５-２０％の複利ならさらすごい速さで資産は増えます。しかしやはり、ドルが円に対して半分になることも決してない話ではありませんので、"資産は分散する"というセオリーに沿うなら、一つのリスクにすべてを預けるのには疑問がありますが。

◆◆NOPS◆◆

> **NOPSの最大の教師は"経験と慣れ"**
> NOPSは、結局は経験と慣れが最大の「教師」です。増田ではありません（笑）。小さな玉で、何度も取引し、利食いを繰り返し、場の雰囲気を嗅ぎ取り、自信をつけていくことです。ここで言う自信とは、大胆になることではありません。大胆になってはいけません。大胆になって大きなリスクをとらなくても、時間を味方にして待てばいいのです。ただポジションの均衡がくずれそうなときに調整が必要になりますので、その調整のやり方になれていってください。利益が得られたら、LEAPS口座に移しましょう。長期で安定的に増えていきますから。

――QQQQがNOPSに適している理由は何ですか？

資金量が少ない個人投資家が、大きなリスクを負うことなく、また心理的な負担をあまり負うことなく実行できるからです。流動性が高いので、資金量がある方は、１０００枚でも１万枚でも取引が可能です。

――スプレッド取引で10セットなど複数枚仕掛けるときは、日にちを分けて分割で行い平均買値を下げたほうが良いのでしょうか？

資金量があれば１０セット一発でしかけたいのですが（手数料が割安になりますので・・・）、2,3回に分割してもいいと思います。１０セット、１０セットと２分割が理想です。

――QQQQあるいはSPYの売り戦略について

ストライクプライスを決める際に、直近の高値や安値の他に、何らかの方法で標準偏差を計算して、90％信頼区間のOUTに設定といったようなことはされるのでしょうか？

始めのうちは、９０％以上とかの目安があった方がいいと思います。しかし経験を積んでくると、数字は単なる目安でしかないことに気づかれると思います。

でも、今の段階ではそれで良いと思います。ニュースレターでも取り上げていきますが、株式や先物の取引とはゲームのやり方が全く異なるのです。重要な点は、ポジションの増し玉と乗り換えです。損失が出ても致命傷を負わない限り、このゲームは最終的には勝ちます。

——NOPSの基本的な考え方に関して教えて下さい。

　NOPS建て玉に定番はありません。臆病なほど"慎重な"やり方を１０年以上にわたって貫いてきた増田のやり方ですので、それを参考にするもよし、自分独自のやり方をやるもよし、です。
そのやり方とは、
　①IVが上昇してきたら、それに逆らって売り玉を増やすのではなく、IVがピークをつけて減少に転じてから玉数を増やす。
　②レンジ相場といっても、けっして逆張りでトレードしない。
　　＊つまり株価が上がっているときにコールを売らず、むしろプットを売る
　　＊株価が上昇して、それが下げに転じるのを確認してからコールを売る

　しかし、これは定石ではありません。IVの上昇中に増し玉していく人もいます。株価の流れに逆らって建て玉を膨らませる人もいます。**NOPSの真髄は、相場の波をかぶらずに時間価値を稼ぐこと**にあります。また不利な建て玉で損失を出しても、その損失をキャッシュフロー（新規売りによる受け取りプレミアム）で補い最終的に利益を上げることです。したがって、株価の動きに応じて、ポジションは次々と調整します。

——TボンドのＩＶが低いときにＮＯＰＳを仕掛けてもよいものでしょうか？それともトレードしないほうがよいのでしょうか？

　よいかどうかをお答えする前に、NOPSは基本的にプロのトレーダーが食べていくために行う手法だということを覚えておいてください。**プロはIVのレベルには関係なく恒常的に仕掛けます**。その際、IVのレベルによって仕掛ける量を加減したり、プットとコールのバランスを調整したりするのです。

　しかし個人にそれを求めるのは、経験の差、迅速性が求められること、そして何より資金的にも困難があります。よって個人がNOPSを仕掛ける場合には、

約束事（市場がNOPSに適しているか、Q'Sの場合では、IVの予想変動率が１４,５％より著しく低いときには、売りは控える等）の範囲内で行うことが大事になります。売りは**"利益は限定、損失は無限大"**ということを忘れないでください。

　さてご質問のTボンドのNOPSですが、当然キャッシュフローの管理を十分にされていると思いますのでお分かりでしょうが、IVが７％でも実際の動きは非常に大きいのです。例えば、Tボンドの価格が１００とすると１％の動きは１ポイントになります。したがって、より大きな幅をとるわけです。その幅が当限月で小さすぎれば、２番限月を取引します。実際にやってみるとわかりますが、その方が心理的には非常に楽です。
（いずれにしても、NOPSは調整の回数が多く疲れるものです。）

――Tボンドの取引でＩＶが上昇トレンドに転じたとき、ＮＯＰＳを仕掛けるのは　お勧めの戦略ですか？（原資産価格が想定内にあるとして）

　TボンドのIVの水準は基本的には一定しています。したがって、水準そのものの動きに目を配ります。ただプロはNOPSにおいてはトレンドに逆らう手法を多くとります。IVが拡大する局面では増し玉で調整します。

◆◆日経２２５・先物市場・その他◆◆

２２５オプション

――日経２２５オプションで、１６８００円での２Ｂパターンを考えています。
［２００６．３．２７］
　　＊ブレイクしたら５月限のＡＴＭコールの買い、
　　＊しなかったら４月限のＡＴＭプットの買い、と思っています。
ＩＶが比較的低いので買い戦略と思いますが、この考えでよいでしょうか？

　基本的にご自分でチャートをご覧になって判断してください。チャートを正確にご覧ください。３・２７の高値は16711.16です。その前の高値は16777.37（2/6）です。どちらの高値をブレイクアウトとお考えなのでしょうか。また２Ｂパターンは抜かないことに賭ける戦法です。お考えの手法とは異なります。儲かる確率が５０％、負ける確率が５０％あることを忘れないでください。

　ＡＴＭでしかける場合、日経２２５オプションは１枚でも金額が大きいですので、損切りポイントをきちんと考えておいてください。

――日経２２５オプションで、以下のポジションをもちましたが、いかがでしょうか？
［3.21　原資産１６５００］
　　＊４月Ｃ１６０００を、６３０　で買い、
　　＊４月Ｃ１６５００を　３２０　で売りました。
売り玉は、４月Ｃ１７０００　１枚、もしくは２枚がよかったのでしょうか？
４月Ｃ１６０００を買った場合の、売り玉の模範モデルを、教えてください。

　方向性から見てポジションがよいか悪いか判断はつきません。相場が上昇すればよいポジション、下がれば悪いポジション（相場予測に基づくのであれば・・・）となります。

　ポジションの建て方という意味では、インアウトですから悪くはありません。ただしこれは、形としては、という意味です。

　ＩＶの観点からは、１６５ＣのＩＶは１７．８５％、１７０ＣのＩＶは１８％

ですので、旨みはありません。

今の日経２２５オプションは以前と異なり、ＩＴＭほどＩＶが高いのです。したがって、ＩＶの違いを利用したインアウトのスプレッドの旨みは全くないということになります。

あえてこれを仕掛けるなら、先物の代わりの相場方向性を予測して仕掛けるほかありません。ただし、その優位性はないので、方向性をとるなら、合成ポジションか、単純な買い戦略の方がいいでしょう。

――**現在、ＬＥＡＰＳ感覚で日経２２５オプションの期先のプット売りを少々行っています。**

それについて、戦争や天災で相場が暴落したときに追加証拠金がどのくらい必要になるかシミュレーションしたいのですが、何かよいソフトウェア等はないでしょうか？

まず最初に申し上げたいことは、**LEAPSのプット売り戦略と日経２２５プット売り戦略は全く異なるもの**である、ということです。

「LEAPSの感覚で・・・」とのことですが、"感覚"ではなく、実際に本物のLEAPSを本格的になさってはいかがでしょうか。そのおつもりがないのであれば、**日経２２５オプションは基本的には短期トレードで臨む市場**ですので、それに合う戦略を考えられたほうがよろしいかと思います。日経２２５は２年前に比べると変動幅が大きくなり、比較的資金の小さい個人投資家にとっては、厳しい状況になっています。

今までプット売りで利益を上げてきた投資家が大きなダメージを受けているケースも報告されています。

十分な資金の余裕をもって臨んでいただきたいと思います。(資金量がトレードに大きく影響しますから)

シミュレーションソフトについて

あれば、私どもの方こそ知りたいです。株価の暴落は突然やってくるものではないので、日々ＩＶの動き、相場の動きを観察して注意するしかないのです。ＳＰＡＮの計算自体が複雑で、現在のＩＶ水準では証拠金がいくらかかり、１０％ＩＶが上昇したらいくらになるかは、大雑把に予測するしかありません。

証拠金の不足を心配しなければならないようなトレードではなく、使用する資金を3分の1〜半分に押さえたトレードを行うことをお勧めします。半分程度がよいと思います。

それでも証拠金が足りなくなるほどVOLAが増加した場合には、やるべきことは「ただ一つです」。

ポジションを切ることです。

——ラリー・マクミラン氏の「オプション戦略の落とし穴」にプット／コールレシオを参考に 売買する内容のくだりがありました。過去の傾向を調べるために、日経225オプションのプット／コールレシオの掲出されているサイトは、大証以外にありますか？

www.cboe.com にレシオが掲載されています。
また有料ですが、www.ivolatility.comで個別株オプションのレシオをご覧になれます。

しかしこれは、根気のいる手法で、絶対的な手法ではありません。数字（レシオ）の大きな変化を読み取ることが大切になります。時間をかけて取引の技術、仕掛けの勘所を掴むにはそれなりの経験が必要になります。
ちなみに、マクミラン自身はこの手法は著書では紹介していますが、自分ではそれほど実行していないと聞いています。つまりマクミラン氏自身、その手法を用いて利益を上げているわけではないのです。

『最新版 オプション売買入門』でも、ＰＣレシオについては紹介にとどめています。ただ利点として、相場のトレンドの転換点などをレシオが教えてくれることがあります。

追加ですが、日経225オプションのＰＣレシオは月額20万円の情報量を払えば、www.bloomberg.comで見ることができます。

——日経225オプショントのレードを始めるにあたってツールのようなものは必要でしょうか？

ツールについてお答えする前にお伺いしたのですが、
日経225オプションはすでに取引されているのでしょうか。もしされているな

ら、利益を上げることができたでしょうか。さらに、十分なご資金（１０００万円以上）を用意されているのでしょうか。もしこれからオプション取引を開始されるなら、**なぜ日経２２５オプション**なのでしょうか。

倶楽部では、初めてオプション取引を始める方に日経２２５はお勧めしておりません。理由はたくさんありますが、もっとも大きな理由は、初心者がこの市場で利益を上げるにはハードルがきつすぎる、という判断です。

倶楽部の趣旨は、長期にわたるオプション取引によって、会員の方に資産を築いていただくことです。

　対象市場は、米国の株式及び株価指数オプション、さらにETFオプションを中心としています。資金に余裕のある方には米国先物オプションの取引（債券先物オプション等）をお勧めしています。

倶楽部の投資対象外である日経２２５オプション向けのツールに関しては、お答えできる情報をもっていません。また初心者が損失を被る可能性がある市場について、安易に情報提供をすることは、ある意味で無責任な対応にもなりかねません。大事な資産の問題ですので、ご理解ください。

IVの数字などは倶楽部のHPでも見ることができますのでご参照ください。

――日経225オプションは、インザマネーになると極端に流動性が低下しますが、米国株式オプションのインザマネーでは、なぜ取引ができてしまうのでしょうか？

　日経２２５のITMはディープになればなるほど流動性が落ちていきます。それに較べ、倶楽部で取り上げている米国株式や株価指数、あるいはETFのオプションは、LEAPSを除いて、ITMでも十分な流動性のあるものです。つまりそれだけ規模が大きく、参加者が多いということです。

　余談ですが、一般に米国の株式オプションでは、ITMは、銘柄によっては買い（ビッド）と売り（アスク）が通常より大きく離れているものもありますが、指値（リミット）を入れて根気強く待っていれば取引可能になるケースが多いようです。(成り行き注文はせずに、指値をした方がよいということです)

——権利行使をするときはどのようにすればよいのでしょうか？

　どうしても権利行使したい場合はとりあえず、電話で指示するのが一般的のようです。

　しかし倶楽部では権利行使はお勧めしません。資金効率が悪くなりますので。

——２２５オプションの場帖を記入する場合、IVの値はコールとプットそれぞれのプライスで違っていますが
ATMのCとPそれぞれのIVを記入すればいいのでしょうか。
また日経新聞を見ると、IVはひとつしか表記されていませんが、これはどういうことでしょうか？

　新聞ではなく、PCがあるならインターネットで倶楽部のHPから日経２２５オプションの日々のデータがとれます。
http://www.panrolling.com/option/op060309.html
　ATMとご自分の取引しているオプションのIVを記録してください。

OPS

――OPSでは損失が限定されているので、資金を目一杯使ってもよいでしょうか。

　OPSはオプション売りとは異なり、**リスク限定型の買い戦略**ですから、最終的に資金を使い切ってもかまいません。「最終的」にという意味は、はじめから一度に全ての資金でポジションをとるのではなく、分割してポジションをとっていくことを意味しています。限定されたリスクでも分散すれば、さらにそのリスクを軽減できるということです。

――**QQQQ、ＳＰＹのスプレッド取引について、最終的に資金いっぱいのポジションも可能ということですが、場合によっては権利行使をしなければならないケースがでてきた時のために、原資産購入資金を残しておいたほうがよいのではないでしょうか。**

　OPSはオプションの買い戦略です。
この戦略では、権利行使はしません。

　買ったときのプレミアムの合計（コールとプットのプレミアム）が増加すれば利益になります。そのときに手数料を上回っていればコールとプットを売却して利益を確定します。スプレッドが大きく逆に動いても同様に売却して損を確定させます。損切りの目安はプレミアムの合計が半分以下になったときを目安にしますが、これはご自身のリスク許容度の範囲でルールを決めてください。

　OPSで買ったオプションの権利行使をすることを、あらかじめ想定するなら、そもそもオプションではこのスプレッド取引は実行しません。資金がかかるからです。

――**QQQQ-SPYのポジションを取る際のストライクプライスの選び方の基準を教えてください。**

　ITMを選んでください。ATMから２つ程度以上離れたITMの権利行使価格です。

たとえば現在、

＊SPYが１３０であるとき、プット買いなら１３２プット～１３５プットまで流動性に応じてどれでもかまいません。

＊QQQQのコール買いでQQQQが４０なら３８コールや３７コールを選びます。ITMを選ぶ理由はデルタが高いからです。

――OPS（コールとプットの買い）戦略でスプレッド注文はできるのですか？

　ＯＰＳでは通常のスプレッド注文はできません。これはどのブローカーでも同じです。スプレッド取引とは売りと買いの両方を同時に行う取引ですから、その意味ではＯＰＳはスプレッド取引ではないのです。これはストラングル取引の買いと同じですが、銘柄が異なります。

　したがって、OPSを行うのであれば、ご自分が責任をもってコールとプットの買い注文が、両方とも執行されたことを確認しなければなりません。この手法はＡＴＭまたはＩＴＭを用いますので、執行までに時間はかからないはずです。ＴボンドとＴノートであれば、ＡＴＭなら成行で執行できるからです。この場合スプレッド２銘柄で２ティックのスリッページ（コスト）が生じますが、許せる範囲だと思います。

なぜなら利益は

　　３２～６４ティック（ハーフポイント～１ポイント：１セットにつき５００ドルから１０００ドル）

を狙ってしかけるのですから・・・

ニューヨーク　金

——金を保有していますが、原資産が下落した場合のポジション調整を教えてください。

　まずご質問にお答えする前に、**なぜ金先物（オプション）を選ばれた**のでしょうか。

　なぜこのように厳しい市場をお選びになったのでしょうか。他にもっともっと簡単に儲けられる市場がたくさんあるのに、なぜ困難な茨の道をお選びになったのか、と。素朴な疑問です。

　それはともかくご質問にお答えします。

1．金のポジション調整について
　ニューヨーク金のオプションのネイキッド売りですね。
　　＊原市場の（一定期間における）動きの「想定レンジ」
　　＊IVの水準とその推移や範囲、
　　＊さらにはトレンドを検証して、コールまたはプット、あるいはその両方を売ります。
　そして、原市場の動きやその他の要因の変化に合わせてポジションを調整します。
　これは金先物だけでなく、原市場であろうとナスダック１００のような株価指数やそのETF（QQQQ）あるいはTボンドであろうと、基本はまったく同じです。

——以下のポジションを保有しており、今後、金が下落した場合のポジション調整を教えてください
　現在保有中のポジション（3月20日時点でGCM06＝561.2）

①Short GCM06 500 put　3コントラクト（3月20日時点で270ドルの利益）
②Short GCM06 520 put　3コントラクト（3月20日時点で240ドルの利益）
③Long GCM06　570 call 1コントラクト（3月20日時点で870ドルの損失）

①GCM06 500 put については、GCM06が５１０になった時点で損切り手仕舞いの予定でオシレーターの反転を待って再度put売りに入る予定
②GCM06 520 put については、GCM06が５４０（サポート）を下回った時点で 損切り手仕舞の予定でオシレーターの反転を待って再度put売りに入る予定
③GCM06 570 callについてはGCM06が５４０（サポート）を下回った時点で手仕舞の予定

もし原資産が現在より下落した場合、ＩＶが高いので（19.4％ でランク86）Far OTM Call（行使価格600より上）を
売って原資産下落による損失をカバーしようと考えています。このようなポジションをとっても良いのでしょう
か？コール売りを何枚にするか、原資産の下落ヘッジにはどのようなスキームが有効なのかご教示ください。

　一言で答えると、ご自分があらかじめ決めたルールやプランに従って行ってください、ということです。どれが正解かは、今申し上げられません。将来の相場変動は誰にも分かりませんから。

　大事なことは、**行き当たりばったりで行動しない**ことです。
あえて私なりの解説をさせていただくと、プットのネイキッド売りを多く建てられたということは、金が上昇トレンドにあるとお考えだからでしょうか。コール売りは強気すぎないように抑えようという意味合いで建てているのでしょうか。それとも単にデルタを調整しているだけなのでしょうか？ 金先物市場がなお上昇していくとお考えなら、プットだけにするのも一つの方法です。

　あるいは本当に迷っておられるなら、全体で利益が出ているうちに（手数料が多くかかってしまいますが）、全玉買い戻して利益を確定し、しきり直しして、もう一度ネイキッド売りポジションを建てはじめる、というやり方が考えられます。

　要するにネイキッド売りはキャッシュフローを確保するゲームですから、途中で全部買い戻して、建て玉をやりなおしても全く問題ありませんし、痛手を負わない限りゲームはずっと継続できます。
余談ながら、増田はあえて相場を予測しようと思いませんし、それどころか最初

から放棄してポジションを取ります。倶楽部のやり方も、増田の経験と実績から得た考え方に基づいています。

　最後に強調しておきますが、**相場観はできるだけ排除すること**です。このゲームは先物や株式のトレードのゲームとは明らかに質、やり方、ルールが異なります。

おわりに

　今までオプション倶楽部ニュースレターで、その都度お知らせしてきた取引参考例を、さらに分かりやすく解説しました。ジャンル別、銘柄別にしてありますので、それぞれの動きの特徴やアノマリーなどが、一目瞭然で分かると思います。この取引例を自分のものにできれば、チャートや相場の動向を確認するだけで、何をどのように取引すればよいかが分かるようになってきます。
　そういう意味で本書は永久保存版のお宝本と言えるでしょう。

　大事なことは、思いつきや衝動で取引を行わないことです。必ず現状分析をじっくりと行い、万一思惑とちがった方向にいった時には、いつ、どのようにポジションを調整するかをきちんと決めてから、取引に臨んでください。

　最後に先日米国市場が大きく下げ、それにともなって日本市場も調整を余儀なくされています。最近としては大きな下落に、狼狽した方もおられるでしょう。ここで暴落について、お話ししておきたいと思います。

以前セミナーで

"米国株式市場は毎年10月に底をつけて翌年5月に天井をつける確率が高い"

と申し上げましたが、今年もその典型的なサイクルに入っている感じがします。米国株は昨年10月が底でその後上昇し、この5月に高値圏で急落しました。先に述べたとおりの展開です。
　5月がピークであるという仮定に基づくと、このピークは少なくとも今年の11月～12月までは上抜かないことになります。（断言はできませんが）
オプション戦略的に見れば、NOPSではプット売りよりもコール売りを重視したほうがよいことになります。

　株式市場に関わっている限り（現物株式投資、株価指数先物取引、オプション

取引等を問わず)、常に「株式市場のベアサイクル・ブルサイクル」、「暴落」はどのようにして起こるか、今現在その状況下にあるのか等について考え、心の中に「備え」を持つことはとても重要なことです。

ベアサイクル（弱気相場）とブルサイクル（強気相場）

相場の将来は誰も予測できませんが、参考となる見方があります。
そのヒントは以下の項目に隠されています。

①金利水準と金利の推移
②イールドカーブ（短期金利と長期金利の差）
③ベアマーケットの定義（3大株価指数の動き）
④PER（高過ぎないかどうか）
⑤デフレ／インフレ
⑥熱狂（「バブル」）

1987年10月のブラックマンデーが例としてよく出されますが、このときの状況を研究してみるのもよいでしょう。株価暴落は突然にやってくるものでは決してなく、それ以前に多くのシグナルが出ていると考えられるからです。（以下は更に詳しい分析です。）

①金利水準ですが、米国当局は過去連続して16回金利を引き上げています。この間株価は上げ続けてきましたが、株価の頭を抑えてきていることは確かです。但し、金利水準を見てみますと、まだ5％です。この金利水準を歴史的に見たとき、まだ十分に低い水準と言えます。
参考までに、1987年10月半ばの
　＊米国長期債の利回りは１０％台　現在は５．０４％
　＊フェデラルファンドレート（短期レート）７．２９％　現在は４．７９％
となっています。

②短期金利が長期金利より高い状態を「逆イールドカーブ」と言いますが、この状態はしばしば株式市場に悪影響を及ぼします。現在は、まだ「順イールド」（長期金利の方が高い）です。

③ベアマーケット（弱気相場）の定義は、いろいろありますが、3大株価指数（ダウジョーンズ、S&P500、ラッセル 2000）が全て高値から 15%下落した場合です。

④ブラックマンデーは 1987年10月19日に起こりました。1日で株価は前日比 22.61%下落しました。しかし、その年の8月の高値からブラックマンデーの前日まで既に 18%強下落していたのです（ダウジョーンズを基に計算しています）。「暴落」が突然起こるものではないということが、お分かりになるでしょう。今回の株価急落は高値から 5%程度です。まだベアサイクルに突入したわけではありません。（但し、「警戒」は怠らないことです！！）

⑤PERとは price earnings ratio の略です。株価収益率のことです。現在ダウジョーンズの平均 PER は 17.81 です。極端に高い水準ではありません。

⑥デフレ/インフレですが、現在懸念されているのは「インフレ」です。これは消費者物価指数（CPI）の推移で判断します。今回の株価急落の引き金になったのは CPI の数字が予想より高かったことです。

⑦ITバブルは去りました。懸念されてきたバブルは不動産・住宅価格のバブルですが、これも「ブーム」は去ったと米国連邦準備局前議長グリーンスパンが引退後初の講演で語っています。

　以上のことから考えて、ベアサイクルに入ったとうろたえることはありません。ただ申し上げたように、常に万一を想定することは大事なことです。ベアサイクルでないからと言っても、決してブルサイクルでもありません。そうであるなら、投資の仕方もそれぞれのリスク許容度に沿って、考え直すことも大切なことと言えるでしょう。

ご紹介した戦略はサイクルに関係なく仕掛けられるものもたくさんあります。ぜひ、どのような状況下にあっても、常に勝ち続けられる投資家をめざして頑張っていただきたいと思います。

2006年 6月
増田丞美

付録 A　オプション倶楽部ニュースレター
2006 年 5 月 30 日号

メッセージ

　倶楽部の会員になりオプション取引を開始して数カ月経って取引にも慣れ、各自自分なりにそれなりの成果があがっている方は、気持ちを引き締め、さらに高い技能を得るべく努力していただきたいと思います。何事も慣れてきたときが最も危険なのです。車の運転と同じです。

　今回はオプションボラティリティの変化がいかに強烈であるかについて述べます。いかに掲げるチャートは米国株価指数先物価格（上段）とインプライドボラティリティ（IV、下段）を表したものです。

　S&P500 は 5・5 の高値 1331.12 から 5/24 の直近の安値 1247.00 まで 6.3％の急落を見せました。この間、IV は 10.29％から 14.45％へと急上昇しました。IV の水準自体は依然として低水準であるものの、この間の IV の変化率は 40％を越えています。先物価格の変動よりずっと大きいことがわかります。そして、相場が直近の底値から反騰すると、IV が急激に減少しました。

市場に参加している投資家やトレーダーにとっては原市場の価格変動こそが重要なのですが、オプションを専門にトレードする者にとってはそれだけでは不十分です。IVの動きに注意を払う必要があります。IVは価格変動と同じ程度に重要な要素であり、これによってオプションの売買戦略が決まるのです。

　もう一つのチャートを掲げます。以下のチャートはボラティリティ・インデックス（Volatility Index）です。別名フィア・インデックス（Fear Index）。「恐怖指数」ということです。このインデックス数値が高いと市場が株価の更なる下落を懸念していることを表し、極端に数値が高いと株価が反発する確率が高まります。今回がその典型的な例です。

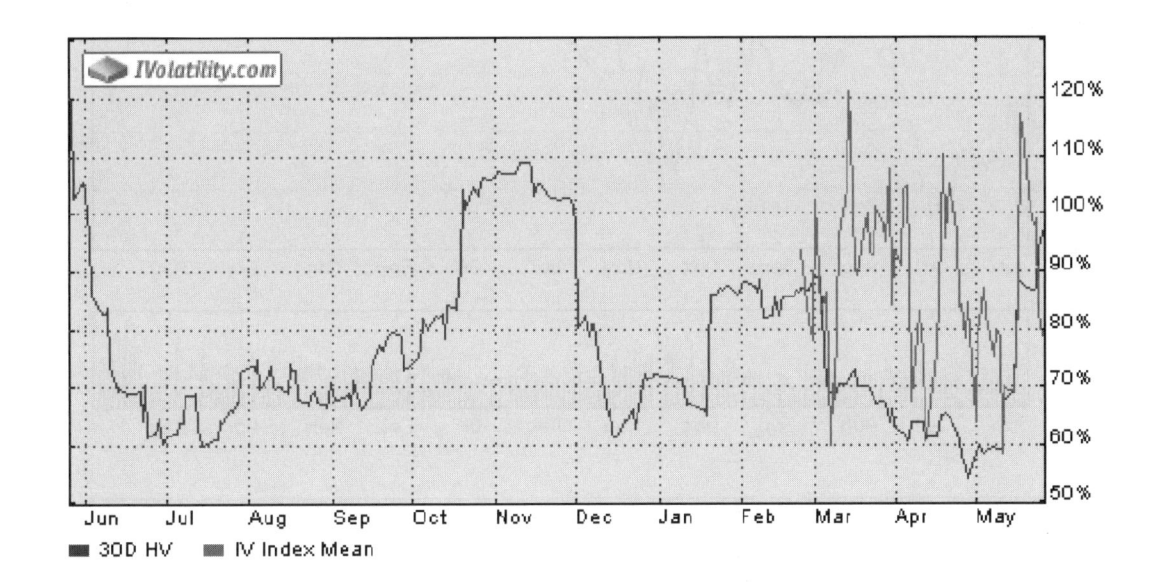

NOPS

ナスダック100（Q's）

　急落したナスダック100もやっと反発をみせ、IVも落ち着きを見せています。短期トレンドは依然「ダウン」なので、「コール売り」に重きを置きます。プット売りは慎重に行い、再度相場が崩れた場合は、すぐにプットの買戻しができるように備えます。

但し、IVが急激に下降したので、前回のように株価が急落する懸念はひとまず去ったと感じられます。しかし、天井から大きく崩れた市場ですから、前の天井値まで株価がすぐに戻ることも考えにくく、当分は「調整色」が続きそうです。その意味で、NOPSにとっては恰好の相場展開といえます。

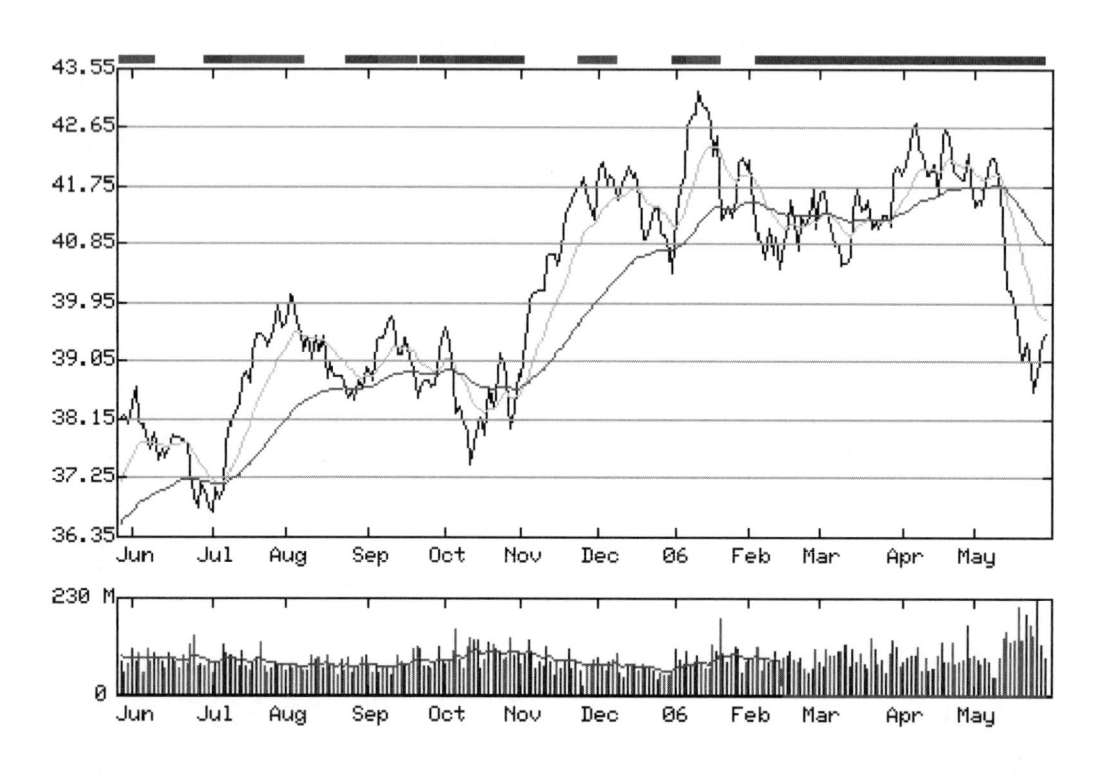

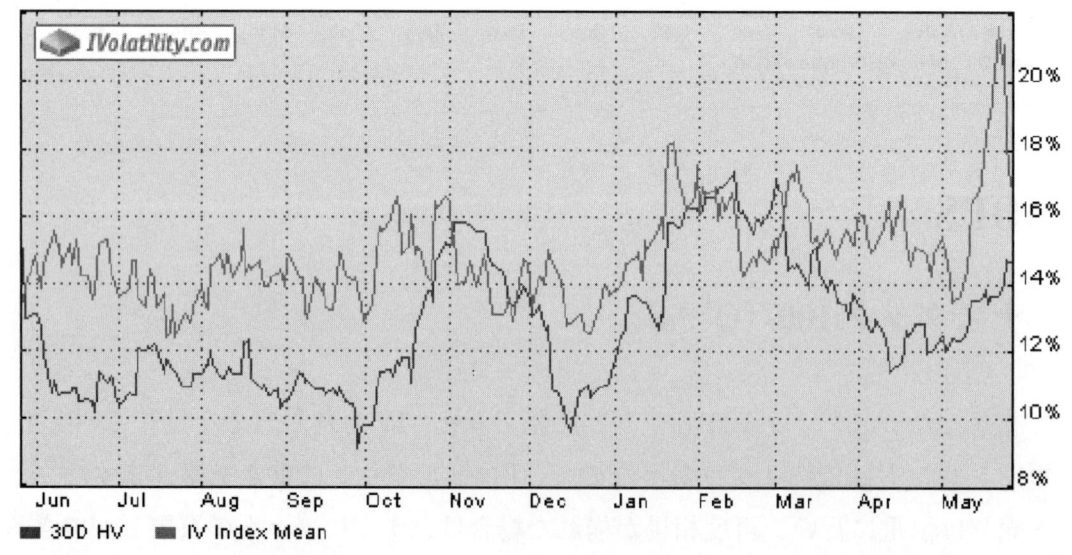

ボラティリティチャートをご覧ください。IV が急下降しました。
新規に仕掛ける場合は、2006 年 7 月限（⑦）が対象になります。

参考：⑦ 42 コール @ 0.20 　 δ：21%
　　　⑦ 43 コール @ 0.10 　 δ：9%
　　　⑦ 35 プット @ 0.20 　 δ：13%
　　　⑦ 34 プット @ 0.15 　 δ：4%

＊当分の間、株式市場の調整が続くことを想定して、コールを継続的に売る戦略も有効であろうと思われます。プットは極端に割高ですが、株式市場が急落することはないとはいえませんので、「プット売り」は慎重に構え、いつでも買い戻しできるように備えます。

IBM

この銘柄を「NOPS 銘柄」として選択し取引している方は、今回の株式市場の急落に翻弄されずに淡々と増し玉を行い、"苦労なしに" に利益を上げられたことでしょう。現在のところ、NOPS には「打って付け」の展開です。

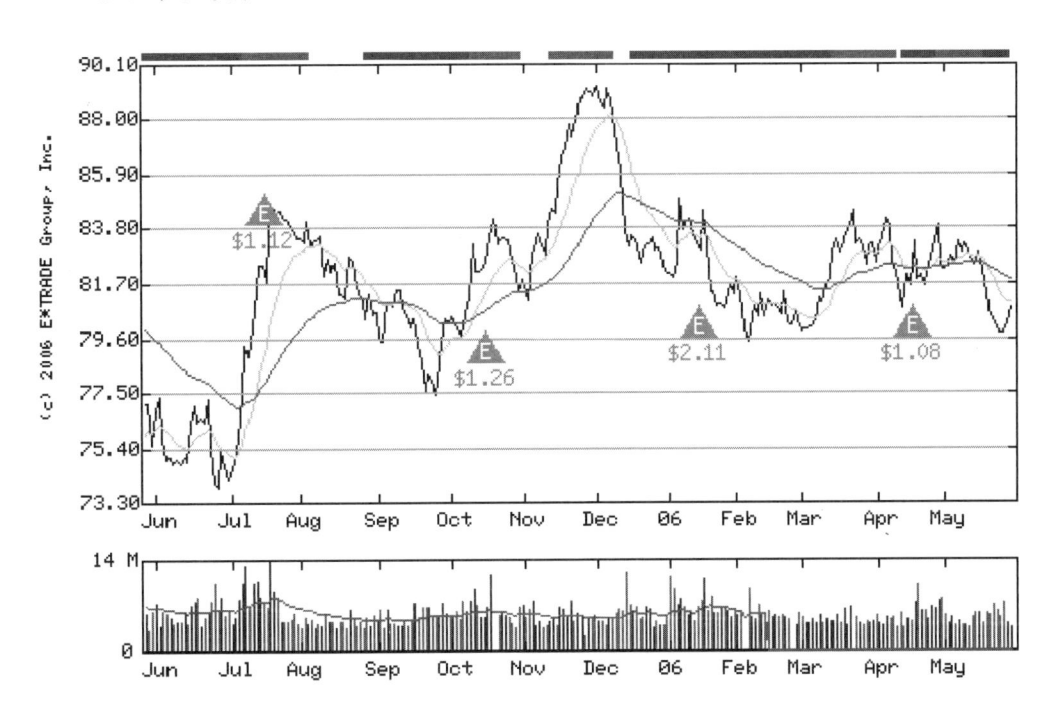

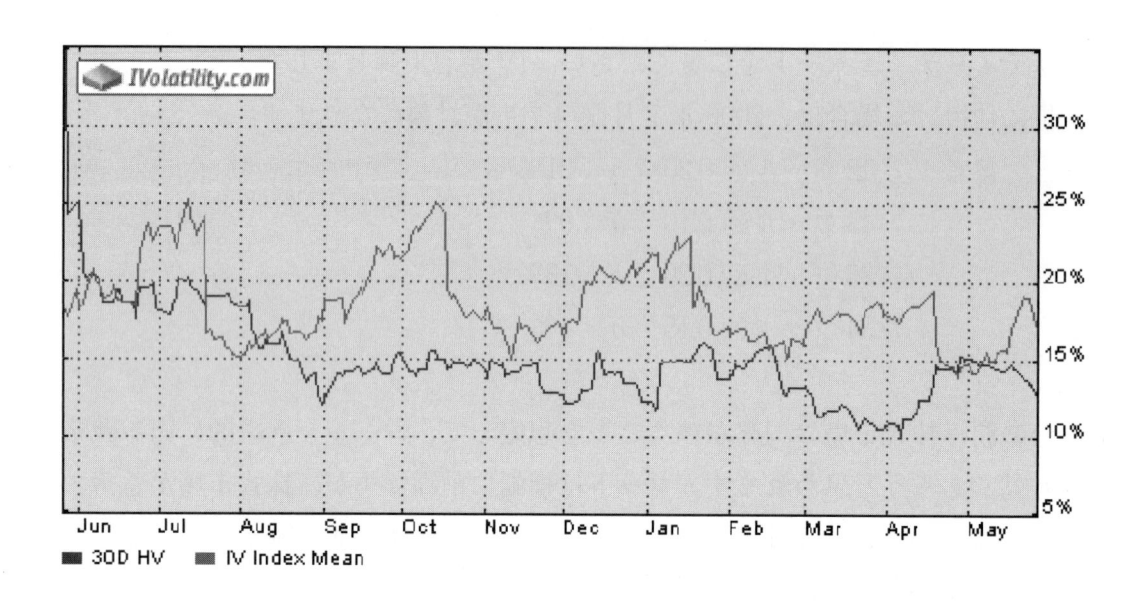

大きな値幅を見るなら、想定レンジは「75ドル～90ドル」です。この間で株価が動くなら資金に余裕がある限り増し玉を行います。但し、株価が大きく上下に振れる可能性は否定できませんので、そのときは「乗り換え」によって調整を行います。

対象は⑦です。

参考：　⑦ 90コール@ 0.15　δ：0.6％

⑦ 85コール@ 0.75　δ：13.9％　（ATMに近いので注意）

⑦ 75プット@ 0.50　δ：2％

⑦ 70プット：0.15　δ：0％

⑦ 65プット：0.10　δ：0％

＊プットは極端な割高です。

LEAPS

＊今回の株価急落によって、今までに売ったLEAPSのプットのプレミアムが上昇しています。資金に余裕のある方は、権利行使価格をさらに下げたプット売りを実行してもいいでしょう。同じ権利行使価格のプットを売ると「ナンピン」になりますが、より低い権利行使価格のプットを売り増しする方が懸命です。

ALCOA, INC（AA）

ダウジョーンズ３０種指数の採用銘柄の一つである名門企業です。株価が急落しましたのでLEAPSは魅力度が増したので、取り上げます。

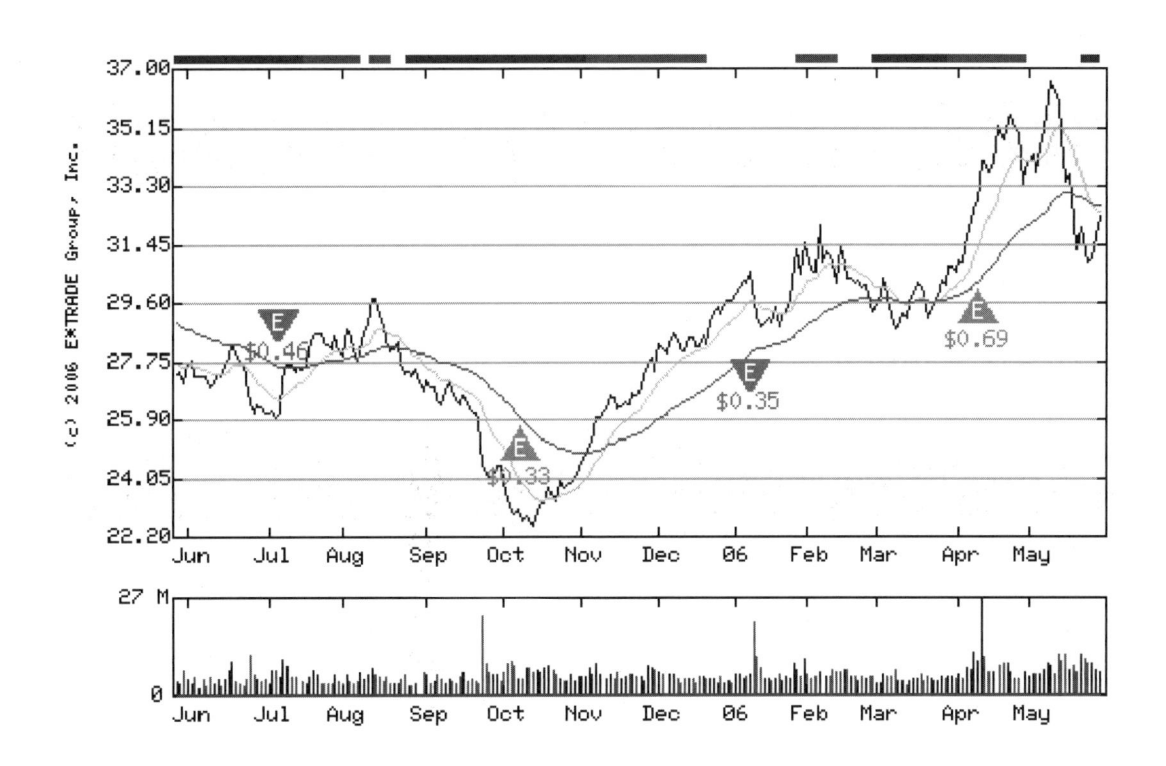

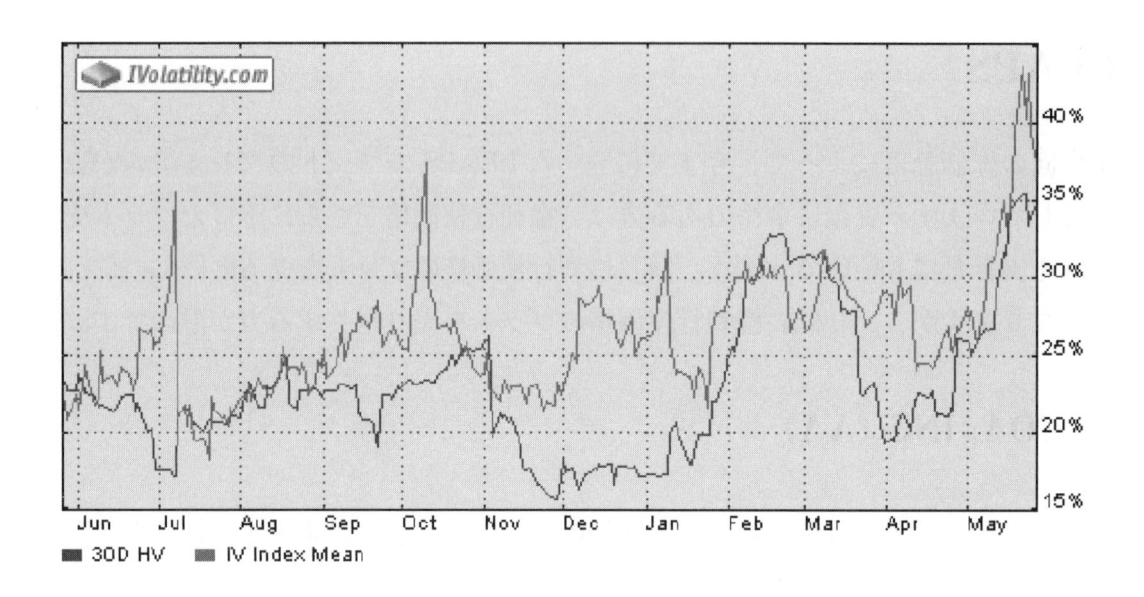

企業業績です。

Consensus EPS Estimate	This Qtr 06/2006	Next Qtr 09/2006	This Fiscal Year 12/2006	Next Fiscal Year 12/2007
Avg Estimate (mean)	$0.77	$0.73	$2.94	$2.85
#of Estimates	13	11	15	15
Low Estimate	$0.59	$0.53	$2.26	$1.42
High Estimate	$0.92	$1.00	$3.45	$4.25
Year Ago EPS	$0.46	$0.34	$1.52	$2.94
EPS Growth	67.73%	113.90%	93.68%	−3.24%
Consensus EPS Trend	This Qtr 06/2006	Next Qtr 09/2006	This Fiscal Year 12/2006	Next Fiscal Year 12/2007
Current	$0.77	$0.73	$2.94	$2.85
7 days ago	$0.77	$0.73	$2.93	$2.78
30 days ago	$0.76	$0.71	$2.82	$2.77
60 days ago	$0.58	$0.54	$2.15	$2.25
90 days ago	$0.58	$0.54	$2.13	$2.16

以下は P/E を表しています。

Valuation Ratios	Company	Industry	Sector	S&P 500
P/E Ratio (TTM)	17.88	15.12	21.83	20.23
P/E High − Last 5 Yrs.	NA	41.48	45.06	35.74
P/E Low − Last 5 Yrs.	NA	7.81	11.62	14.61
Beta	1.90	1.68	1.15	1.00
Price to Sales (TTM)	1.03	2.56	2.18	2.79
Price to Book (MRQ)	2.03	3.05	3.49	3.79
Price to Tangible Book (MRQ)	3.67	3.65	6.34	6.78
Price to Cash Flow (MRQ)	8.99	10.29	12.60	14.40
Price to Free Cash Flow (MRQ)		23.01	32.85	29.44
% Owned Institutions	78.58	46.24	38.20	66.94

＜参考＞

株価：32.30 ドル

2008 ① 15 プット @ 0.25 ドル

証拠金：270 ドル／枚

受取プレミアム：70 ドル／枚

残存日数：610 日

期待利回り：20.94％（年率）

OPS

SPY − Q's (1:3)

　SPY − Q'sのスプレッドは拡大したままで縮小していません。SPYプット − Q'sコールを仕掛けている場合は、まだ、継続保有です。原資産によるサヤ取りではないので、SPYかQ'sのいずれかが大きく変動すれば利益を得ることができます。その意味では、「ストラングルの買い」に似ています。

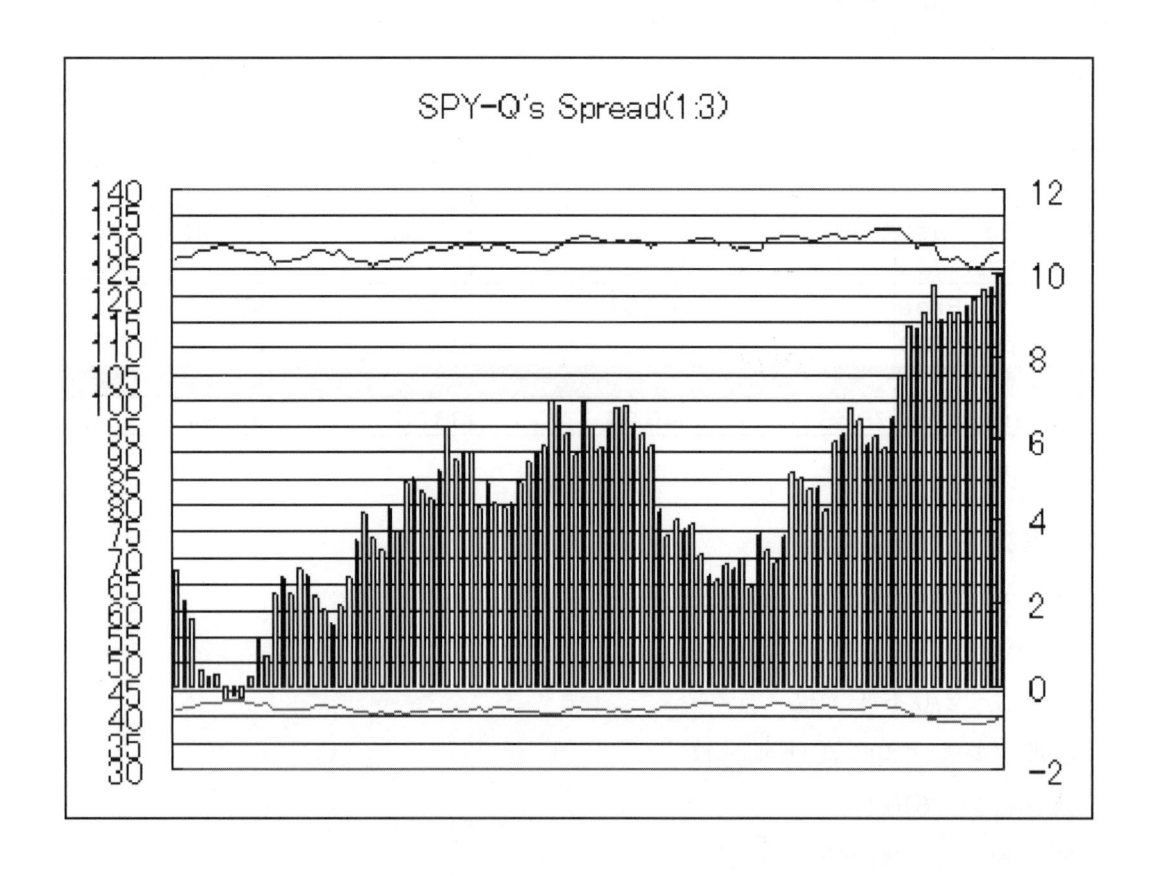

Ｔボンド－Ｔノート

　以下のチャートは2006年9月限のＴボンドとＴノート先物価格のスプレッドを表しています。

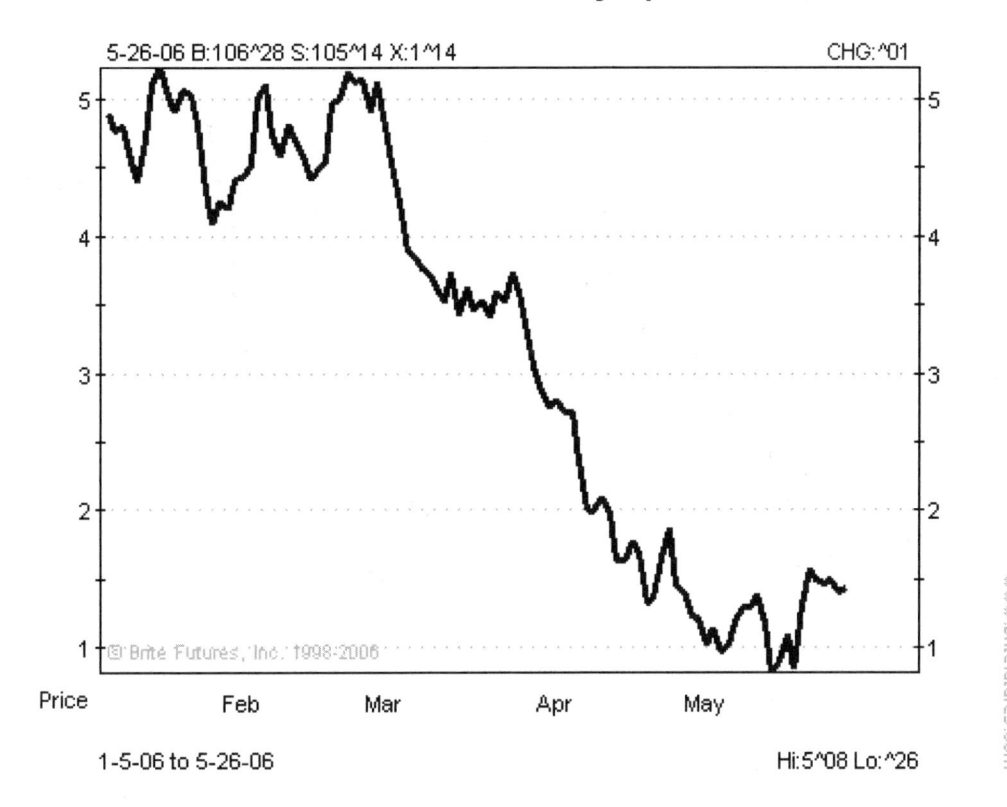

「スプレッド」は戻していますが、なおダウントレンドです。スプレッドが2を超えてブレークするまでは、「Ｔボンド・コール－Ｔノート・プット」です。オプションの対象限月は⑦、⑧です。

CBOT ウィート（小麦）－コーン

　以下のチャートは2006年7月限のCBOTウィートとコーンの先物価格のスプレッドを表しています。

WN06 - CN06 Daily Spread
5-26-06 B:415.50 S:254.00 X:161.50　　　CHG:5.25
1-5-06 to 5-26-06　　　Hi:171.75 Lo:107.25

　スプレッドが下降してきました。ウィート・プット・コーン・コールの仕掛け時です。
　慎重に分割で！比率は1：1です。対象限月は⑦です。

ユーロドル（短期金利）

以下のチャートはユーロドル（短期金利）の2006年9月限と6月限先物価格のスプレッドを表しています。

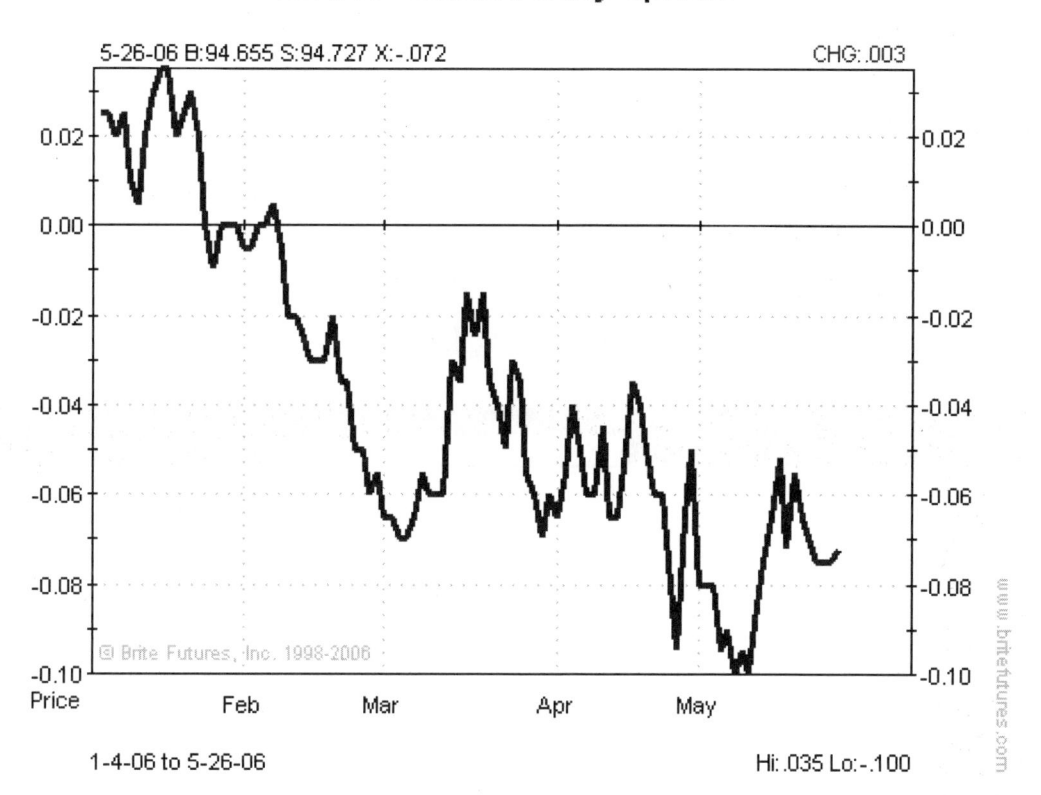

スプレッドはダウントレンドです。このトレンドに乗る形で、通常先物のスプレッドであれば⑨売り－⑥買いを仕掛ける代わりに、⑨プット－⑥コールのOPS（ATMまたはITM）を実行します。

債券先物オプション

Tボンド

　Tボンドオプションの IV は高水準で目先下降しそうな様相ですので、オプション売り戦略のチャンスであろうと思われます。

　債券市場はなおダウントレンドです。プット売りは慎重に！！

　想定レンジは 105 〜 111 − 17 です。

　現在の IV：7.8%（ピーク：8.13%）

　　参考：対象⑧

　　　　⑧ 112 コール@ 0 − 06　　δ：6.57%

　　　　⑧ 102 プット@ 0 − 09　　δ：8.29%

　　　　⑧ 101 プット@ 0 − 05　　δ：4.97%

コモディティオプション

NYBOT コーヒー

コーヒー相場は大きく崩れ、なおダウントレンドですが、前回の底値近辺まできました。

ここから上げに転じるかどうかは微妙です。IV は 35％台と中程度の水準です。

戦略①：反転を期待した「コール買い」

戦略②：110 を超えて戻るまでは「コール売り」

戦略３：95 の底が抜けるのを待って「プット買い」

＊いずれの戦略も同等のチャンスがあります。②の売り戦略には相応のリスクがありますので比較的高いリスクが取れる方のみ対象。

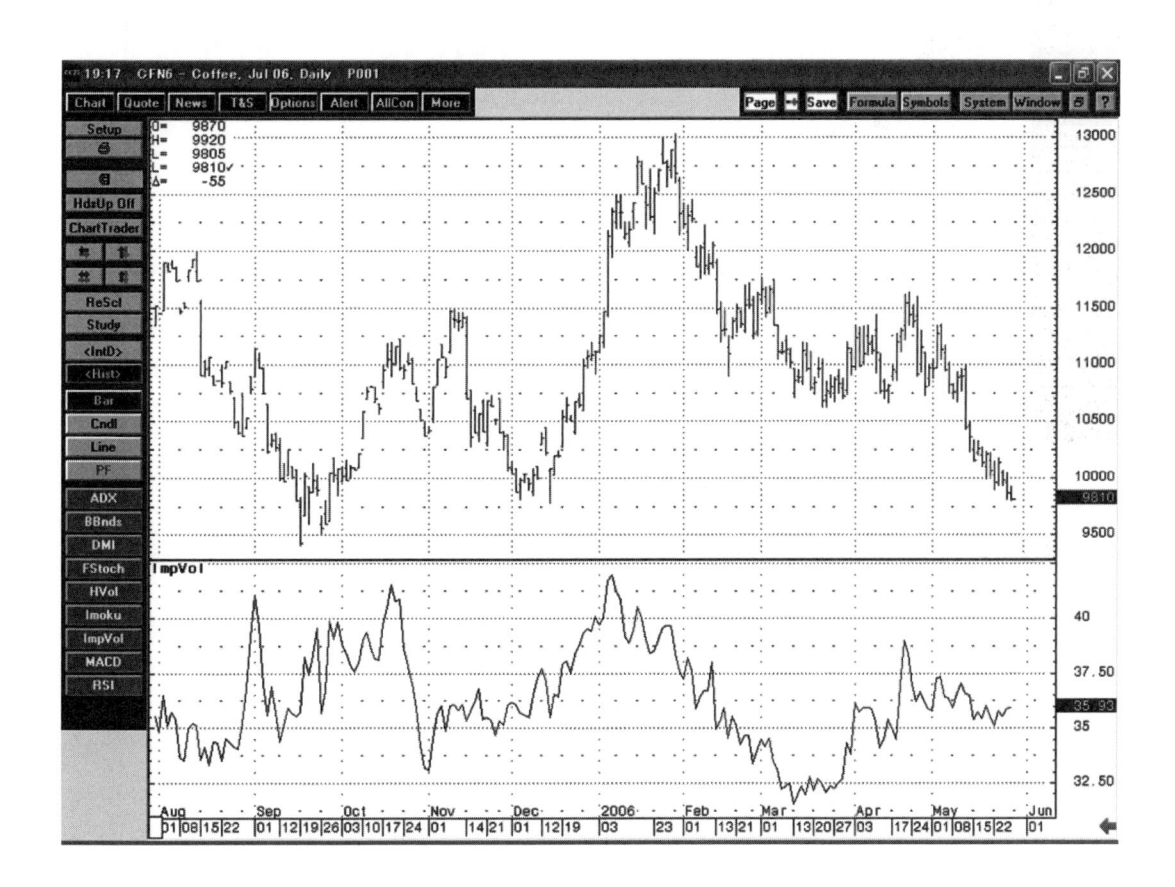

CBOT コーン

　シカゴの穀物市場が盛り上がっています。IV も高水準です。「ボラティリティを売る戦略」の季節到来ですが、季節的にまだ「若い」のでじっくりかまえます。相場自体はなお上昇トレンドですので、安易なコール売りは注意です。
「天候相場」で IV が大きく動くシーズンですので、穀物オプションは毎回取り上げていきたいと思います。基本は「ボラティリティ売り戦略」です。

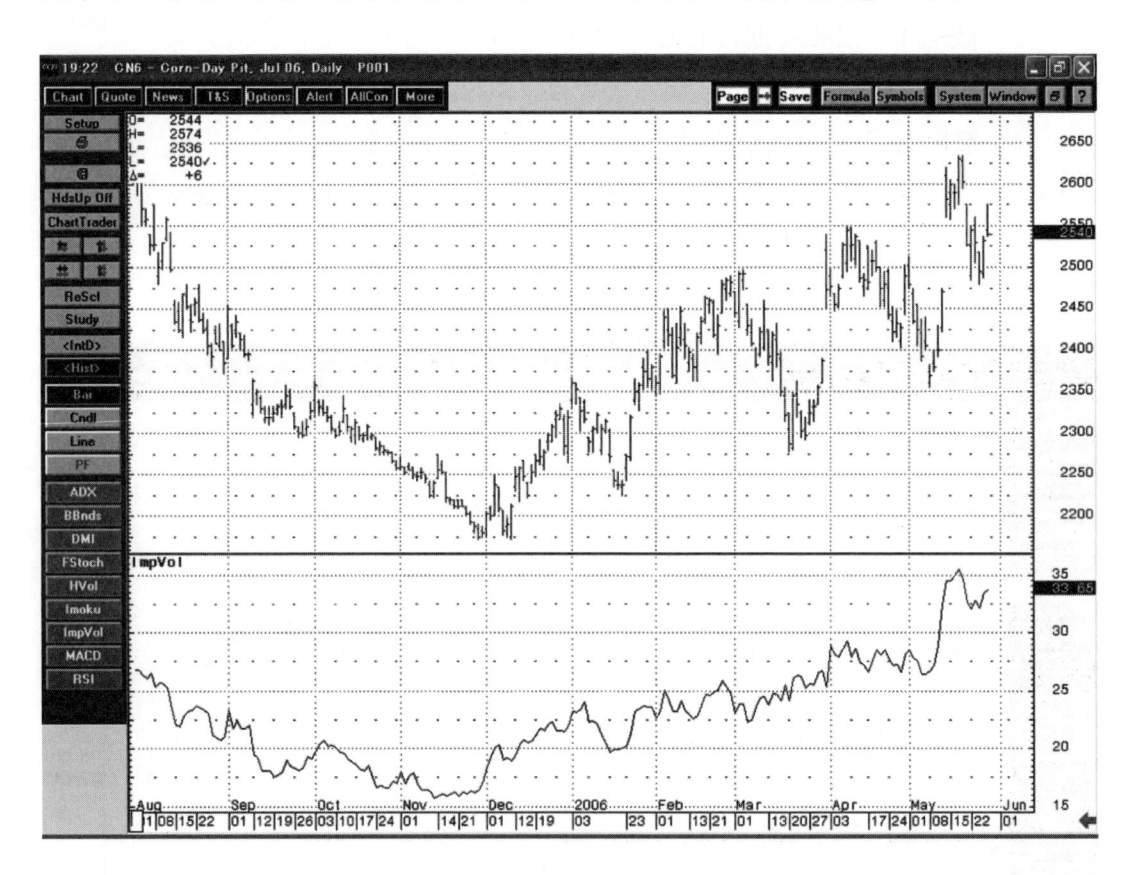

通貨オプション

CME ユーロ通貨先物

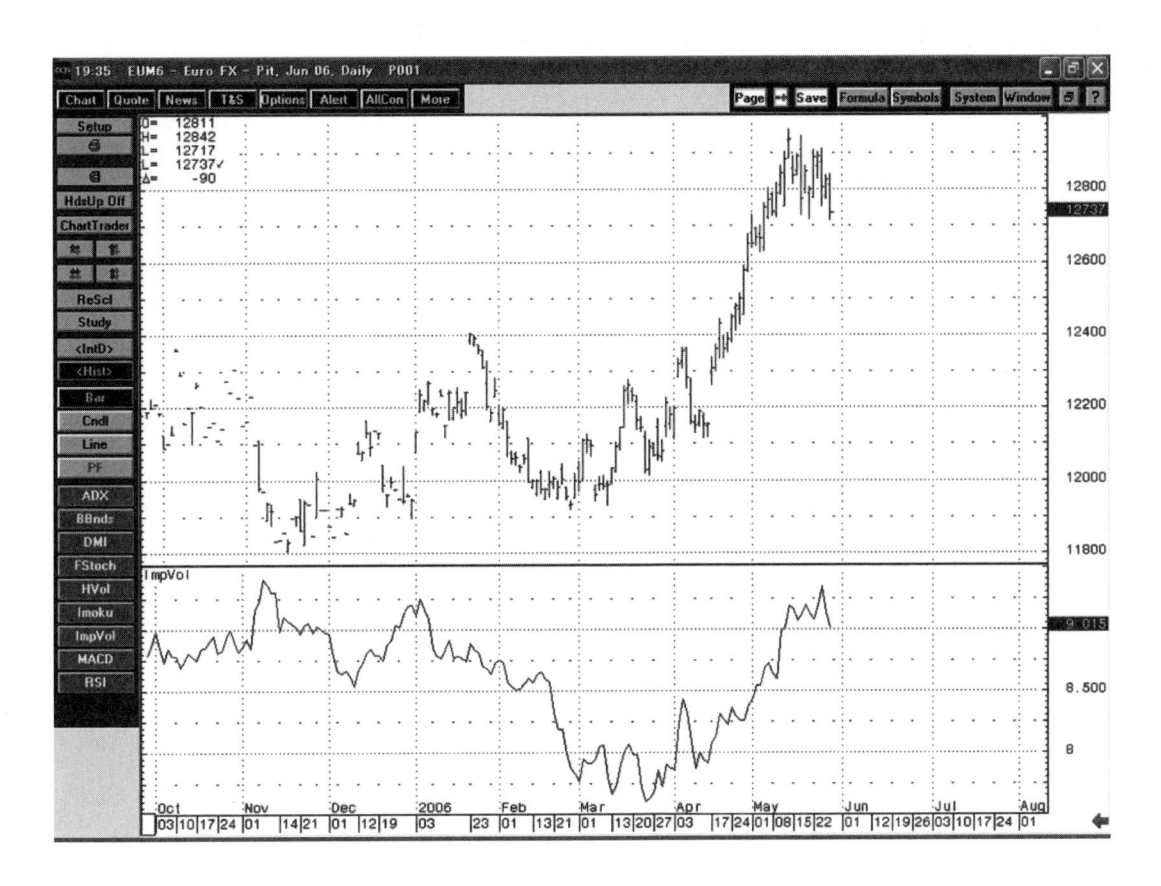

　ユーロ（対ドル）は高値圏にあります。今後の注目はここから値が崩れるかどうかです。IV も 9%台と高水準です。

＊CME 通貨先物オプションは決して「売り戦略」を取らないこと。理由は以前述べたように、オプション取引がシカゴ時間の 7：20 〜 14：30 に集中しているのに対してユーロ先物取引が 24 時間取引の市場で、原市場が大きく変動したときにオプションのポジションを調整する等タイミングよく取引することができないからです。また、それによって大きな損失を被る恐れがあります。
したがって、CME 通貨先物オプションではとるべき戦略は、中・長期の「買い戦略」またスプレッド取引です。

チャート上、1.2632を下抜ければ相場が下降トレンド入りする可能性がありますので、戦略はそれに沿ったプット買い（プットのベアスプレッドを含む）が考えられます。対象限月は⑦（2006年7月限）です。（ATMまたはややOTM）または、⑦-⑧のプットのカレンダースプレッドです。

付録B　オプション関連用語集
A Glossary of Option and Related Terminology

All or None（AON＝オール・オア・ナン）
一括執行だけで部分執行を認めない注文。

American Option（アメリカンタイプオプション）
満期前にいつでも権利執行できるオプション。

Arbitrage（裁定取引）
同一商品を異なる市場で売買し、市場間の価格差を利用すること。

Asian Option（アジア型オプション）
平均価格オプション。

Assignment（割り当て）
オプションの売り方に買い方の権利行使の意図を通知する手続き。

At-the-Money（ATM＝アット・ザ・マネー）
権利行使価格が原資産の現在値と等しくなっているオプション。この用語は通常、上場オプションの取引所では権利行使価格が原資産の現在値に最も近いオプションを指すのに使われる。

Automatic Exercise（自動権利行使）
清算機関が、オプションの保有者から反対の指示が出ないかぎり、ITMオプションを満期に権利行使すること。

Average Price Option（平均価格オプション）
満期時の価値が原資産の一定期間の平均価格によって決まるオプション。

Backspread（バックスプレッド）
通常はデルタ・ニュートラルで、オプションの買いが売りを上回り、オプションの満期がすべて原資産と同じスプレッド。

Backwardation（逆ザヤ）
先物市場で期先の限月が期近の限月よりも安く売買されている状態。

Bear Spread（ベア・スプレッド）
原資産価格が下落すると理論価値が増大するすべてのスプレッド。

Box（ボックス）
ある権利行使価格のコール買いとプット売り、そして別の権利行使価格のコール売りとプット買いによる組み合わせ。すべてのオプションは原資産と満期が同じでなければならない。

Bull Spread（ブル・スプレッド）
原資産価格が上昇すると理論価値が増大するすべてのスプレッド。

Butterfly（バタフライ）
権利行使価格が同じオプションの2枚売り（買い）と、それよりも低い権利行使価格のオプション1枚と、それよりも高い権利行使価格のオプション1枚の買い（売り）の組み合わせ。すべてのオプションは種類と原資産と満期が同じでなければならず、権利行使価格間の差は等しくなければならない。

Buy/Write（バイーライト）
原資産の買いとその原資産のコールの売りの組み合わせ。

Cabinet Bid（キャビネット・ビッド）
一部の取引所における、最小値幅よりも小さい買い気配値で、かなりFOTMのポジションを手仕舞いたいトレーダーの間で許される。

Calendar Spread（カレンダー・スプレッド）
タイム・スプレッドのこと。

Call Option（コール）
買い方と売り方のオプション契約のひとつ。コールの買い方には、特定の日あるいはその前に特定の原資産を決まった価格で買う「権利」がある（義務ではない）。コールの売り方は、買い方がオプションの権利を行使したい場合、その原資産を引き渡す義務がある。

Class（クラス）
種類、満期、原資産が同じすべてのオプション。

Clearing House（清算機関）
取引所の全売買の信頼性を保証する組織。

Clearing Member（清算会員）
取引所の会員会社で、清算機関の承認を受けて顧客の売買を処理し、委託証拠金と変動証拠金を収集して顧客の売買の信頼性を保証する。

Combination（コンビネーション）
スプレッドの明確な部類に当てはまらないオプション・スプレッド。通常はコール買いとプット売り、あるいはコール売りとプット買いの組み合わせを表すのに使われる。この場合、両者は原資産の合成ポジションを構成する。

Compound Option（複合オプション）
オプションを購入するオプション。

Contango（順ザヤ）
先物市場で期先の限月が期近の限月よりも高く売買されている状態。

Contingency Order（条件注文）
市場で所定の条件が満たされるときのみ有効になる注文。

Conversion（転換）
原資産買いポジションとコール売りとプット買いの組み合わせ。どちらのオプションも権利行使価格と満期が同じである。

Covered Write（カバード・ライト）
現在保有する原資産買い（売り）ポジションに対してコール（プット）を売ること。

Delta（⊿＝デルタ）
オプション理論価値の原資産の価格変化に対する感応度。

Delta Neutral（デルタ・ニュートラル）
ポジションを構成する金融商品のデルタを加算するとだいたいゼロになる。

Diagonal Spread（ダイアゴナル・スプレッド）
ある満期と権利行使価格のコール（プット）買いと、別の満期と権利行使価格のコール（プット）売りの組み合わせ。すべてのオプションは原資産となる株式や先物が同じでなければならない。これは「異なる権利行使価格を用いたタイム・スプレッド」に他ならない。

Elasticity（弾力性）
原資産価値の所定の変化率に対応するオプション価値の変化率。レバレッジ価値と言われることもある。

Ex-dividend（配当落ち）
配当を受け取る権利がなくなる日。

Exercise（権利行使）

オプションの買い方が、コールの場合は特定価格で原資産を受け、プットの場合は特定価格で原資産を渡す意図を売り方に通知する手続き。

Exercise Price（権利行使価格）

オプションの権利行使で原資産が受け渡されるときの価格。

Expiration（Expiry ＝満期）

その後もはやオプションが権利行使されなくなる日時。

European Option（ヨーロピアンタイプオプション）

満期にのみ権利行使されるオプション。

Extrinsic Value（付帯的価値）

時間価値。

Fair Value（適正価格）

理論価値。

Fill or Kill（FOK ＝即時一括執行注文）

即時に一括して執行できない場合は取り消される注文。

Forward Contract（先渡し契約）

買い方と売り方の間の契約のひとつ。将来の一定期日に一定量の商品を所定の価格で、買い方は受け、売り方は渡す義務がある。受渡時に全額支払われることになっている。

Forward Price（先渡し価格）

将来の一定期日の売買価格。現時点の価格で行なわれる売買がすべてのキャリング・コストを考慮に入れた上で損益分岐するようにしなければならない。

Futures Contract（先物）
買い方と売り方の間の契約のひとつ。通常は取引所で約定され、将来の一定期日に一定の価格で一定量の商品を買い方は受け、売り方は渡す義務がある。すべての損益は約定後即時に実現し、その銘柄の清算価格の変化に基づいて入出金がある。

Futures-Type Settlement（先物タイプの決済）
取引所による決済手続きの一種。当初証拠金の預け入れは行なわれるが、買い方から売り方に現金が即時に支払われることはまったくない。各立会日の終わりに当日の清算価格と前日の清算価格あるいは約定値との差額に基づいて現金による清算が発生する。

Gamma（Γ＝ガンマ）
原資産の価格変化に対するデルタの感応度。

Good'til Cancelled（GTC＝グッド・ティル・キャンセルド・オーダー）
執行されるか顧客から取り消しがあるまで証券会社よって保留される注文。

Guts（ガッツ）
コールとプットがどちらもITMのストラドル。

Haircut（ヘアカット）
株式オプション取引所のトレーダーが自分の売買の信頼性を保証するために清算機関に預託する資金。

Hedge Ratio（ヘッジ・レシオ）
デルタ。

Hedger（ヘッジャー）
既存の原資産ポジションをヘッジするという明確な意図を持つ市場参加者。

Horizontal Spread（ホリゾンタル・スプレッド）
タイム・スプレッド。

Immediate or Cancel（IOC ＝未執行分取消条件付即時執行注文）
即時に執行されない場合は自動的に取り消される注文。IOC 注文はFOK 注文と異なり、一括で執行される必要はない。

Implied Volatility（IV ＝インプライド・ボラティリティ）
他のすべてのデータは分かっているという前提で、市場のオプション価格と同一の理論価値を算出するために理論価値決定モデルに入力しなければならないボラティリティ。

In-the-Money（ITM ＝イン・ザ・マネー）
権利行使価格が原資産の現在値よりも低い（高い）コール（プット）。

Index Arbitrage（指数裁定取引）
相対的にミス・プライスのオプション、先物、株価指数を構成する現物株を利用した戦略のひとつ。

Intermarket Spread（市場間スプレッド）
２種類の株式や先物、またはそのデリバティブで、対のポジションを取って構成されるスプレッド。

Intrinsic Value（本質的価値）
オプションがITM になっている額。OTM には本質的価値はまったくない。

IKappa（K ＝カッパ）
ベガ。

Long-Term Equity Anticipation Security
LEAPS＝長期オプション長期（通常1年以上）の取引所上場株式オプション。

Leg（レッグ）
スプレッド・ポジションのひとつのサイド。

Limit（リミット）
取引所が一定の立会時間中に許容する最大変動幅。値幅制限。

Limit Order（リミット注文）
特定の価格あるいはそれよりも有利な価格で執行される注文。

Local（ローカル）
先物取引所の自己勘定のトレーダー。証券取引所の株式や株式オプション市場のマーケット・メーカーに類似した機能を果たす。

Locked Market（ロックド・マーケット）
価格がストップ幅に達して売買が中断している市場。

Long（ロング）
買いのポジション。原資産価格が上昇（下落）すると理論価値が増大（減少）するポジションを指す場合もある。ロング（ショート）・プットはショート（ロング）の市場ポジションであることに注意。

Long Premium（ロング・プレミアム）
原資産がいずれかの方向に大きく変動する場合に理論価値が増大するポジション。原資産市場がじっとして動かない場合は価値が減少する。

Long Ratio Spread（ロング・レシオ・スプレッド）
バックスプレッド

Margin（証拠金）
トレーダーが自分の売買の信頼性を保証するために清算機関に預け入れる金額

Market Maker（マーケット・メーカー）
所定の市場で売買の待機をしている自己勘定のトレーダーあるいは証券会社。マーケット・メーカーは先物取引所のローカルに類似した業務を行うが、主な相違点はマーケット・メーカーは所定の売買で気配値による値付けをする義務があることである。

Market If Touched（MIT＝指値注文）
一定の価格あるいはそれを超えた場合に成り行き注文になる条件付注文。

Market on Close（MOC＝引け成り注文）
その日の売買のできるだけ引け間際にそのときの価格で執行される注文。

Market Order（成り行き注文）
そのときの価格で即時に執行される注文。

Naked（ネイキッド）
売り（買い）の市場ポジションでまったく補足されていない買い（売り）の市場ポジション。

Neutral Spread（ニュートラル・スプレッド）
デルタ・ニュートラルのスプレッド。買い指向と売り指向のポジションの総数が等しいロット・ニュートラルのスプレッドの場合もある。

Not Held（裁量権付成り行き注文）
ブローカーに出される注文であるが、いつどのように執行するかについてはブローカーが裁量権を持つ。

Omega（Ω＝オメガ）
オプションの弾力性を示すために用いられることもあるギリシャ文字。

One Cancels the Other（OCO＝二者択一注文）
同時に出される2つの注文で、一方が執行されると他方は自動的に取り消される。

Order Book Official（OBO＝オーダー・ブック・オフィシャル）
委託者からの成り行き注文やリミット注文を記録する取引所職員。

Out-of-the-Money（OTM＝アウト・オブ・ザ・マネー）
本質的価値が現在まったくないオプション。権利行使価格が原資産の現在値よりも高い（低い）コール（プット）は、OTMである。

Overwrite（オーバーライト）
現在保有する原資産のポジションに対してオプションを売ること。

Parity（パリティ）
本質的価値。

Pin Risk（ピン・リスク）
オプションが満期にちょうどATMになる売り方のリスク。オプションが権利行使されるかどうか分からない。

Position（ポジション）
特定の市場におけるトレーダーの建玉残高。

Position Limit（建玉制限）
個々のトレーダーや証券会社が取引所あるいは清算機関によって認められている、同じ市場における建玉残高の上限。

Premium（プレミアム）
オプション価格

Put Option（プット）
買い方と売り方のオプション契約のひとつ。買い方は特定の期日あるいはそれより前に特定の原資産を一定の価格で売る「権利」を取得する。義務ではない。プットの売り方は、買い方がオプションの権利行使を希望する場合、原資産を渡す義務を負う。

Ratio Backspread（レシオ・バックスプレッド）
バックスプレッド。

Ratio Spread（レシオ・スプレッド）
ロング（原資産買い、コール買い、プット売り）とショート（原資産売り、コール売り、プット買い）の数量が等しくないすべてのスプレッド。

Ratio Vertical Spread（レシオ・バーティカル・スプレッド）
通常はデルタ・ニュートラルのスプレッドで、オプションの買いよりも売りのほうが多く、すべてのオプションは原資産と満期が同じである。

Rho（ρ＝ロー）
金利の変動に対するオプション理論価値の感応度

Scalper（スキャルパー）
取引所フロアのトレーダーで、特定の市場で継続的に買い気配値で買い、売り気配値で売ることによって利益を狙う。スキャルパーは通常、立会が引けるまでにすべてのポジションを手仕舞おうとする。

Serial Expiration（シリアル限月）
先物取引所に上場し、同じ先物を原市場としながら、満期が1カ月以上も早いオプション。

Series（シリーズ）
原資産、権利行使価格、満期日が同じすべてのオプション。

Short（ショート）
売りのポジション。原資産価格が下落（上昇）すると理論価値が増大（減少）するポジションを指す場合もある。ショート（ロング）・プットのポジションはロング（ショート）の市場ポジションであることに注意。

Short Premium（ショート・プレミアム）
原資産がじっとして動かない場合に理論価値が増大するポジション。原資産が大きく動く場合は価値が減少する。

Short Ratio Spread（ショート・レシオ・スプレッド）
レシオ・バーティカル・スプレッド

Short Squeeze（踏み上げ）
株式オプション市場の場合、部分的な株式公開買い付けに起因する状況では通常、株式を借りて空売りのポジションを維持することがまったくできない。売っていたコールで割り当てを受けると、コールにまだ時間価値が残っている場合でも、受渡の義務を果たすために買っていたコールを早期に権利行使せざるを得なくなる可能性がある。

Sigma（σ＝シグマ）
標準偏差によく用いられる記号。ボラティリティは通常は標準偏差として記述されるので、多くの場合で同じ記号がボラティリティを示すのに使われる。

Specialist（スペシャリスト）
取引所から独占権を得て特定の銘柄あるいは一群の銘柄で相場を形成するマーケット・メーカー。スペシャリストは自己勘定で売買する場合もあるし、他の会員のブローカーとして行動する場合もある。その代わりに、スペシャリストは公正で秩序ある相場を維持することが要求される。

Speculator（投機家）
原資産の特定方向の変動から利益を狙うトレーダー。

Spread（スプレッド）
原市場買いポジションとそれを補足する原市場売りポジションで構成される。通常は（常にではないが）原資産が同じである。

Stock-Type Settlement（株式タイプの決済）
買い方が売り方に即時に全額支払いが要求される決済手続き。売買による全損益はポジションが清算されるまで実現しない。

Stop Limit Order（ストップ・リミット注文）
所定の価格で売買された場合にリミット注文になる条件付注文。

Stop Order（ストップ注文）
所定の価格で売買された場合に成り行き注文になる条件付注文。

Straddle（ストラドル）
コール買い（売り）とプット買い（売り）で構成される。オプションの原資産と満期日と権利行使価格は同じである。

Strangle（ストラングル）
コール買い（売り）とプット買い（売り）で構成される。オプションの原資産と満期日は同じであるが、権利行使価格が異なる。

Strike Price（Strike ＝ストライク価格）
権利行使価格

Synthetic（合成）
あるトレードの組み合わせで別のトレードとほぼ同じ特性を持つ。

Synthetic Call（合成コール）
原資産買い（売り）ポジションとプット買い（売り）の組み合わせ。

Synthetic Put（合成プット）
原資産売り（買い）ポジションとコール買い（売り）の組み合わせ。

Synthetic Underlying（合成原資産）
原資産と満期日と権利行使価格が同じコール買い（売り）とプット売り（買い）の組み合わせ。

Tau（τ ＝タウ）
残存日数によく用いられる記号。

Theoretical Value（理論価値）
オプションの期間、原資産の特性、そして通常金利についての事前の想定を前提にして数学的モデルによって算出されるオプションの価値。

Theta（θ ＝セータ）
オプション残存日数の変化に対する理論価値の感応度。

Time Premium（タイム・プレミアム）
時間価値。

Time Spread（タイム・スプレッド）
ある満期のオプション買い（売り）と違う満期のオプション売り（買い）。通常、オプションのタイプと権利行使価格と原資産（株式あるいは先物）は同じである。

Time Value（時間価値）
オプション価格から本質的価値を差し引いた額。OTMオプションの価格は時間価値だけからなる。

Type（タイプ）
オプションの種類。コールかプットいずれか指定。

Underlying（原資産）
オプションが権利行使されるときに受け渡される金融商品。

Variation（場勘定）
日々変動する先物の清算価格の値洗いによる資金の流れ。

Vega（ベガ）
ボラティリティ変化に対するオプション理論価値の感応度。

Vertical Spread（バーティカル・スプレッド）
1単位のオプションの買いと1単位のオプションの売りで構成される。種類と原資産と満期は同じであるが、権利行使価格が異なる。

Volatility（ボラティリティ）
原資産価格が時間の経過で変動する度合い。

Volatility Skew（ボラティリティ歪度）
異なる権利行使価格のオプションが異なる IV で売買される傾向。

Warrant（ワラント）
長期のコール・オプション。ワラントは状況によって発行者が満期日を繰り延べることがある。

Write（ライト）
オプションを売ること。

【著者プロフィール】

増田丞美（ますだすけみ）

　1985年米国コロンビア大学大学院（金融工学）卒業後、野村證券（東京本社及び英国現地法人）、米国投資銀行モルガンスタンレー（ロンドン）等を経て、現在、アストマックス株式会社（国内投資顧問）及び米国法人アストマックスUSA（米国投資顧問）にて、それぞれチーフアナリスト兼エグゼクティブ・バイスプレジデントとして資産運用業務に携わる。

　著書に『マンガ・オプション売買入門の入門』『最新版 オプション売買入門』『最新版　オプション売買の実践』『私はこうして投資を学んだ』（以上、パンローリング刊）『日経225オプション取引基本と実践』『日経225先物取引　基本と実践』（以上、日本実業出版刊）訳書に『カプランのオプション売買戦略』『オプションボラティリティ売買入門』『トレードとセックスと死──相場とギャンブルで勝つ法』（パンローリング刊）等がある。本業の傍ら、パンローリング主催のオプション倶楽部のスーパーバイザーも務め、オプショントレーダーのプロとして数々の実績を上げている。現在、妻、ロンドン生まれの愛娘とともに横浜に在住。

2006年7月1日　　　初版第1刷発行

オプション倶楽部の投資法

著　者　　増田　丞美
発行者　　後藤康徳
発行所　　パンローリング株式会社
　　　　　〒160-0023　東京都新宿区西新宿7-9-18-6F
　　　　　TEL 03-5386-7391　FAX 03-5386-7393
　　　　　http://www.panrolling.com/
　　　　　E-mail　info@panrolling.com
編　集　　中村千砂子
装　丁　　パンローリング株式会社　装丁室
組　版　　パンローリング株式会社
印刷・製本　株式会社シナノ

ISBN4-7759-9030-6
落丁・乱丁本はお取り替えします。
また、本書の全部、または一部を複写・複製・転訳載、および磁気・光記録媒体に入力することなどは、著作権法上の例外を除き禁じられています。

©Sukemi Masuda 2006　Printed in Japan

オプショントレーダーのための オプション倶楽部

オプション取引に関する
知識と技能を向上させ、
会員自らのトレードによって
利益を得る能力を身につける
ことを目的とする。

■ スーパーバイザー **増田丞美**

■ 会員特典
- ニュースレター（月4回以上発行）
- サポート… 研究対象市場や海外取引についての疑問点などの個別相談→電子メール2案件/月まで
- 会員勉強会
- 投資倶楽部への参加（準備中）

■ 会員対象者

当倶楽部は、会員の皆様を証券会社や投資顧問会社のように「お客様」とは考えていません。"痒いところに手が届く"といった過度なサービスには応えることができません。ただし、積極的に質問し努力されている会員の方には真剣に対応させていただいており、取引戦略や売買法などマニュアル通りの説明ではなく、真剣に個々の状況にあわせた対応させていただいております。オプション取引は真剣に努力すれば誰でも成果を上げることができます。しかし、それは会員の方々の努力次第であり、当倶楽部では努力されている会員の方々へのサポートを惜しみません。

今すぐアクセス!! ▶ www.panrolling.com/optionclub/

携帯用

資料請求・お問い合わせは

パンローリング株式会社
〒160-0023 東京都新宿区西新宿7-9-18-6F
TEL：03-5386-7391　　FAX：03-5386-7393
E-MAIL：info@panrolling.com　http://www.panrolling.com/

関連書籍

これを知らずして
オプション取引を
するのは危険だ!!

- 最新版オプション売買入門
- 最新版オプション売買実践 
- カプランのオプション売買戦略

これを知らずしてオプション取引をするのは危険だ!!

増田丞美の本 ～オプショントレーダーの必読書～

最新版 オプション売買入門
定価5,040円(税込)
ISBN-4-7759-9026-1
株式や先物にはないオプションならではの優位性を使って利益を上げる実践的オプション売買マニュアル！

最新版 オプション売買の実践
定価6,090円(税込)
ISBN-4-7759-9027-8
入門書に続き、「オプション投資家待望の書が登場！実践家による「勝てるオプションの実践書」！

訳書

カプランのオプション売買戦略
デビッド・L・カプラン
増田丞美
定価8,190円(税込)
ISBN-4-9391-0323-0
経済情報番組ブルームバーグテレビジョンにて紹介された話題の本。

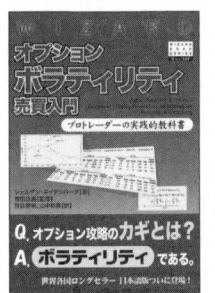

オプションボラティリティ売買入門
シェルダン・ネイテンバーグ
増田丞美/世良敬明/山中和彦
定価6,090円(税込)
ISBN-4-7759-7070-6
世界中のトレーダーたちの「必読の書」！

トレードとセックスと死 ──相場とギャンブルで勝つ法
ジュエル・E・アンダーソン
堀越修/坂本秀和/増田丞美
定価2,940円(税込)
ISBN-4-9391-0338-4

私はこうして投資を学んだ
定価1,890円(税込)
ISBN-4-7759-9014-8
実際に投資で利益を上げている著者が今現在、実際に利益を上げている考え方＆手法を大胆にも公開！

マンガ

マンガオプション売買入門の入門
増田丞美/小川集
定価2,940円(税込)
ISBN-4-7759-3007-6
実践家が書いたすぐ始めたい人の教科書
オプションの優位性を生かせ！ムズカシイ理論はいらない。必要なことだけをわかりやすく解説した実践的入門書。

増田丞美氏が講演した セミナービデオ・DVD

●『オプション倶楽部のLEAPSとNOPS戦略』(188分) 定価39,900円(税込)
オプション売買にはさまざまな手法があり、売買の組合せも無数にあります。
では、個人投資家が実践しやすく、成功の確率が高い売買戦略とはあるのでしょうか？

●『オプション売買入門セミナー』 DVD/ビデオ (176分+152分)資料付 定価39,900円(税込)
本セミナーでは、機関投資家(トレーダー)ではなく個人投資家(トレーダー)を対象に自分の実際のオプション売買経験を基に、実践的な話しを展開する予定です。

●『第2回 オプション売買入門セミナー』 DVD/ビデオ (170+150分)資料付 定価50,400円(税込)
人数限定で開催された「リアルタイムトレードセミナー オプション売買実践編」では、高額だったにも関わらず、早々に満席、次回も受講するという参加者が9割にも達し、あまりの反響の良さに我々も驚かされました。

●『資産運用としてのオプション取引入門』(122分)資料付 定価3,990円(税込)
長年にわたってオプション売買を実践し、成果を収めてきた"オプション取引の第一人者"である増田丞美氏を講師に迎え、オプションとは何かから始まり、利益を上げるための実戦的な取引戦略までを解説していただきます。

●『勝利のための実践ノウハウ!! アメリカ株のオプション売買セミナー』(210分) 定価29,400円(税込)
本セミナーでは、米個別株に対象を絞り、オプション取引で成功するための実践的な売買技術を身につけていただきます。

●『外国株取引入門』 DVD/ビデオ (68分) 定価3,990円(税込)
なぜ外国株式なのか？日本市場との違いは？取引所代表銘柄取引にあたって。ETFデリバティブ市場ITM(イン・ザ・マネー)コールの買い。ITMプットの買い。LEAPS。PUTの売り。各月間サヤ取り。欧州株式市場代表の取引所。代表的銘柄。欧州株価指数。デリバティブ市場。米国株式市場の将来の動向を予想するための知恵と法則を伝授。

●『日経225オプション売買セミナー[入門編]』 DVD/ビデオ (172分+135分)資料付 定価28,000円(税込)
面白みもなく当然のことですが、株式投資などマネーゲームにおいて、最も重要なことであり、日経225オプション取引においては、より顕著にその結果がでるでしょう。

●『日経225オプション売買セミナー[実践編]』 DVD/ビデオ (181分+142分)資料付 定価40,000円(税込)
本セミナーの目的は、225オプション取引において成功するための知識と技術を徹底的に身につけていただくことにあります。

●『カリスマ投資家一問一答』 山本有花/東保裕之/足立眞一/増田丞美 (97分) 定価1,890円(税込)
自分よりも頭のいい参加者に勝ち、利益を上げるためには!? 1年でもっとも話題になった本の著者が贈る投資のヒント集!!

＜1＞ 投資・相場を始めたら、カモにならないために最初に必ず読む本！

マーケットの魔術師
ジャック・D・シュワッガー著

「本書を読まずして、投資をすることなかれ」とは世界的なトップトレーダーがみんな口をそろえて言う「投資業界での常識」。

定価2,940円（税込）

新マーケットの魔術師
ジャック・D・シュワッガー著

17人のスーパー・トレーダーたちが洞察に富んだ示唆で、あなたの投資の手助けをしてくれることであろう。

定価2,940円（税込）

マーケットの魔術師 株式編 増補版
ジャック・D・シュワッガー著

だれもが知りたかった「その後のウィザードたちのホントはどうなの？」に、すべて答えた『マーケットの魔術師【株式編】』増補版！

定価2,940円（税込）

マーケットの魔術師　システムトレーダー編
アート・コリンズ著

14人の傑出したトレーダーたちが明かすメカニカルトレーディングのすべて。待望のシリーズ第4弾！

定価2,940円（税込）

ヘッジファンドの魔術師
ルイ・ペルス 著

13人の天才マネーマネジャーたちが並外れたリターンを上げた戦略を探る！　[旧題]インベストメント・スーパースター

定価2,940円（税込）

伝説のマーケットの魔術師たち
ジョン・ボイク 著

伝説的となった偉大な株式トレーダーたちの教えには、現代にも通用する、時代を超えた不変のルールがあった！

定価2,310円（税込）

株の天才たち
ニッキー・ロス著

世界で最も偉大な５人の伝説的ヒーローが伝授する投資成功戦略！　[旧題]賢人たちの投資モデル

定価1,890円（税込）

ヘッジファンドの帝王
マイケル・スタインハルト著

『マーケットの魔術師』のひとりが語る　その人生、その戦略、その希望！　[旧題]NO BULL（ノーブル）

定価2,940円（税込）

ピット・ブル
マーティン・シュワルツ著

チャンピオン・トレーダーに上り詰めたギャンブラーが語る実録「カジノ・ウォール街」。

定価1,890円（税込）

ライアーズ・ポーカー
マイケル・ルイス著

自由奔放で滑稽、あきれ果てるようなウォール街の投資銀行の真実の物語！

定価1,890円（税込）

<2> 短期売買やデイトレードで自立を目指すホームトレーダー必携書

魔術師リンダ・ラリーの短期売買入門
リンダ・ラシュキ著

国内初の実践的な短期売買の入門書。具体的な例と豊富なチャートパターンで分かりやすく解説。

定価29,400円（税込）

ラリー・ウィリアムズの短期売買法
ラリー・ウィリアムズ著

1年で1万ドルを110万ドルにしたトレードチャンピオンシップの優勝者、ラリー・ウィリアムズが語る！

定価10,290円（税込）

バーンスタインのデイトレード入門
ジェイク・バーンスタイン著

あなたも「完全無欠のデイトレーダー」になれる！
デイトレーディングの奥義と優位性がここにある！

定価8,190円（税込）

バーンスタインのデイトレード実践
ジェイク・バーンスタイン著

デイトレードのプロになるための「勝つテクニック」や
「日本で未紹介の戦略」が満載！

定価8,190円（税込）

ゲイリー・スミスの短期売買入門
ゲイリー・スミス著

20年間、ずっと数十万円（数千ドル）以上には増やせなかった"並み以下の男"が突然、儲かるようになったその秘訣とは！

定価2,940円（税込）

ターナーの短期売買入門
トニ・ターナー著

全米有数の女性トレーダーが奥義を伝授！
自分に合ったトレーディング・スタイルでがっちり儲けよう！

定価2,940円（税込）

スイングトレード入門
アラン・ファーレイ著

あなたも「完全無欠のスイングトレーダー」になれる！
大衆を出し抜け！

定価8,190円（税込）

オズの実践トレード日誌
トニー・オズ著

習うより、神様をマネロ！
ダイレクト・アクセス・トレーディングの神様が魅せる神がかり的な手法！

定価6,090円（税込）

ヒットエンドラン株式売買法
ジェフ・クーパー著

ネット・トレーダー必携の永遠の教科書！　カンや思惑に頼らないアメリカ最新トレード・テクニックが満載!!

定価18,690円（税込）

くそったれマーケットをやっつけろ！
マイケル・パーネス著

大損から一念発起！　15カ月で3万3000ドルを700万ドルにした驚異のホームトレーダー！

定価2,520円（税込）

＜3＞ 順張りか逆張りか、中長期売買法の極意を完全マスターする！

タートルズの秘密
中・長期売買に興味がある人や、アメリカで莫大な資産を築いた
本物の投資手法・戦略を学びたい方必携！

ラッセル・サンズ著

定価20,790円（税込）

カウンターゲーム
ジム・ロジャーズも絶賛の「逆張り株式投資法」の決定版！
個人でできるグレアム、バフェット流バリュー投資術！

アンソニー・M・ガレア＆
ウィリアム・パタロンⅢ世著
序文：ジム・ロジャーズ

定価2,940円（税込）

オニールの成長株発掘法
あの「マーケットの魔術師」が平易な文章で書き下ろした　全米で100
万部突破の大ベストセラー！

ウィリアム・
J・オニール著

定価2,940円（税込）

オニールの相場師養成講座
今日の株式市場でお金を儲けて、
そしてお金を守るためのきわめて常識的な戦略。

ウィリアム・
J・オニール著

定価2,940円（税込）

オニールの空売り練習帖
売る方法を知らずして、買うべからず。売りの極意を教えます！
「マーケットの魔術師」オニールが空売りの奥義を明かした！

ウィリアム・
J・オニール著

定価2,940円（税込）

ウォール街で勝つ法則
ニューヨーク・タイムズやビジネス・ウィークのベストセラー
リストに載った完全改訂版投資ガイドブック。

ジェームズ・P・
オショーネシー著

定価6,090円（税込）

トレンドフォロー入門
初のトレンドフォロー決定版！
トレンドフォロー・トレーディングに関する初めての本。

マイケル・コベル著

定価6,090円（税込）

バイ・アンド・ホールド時代の終焉
買えば儲かる時代は終わった！　高PER、低配当、低インフレ
時代の現在は、バイ・アンド・ホールド投資は不向きである。

エド・イースタリング著

定価2,940円（税込）

株式インサイダー投資法
利益もPERも見てはいけない！
インサイダーの側についていけ！

チャールズ・ビダーマン＆
デビッド・サンチ著

定価2,940円（税込）

ラリー・ウィリアムズの「インサイダー情報」で儲ける方法
"常勝大手投資家"コマーシャルズについていけ！

ラリー・ウィリアムズ著

定価6,090円（税込）

ここでしか入手できないモノがある

相場データ・投資ノウハウ 実践資料…etc

Pan Rolling

今すぐトレーダーズショップにアクセスしてみよう！

1. インターネットに接続して http://www.tradersshop.com/ にアクセスします。インターネットだから、24時間どこからでもOKです。

2. トップページが表示されます。画面の左側に便利な検索機能があります。タイトルはもちろん、キーワードや商品番号など、探している商品の手がかりがあれば、簡単に見つけることができます。

3. ほしい商品が見つかったら、お買い物かごに入れます。お買い物かごにほしい品物をすべて入れ終わったら、一覧表の下にあるお会計を押します。

4. はじめてのお客さまは、配達先等を入力します。お支払い方法を入力して内容を確認後、ご注文を送信を押して完了（次回以降の注文はもっとカンタン。最短2クリックで注文が完了します）。送料はご注文1回につき、何点でも全国一律250円です（1回の注文が2800円以上なら無料！）。また、代引手数料も無料となっています。

5. あとは宅配便にて、あなたのお手元に商品が届きます。
そのほかにもトレーダーズショップには、投資業界の有名人による「私のオススメの一冊」コーナーや読者による書評など、投資に役立つ情報が満載です。さらに、投資に役立つ楽しいメールマガジンも無料で登録できます。ごゆっくりお楽しみください。

Traders Shop

http://www.tradersshop.com/

投資に役立つメールマガジンも無料で登録できます。 http://www.tradersshop.com/back/mailmag/

パンローリング株式会社
お問い合わせは

〒160-0023 東京都新宿区西新宿7-9-18-6F
Tel：03-5386-7391 Fax：03-5386-7393
http://www.panrolling.com/
E-Mail info@panrolling.com

携帯版